五年制高职专用教材

财务会计类专业精品课程规划教材

企业经营管理认知

（第二版）

主编 彭才根 马 力

苏州大学出版社
Soochow University Press

图书在版编目(CIP)数据

企业经营管理认知 / 彭才根,马力主编. —2 版. —苏州:苏州大学出版社,2018.8(2024.2 重印)
五年制高等职业教育会计类专业精品课程系列教材
江苏联合职业技术学院院本教材 经学院教材审定委员会审定通过
ISBN 978-7-5672-2458-2

Ⅰ.①企… Ⅱ.①彭… ②马… Ⅲ.①企业经营管理-高等职业教育-教材 Ⅳ.①F272.3

中国版本图书馆 CIP 数据核字(2018)第 162221 号

企业经营管理认知(第二版)
彭才根 马 力 主编
责任编辑 薛华强

苏州大学出版社出版发行
(地址:苏州市十梓街1号 邮编:215006)
苏州市深广印刷有限公司印装
(地址:苏州市高新区浒关工业园青花路6号2号厂房 邮编:215151)

开本 787 mm×1 092 mm 1/16 印张 13.25 字数 330 千
2018 年 8 月第 2 版 2024 年 2 月第 7 次印刷
ISBN 978-7-5672-2458-2 定价:45.00 元

苏州大学版图书若有印装错误,本社负责调换
苏州大学出版社营销部 电话:0512-67481020
苏州大学出版社网址 http://www.sudapress.com

出版说明

五年制高等职业教育(简称"五年制高职")是指以初中毕业生为招生对象,融中高职于一体,实施五年贯通培养的专科层次职业教育,是现代职业教育体系的重要组成部分。

江苏是最早探索五年制高职教育的省份之一,江苏联合职业技术学院作为江苏五年制高职教育的办学主体,经过20年的探索与实践,在培养大批高素质技术技能人才的同时,在五年制高职教学标准体系建设及教材开发等方面积累了丰富的经验。"十三五"期间,江苏联合职业技术学院组织开发了600多种五年制高职专用教材,覆盖了16个专业大类,其中178种被认定为"十三五"国家规划教材,学院教材工作得到国家教材委员会办公室认可并以"江苏联合职业技术学院探索创新五年制高等职业教育教材建设"为题编发了《教材建设信息通报》(2021年第13期)。

"十四五"期间,江苏联合职业技术学院将依据"十四五"教材建设规划进一步提升教材建设与管理的专业化、规范化和科学化水平。一方面将与全国五年制高职发展联盟成员单位共建共享教学资源,另一方面将与高等教育出版社、江苏凤凰职业教育图书有限公司等多家出版单位联合共建五年制高职教育教材研发基地,共同开发五年制高职专用教材。

本套"五年制高职专用教材"以习近平新时代中国特色社会主义思想为指导,落实立德树人的根本任务,坚持正确的政治方向和价值导向,弘扬社会主义核心价值观。教材依据教育部《职业院校教材管理办法》和江苏省教育厅《江苏省职业院校教材管理实施细则》等要求,注重系统性、科学性和先进性,突出实践性和适用性,体现职业教育类型特色。教材遵循长学制贯通培养的教育教学规律,坚持一体化设计,契合学生知识获得、技能习得的累积效应,结构严谨,内容科学,适合五年制高职学生使用。教材遵循五年制高职学生生理成长、心理成长、思想成长跨度大的特征,体例编排得当,针对性强,是为五年制高职教育量身打造的"五年制高职专用教材"。

江苏联合职业技术学院

教材建设与管理工作领导小组

2022年9月

序言

2021年3月,教育部公布的《职业教育专业目录(2021年)》对职业教育专业体系进行了系统升级和数字化改造,会计专业改为大数据与会计专业,也由此拉开新一轮会计职业教育改革的大幕。2022年,教育部公布的《职业教育专业简介(2022年修订)》对会计职业教育的课程体系和教学内容又做了较大的调整。针对这一系列变化,江苏联合职业技术学院会计专业建设指导委员会(简称"专指委")组成了课程改革专题工作项目组,承担五年制高职教育会计专业建设和课程改革的实践与研究工作,重点探索在国家中职和高职专业教学标准的基础上,结合五年一贯制贯通培养的特点,探索和实践五年制高职会计专业的教育规律和教学特色,推动专业建设和教学改革,提升教育教学质量。

专指委在总结、借鉴国内外各类职业教育课程模式的基础上,依据高职教育培养质量要求和会计工作岗位个性特征,综合高职大数据与会计专业群课程体系构建的基本要素,经过不断探索、论证、反思、实践,构建并实践了大数据与会计专业群"岗课赛证"融通的课程体系;将会计职业岗位知识、会计技能大赛赛项应用知识、"1+X"证书所需实践知识等有效融入课程体系;深化产教融合、校企合作,从实践层面上构建以"岗"促教的实践教学机制、以"课"促改的"三教"改革机制、以"赛"促学的学习激励机制和以"证"促训的人才评价机制。该课程体系主要指向系统培养学生的职业技能,突出专业技能训练与会计工作的实际相协调,实现专业能力培养与职业岗位需求的一致性。

为确保五年制高职财务会计类专业新课程体系的实施,"十二五""十三五"期间,学院财务会计专业协作委员会课程改革工作专题工作项目组以贯彻实施五年制高职会计类专业人才培养方案和课程标准为目标,以精品课程建设为核心,开发建设了一批体现五年制高等职业教育特色、体现课改精神和成果,有特色、新颖的会计专业精品教材,有效推进了江苏五年制高职会计类专业课程建设和教育教学质量的提升。

2022年,学院印发《江苏联合职业技术学院教材建设与管理实施办法》,该办法规定了学院教材的规划、编写、审核、选用、征订与使用、评价与监督的具体要求。学院会计专业建设指导委员会根据学院要求,制定了"十四五"教材建设规划。本系列教材符合党和国家的教育方针与政策,符合五年制高职学生认知水平、成长规律和培养目标要求,具有特色鲜明的创新性、精品性、系统性,体现五年制高职会计类专业课程改革最新成果。教材内容、文本格式新颖,文字简练,层次分明,结构合理,特色鲜明。

本系列教材主要适用于五年制高等职业教育会计类专业,也适用于三年制高等职业教育、中等职业教育的财经类专业,还可以作为会计从业人员的学习、培训用书。

江苏联合职业技术学院会计专业建设指导委员会
2022 年 11 月

第二版前言

《企业经营管理认知》自2012年出版以来,一直受到高等职业院校师生的关注,他们提出了很多宝贵意见和建议。为了使本书更好地满足使用者的要求,我们对本书进行再版修订。

本书根据教育部职业教育国家规划教材编写修订标准及要求、教育部高职高专会计专业人才培养方案、《中华人民共和国个人独资企业法》《中华人民共和国合伙企业法》《中华人民共和国公司法》《企业法人登记管理条例实施细则》和高职高专会计专业《企业经营管理认知》课程标准等进行修订。

本次修订仍保留了原有模块的顺序,保留了原有的任务,并且吸收和总结了近年来企业经营管理的前沿研究成果与教学实践经验。

本次修订替换了部分引导案例与案例分析例题,修改了部分案例分析例题,使案例更加贴近行业、企业的实际。本书编写体例除保留"引导案例""知识拓展""想一想""提示""链接""阅读资料""案例分析"等栏目以外,为了丰富学生的企业经营管理理论知识与实践能力,提高学生的学习兴趣,增加了二维码链接,使本书更加具有立体感。

本书通过修订后,除了保持原有的特点以外,更加符合近年来高等职业教育课程改革精神,更加贴近职业教育为培养高素质、高技能应用型人才,为促进就业质量服务的宗旨。

本书由江苏联合职业技术学院常州学前教育分院彭才根教授和淮安生物工程分院马力副教授主持修订,具体分工为:彭才根负责模块一修订,常州旅游商贸分院张晖、江苏武进中兴石油有限公司总经理刘忠涛负责模块二修订,淮安生物工程分院马力、汪婧负责模块三修订,常州刘国钧分院陶卫东负责模块四修订,常州刘国钧分院杨昕负责模块五修订。

本书可作为高等职业教育财经类专业的教材,也可作为中等职业教育的财经类专业的参考书,还可以作为企业领导、会计从业人员自学的参考书。

由于我们水平有限,可能存在疏漏之处,恳请读者批评指正,并将意见和建议及时反馈给我们,以便今后修订。

编　者

2018年3月

前言

《企业经营管理认知》是为适应五年制高等职业教育会计类专业专业课课程改革的需要,在会计专业人才培养方案和企业经营管理认知课程标准的基础上,由江苏联合职业技术学院会计专业协作委员会开发编写的精品课程教材。本书在编写过程中力求以能力为本,以知识和能力训练两条教学主线的融合为切入点,以重构课程知识体系和能力训练体系为要求,体现时代性、立体性和动态性,达到以学生为主、有所创新、具有特色、适应高职财经专业教学的目标。

本书从培养生产、建设、管理、服务第一线所需高素质、高技能应用型人才的要求出发,以强化学生综合职业能力的培养、基础理论知识的创新和整体素质的提高为指导思想,以提高企业经营管理意识,引导学生用企业经营管理理论对企业经营管理流程及任务加以理解和运用为目标,在吸收企业经营管理的前沿成果,总结多年来企业经营管理教学实践经验的基础上精心编写而成。

本书内容包括:企业认知、企业经营认知、企业经营管理基本认知、企业经营管理要素认知、企业经营战略管理认知。本书具有以下特色:

(1) 针对性。本书针对没有企业经营管理相关基础知识的学生而编写,着重使学生掌握企业经营管理的基本理论、基本知识和基本能力。在取舍传统内容的基础上,不断吸收现代企业经营管理的新概念、新技术和新方法及企业岗位新标准。

(2) 实用性。本书从中小企业会计人员需要掌握的企业经营管理的实际知识出发,涵盖了从企业的设立开始,到企业的经营领域等各个方面。

(3) 创新性。本书引入了企业经营管理案例等情景学习模式,克服了从理论到理论的学习模式,从而调动学生学习的主动性、积极性和创造性。

(4) 职业性。本书以财务会计类岗位的企业经营管理知识、方法、能力要求为主线,每个模块以学习目标、引导案例、案例分析、知识拓展、链接、想一想等栏目集知识性、应用性、趣味性为一体,有助于突出学生企业经营管理职业能力的培养。

本书由江苏联合职业技术学院常州旅游商贸分院彭才根副教授和淮安生物工程分院马力主任担任主编，负责拟定编写思路和课程标准，设计教材体例。本教材共分五个模块，由彭才根编写模块一，常州旅游商贸分院张晖、江苏武进中兴石油有限公司总经理刘忠涛编写模块二，淮安生物工程分院马力、汪婧编写模块三，刘国钧分院陶卫东编写模块四之任务一、二、三，南京财经学校曹金融编写模块四之任务四、六，常州旅游商贸分院杨静编写模块四之任务五，江阴市中等专业学校季立编写模块五。最后由彭才根负责总纂、定稿，由徐州财经分院郑在柏教授主审。

本书是在江苏联合职业技术学院马能和院长、金友鹏副院长的关心、支持和精心指导下立项编写的。常州旅游商贸分院景影老师为本书的资料收集和整理做了大量的工作。在编写过程中，我们参考了一些企业经营管理理论与实务的教研成果和有关教材。在此一并表示衷心感谢。

由于我们水平有限且时间仓促，可能存在疏漏之处，恳请读者批评指正，并将意见和建议及时反馈给我们，以便今后改进。

编　者

CONTENTS 目录

模块一　企业认知 … 001

　　任务一　企业特征与类型 … 001
　　任务二　企业设立与登记 … 007
　　任务三　企业组织与管理 … 019
　　任务四　企业目标与责任 … 028

模块二　企业经营认知 … 032

　　任务一　企业经营环境 … 032
　　任务二　企业经营定位 … 037
　　任务三　企业经营目标 … 043

模块三　企业经营管理基本认知 … 050

　　任务一　企业经营管理的原理 … 050
　　任务二　企业经营管理的职能 … 056
　　任务三　企业经营管理的方法 … 063
　　任务四　企业经营管理的创新 … 071

模块四　企业经营管理要素认知 … 077

　　任务一　企业经营决策 … 077
　　任务二　企业物流管理 … 087
　　任务三　企业生产管理 … 104

任务四　企业质量管理　　120
　　任务五　企业营销管理　　136
　　任务六　企业人力资源管理　　158

模块五　企业经营战略管理认知　　175

　　任务一　企业经营战略的要素与内容　　175
　　任务二　企业经营战略管理特征与类型　　182
　　任务三　企业经营战略层次结构与过程管理　　189
　　任务四　企业经营战略的制定与选择　　194

模块一

企业认知

任务一 企业特征与类型

学习目标

1. 能说出企业的内涵及特征；
2. 能分辨企业类型；
3. 能分辨不同财产组织形式企业的差别。

引导案例

1988年12月6日，由王文京与苏启强合伙创办"用友财务软件服务社"，1990年转为"用友电子财务技术有限公司"，公司从无限责任的个体工商户转变为有限责任公司。1995年在有限责任公司基础上，成立了"用友软件有限公司"，并组建"用友软件集团"，开始了产业化、规模化发展的道路。2001年5月更名为"用友软件股份有限公司"，在上海证券交易所上市(股票简称：用友软件；股票代码：600588)。在此期间，用友由"作坊式"的财务软件生产商发展成为中国软件业乃至信息产业具有代表性的公司之一。

试问：用友公司从创办至今经历了哪些企业类型？

一、企业及其特征

(一) 企业的含义

企业是从事生产、流通、服务等经济活动，以产品或劳务满足社会需要，实行自主经营，独立核算，依法设立，具有经济法人资格的一种营利性的经济组织。企业是社会经济活动的基本单位，是市场经济活动的主体。

> **知识拓展**
>
> "企业"一词的由来
>
> "企业"一词并非我国古代文化所固有，它是在清末戊戌变法之后，由日本借鉴而来。而该词在日本则是在明治维新后，在大规模引进西方文化和制度过程中翻译而来的汉字词汇。在英语中，企业称为"enterprise"，它由"enter-"和"-prise"组成，前者具有"获得、开始、享有"的含义，可引申为"盈利、收益"，后者则为"撬起、撑起"的意思，可引申为"杠杆、工具"。两个部分结合在一起，表示"获取盈利的工具"。日本在引进该词时，意译为"企业"。

（二）企业的特征

1. 经济性

企业是经济组织，它在社会中所从事的是经济活动，以谋求利润为目的。企业是市场中的经营主体，它以生产的产品或提供的劳务，通过交换来满足社会需要，并从中获得利润。企业的经济性是它区别于从事非经济活动的政府机关、政治组织、事业单位、群众组织和学术团体等非经济组织的最本质的特征。

2. 盈利性

企业是为了盈利而经营的经济组织，获得利润是企业生存和发展的保证。企业应谋求最大或尽可能多的利润，获取最佳的经济效益。

3. 独立性

企业是独立自主从事生产经营活动的经济组织，在国家法律、政策允许的范围内，企业的生产经营活动不受其他主体的干预。法人企业的独立性在法律上表现为财产独立、核算独立、经营自主，并以自己独立的财产享有民事权利和承担民事责任。

4. 社会性

企业是一个社会组织。从商品生产的角度看，企业所从事的生产经营活动是社会化大生产的一个组成部分，企业是社会经济系统中的一个子系统，它与其他子系统发生着广泛的经济联系，受外界环境的影响很大。企业生存于社会之中，必须要承担一定的社会责任。

5. 能动性

企业是一个能动的有机体。企业的能动性表现在对外部环境的适应能力、自我改造能力、自我约束能力和自我发展能力上。从系统论的角度讲，企业是一个结构系统，它通过与外界不断地进行能量、物质和信息交换，调整自己的内部结构，以适应市场环境的变化，发展和壮大自己。

6. 竞争性

企业是市场中的经营主体，同时也是竞争主体。竞争是市场经济的基本规律。企业要生存，要发展，就必须参与市场竞争，并在竞争中取胜。企业的竞争性表现在它所生产的产品和提供的服务要有竞争力,要在市场上接受用户的评判和挑选,要得到社会的承认。市场竞争的结果是优胜劣汰。企业通过自己有竞争力的产品或服务在市场经济中求生存、求发展。

企业发展过程中的五个阶段及其特点

　　在重庆市的劳务市场上活跃着这样一支队伍,它是由小李、小马牵头的,一旦有某个建筑工地的老板到劳务市场来选择劳工,小李、小马就能马上组织起20~30人的队伍参加工地工作,由于他们的人数比较固定,因此他们为自己取了"利得合伙"的名字。平时无人请临时劳工时,他们就成为当地"棒棒(挑夫)"大军中的一员。
　　问题:小李、小马组织的"利得合伙"是不是企业?为什么?
　　分析提示:小李、小马组织的"利得合伙"不是企业。因为其不具备企业必须具有的基本特征。虽然它是以营利为目的的人的集合,但它不能独立核算,且未依法设立,未获得从事经济活动的资格证明——营业执照,因此不是企业。但它可以是一种社会组织。

想一想 企业最基本的特征是什么?为什么?

二、企业类型

(一)按经营方向分

1. 工业企业

它是从事工业产品生产、经营和劳务活动的企业,包括采掘工业企业、加工工业企业和技术服务工业企业等。

2. 农业企业

它是从事农、林、牧、渔等生产活动的企业。

3. 运输企业

它是从事运输生产或直接为运输生产服务的企业,包括铁路、公路、水路、民用航空和联合运输企业等。

4. 建筑安装企业

它是从事土木建筑和设备安装工程施工的企业。

5. 邮电企业

它是从事邮政、电信、传递信息业务和办理通信业务的企业。

6. 商业企业

它是在社会再生产过程中从事商品交换活动的企业。

7. 旅游企业

它是以旅游资源、设施为条件,通过组织旅行浏览活动向游客出售劳务的服务性企业。

8. 金融企业

它是指专门经营货币和信用业务的企业。

（二）按占用资源的密集程度分

1. 劳动密集型企业

它是指进行生产主要依靠大量劳动力，而对技术和设备的依赖程度低的企业。其衡量标准是在生产成本中工资与设备折旧及研究开发支出相比所占比重较大。纺织、服装、食品、家用电器等企业属于劳动密集型企业。

2. 资金密集型企业

它是指产品成本中物化劳动消耗所占比例较大或资金有机构成较高的企业。其特点是投资大、占用资金多、现代化技术装备程度高、容纳劳动力相对少、劳动生产率高，如钢铁、机械制造、汽车、石油化工等企业。

3. 技术密集型企业

它是指技术装备程度比较高，所需劳动力或手工操作的人数比较少的企业。其特点是技术装备先进、工艺过程复杂、原材料消耗量大、劳动生产率高，如飞机制造、精密机械、光学仪器等企业。

4. 知识密集型企业

它是指建立在现代科学技术基础上，生产高、尖、精产品，集中大量科技人员，科研设备先进的企业。其特点是技术设备复杂、科技人员比重大、操作人员的素质比较高、使用劳动力和消耗原材料较少，如航天、电脑芯片、生物工程、激光技术等企业。

（三）按企业的规模分

按企业的规模不同，可将企业分为大型、中型、小型企业。在我国，企业的规模主要根据行业的不同而分别采用生产能力、装机容量、固定资产原值等数量标准来划分，随着经济发展的变化，这些量的标准也要做不断调整。

> **☞ 知识拓展**
>
> **我国大中小企业的划分标准**
>
> 大型、中型和小型企业须同时满足所列指标的下限，否则下划一档；微型企业只需满足所列指标中的一项即可。
>
> | 行业名称 | 指标名称 | 计量单位 | 大型 | 中型 | 小型 | 微型 |
> |---|---|---|---|---|---|---|
> | 工业 | 从业人员（X） | 人 | X≥1 000 | 300≤X<1 000 | 20≤X<300 | X<20 |
> | | 营业收入（Y） | 万元 | Y≥40 000 | 2 000≤Y<40 000 | 300≤Y<2 000 | Y<300 |
> | 建筑业 | 营业收入（Y） | 万元 | Y≥80 000 | 6 000≤Y<80 000 | 300≤Y<6 000 | Y<300 |
> | | 资产总额（Z） | 万元 | Z≥80 000 | 5 000≤Z<80 000 | 300≤Z<5 000 | Z<300 |
> | 批发业 | 从业人员（X） | 人 | X≥200 | 20≤X<200 | 5≤X<20 | X<5 |
> | | 营业收入（Y） | 万元 | Y≥40 000 | 5 000≤Y<40 000 | 1 000≤Y<5 000 | Y<1 000 |
> | 零售业 | 从业人员（X） | 人 | X≥300 | 50≤X<300 | 10≤X<50 | X<10 |
> | | 营业收入（Y） | 万元 | Y≥20 000 | 500≤Y<20 000 | 100≤Y<500 | Y<100 |

（四）按企业运用的主体技术分

1. 传统技术企业

它是指采用已有成熟技术的企业。如纺织、钢铁、造船等企业。

2. 高新技术企业

它是指应用了最新技术的企业。如应用新材料、新能源、生物工程、大规模集成电路等技术的企业。

（五）按企业财产的组织形式分

1. 独资企业

独资企业是最古老、最基本的企业形式。它是由业主个人投资、个人经营、个人管理、个人收益、个人承担风险的企业。这种企业不具有法人资格，在法律上属于自然人企业。虽然独资企业也有企业的名称、住所、法定的注册资金，但在法律上，这种企业的财产等同于业主个人财产。如果企业经营不善，出现资不抵债的情况，业主就要用自己的全部家庭财产偿债。

> ☞ 链接
>
> 《中华人民共和国个人独资企业法》。

> ☞ 提示
>
> 独资企业的优点是：(1) 企业组织简单，开设、转让、关闭手续简便；(2) 所有权与经营权归于一体，经营灵活，决策迅速；(3) 规模小，开支少，成本低；(4) 企业保密性强，容易保持经营特色。其缺点是：(1) 企业没有独立的生命力，如果业主死亡或由于某种原因放弃经营，企业的生命就终止；(2) 企业资本有限，信用不足，难以扩展，规模有限；(3) 风险太大，一旦经营失败，可能家破人亡。独资企业一般适用于零售业、服务业和手工业等。

2. 合伙企业

合伙企业是由两个以上合伙人共同出资、共同经营，并共享收益和共担风险的企业。成立合伙企业时必须要有书面协议，以合伙合同形式规定合伙经济组织中合伙人的范围、组织管理、出资数额、盈余分配、债务承担及入伙、退伙、终止等基本事项。合伙企业也不具有法人资格，在法律上为自然人企业。企业的财产归合伙人共同所有，由合伙人统一管理和使用。合伙人经营积累的财产，归合伙人共同所有。每个合伙人对企业债务负连带无限清偿责任，如果有的合伙人不能负起他应负的责任，则其他合伙人要代为清偿。

> ☞ 链接
>
> 《中华人民共和国合伙企业法》。

> **提示**
>
> 合伙企业的优点是：(1) 由于可以由多个合伙人共同筹资，扩大了企业资金来源和企业的规模；(2) 由于合伙人共同负担偿债的无限责任，减少了贷款者的风险，因而获得商业贷款的能力较强。其缺点是：(1) 合伙企业的规模一般达不到社会化大生产的要求，企业的规模有一定局限性；(2) 企业经营决策需要经所有合伙人同意，因而决策缓慢；(3) 当合伙人中有一个人退出，原来的合伙协议就要进行修改，甚至会影响到合伙企业能否继续存在，因而企业的稳定性差；(4) 合伙企业实行无限连带责任，投资风险较大。合伙企业一般适合于企业规模较小、管理不太复杂、经营者对经营影响较大、个人信誉因素相当重要的企业，如会计师事务所、律师事务所和餐饮业等。

> **知识拓展**
>
> **合伙的方式**
>
> 合伙方式有有限合伙与普通合伙之分。普通合伙由普通合伙人组成，合伙人对合伙企业债务承担无限连带责任；有限合伙由普通合伙人和有限合伙人组成，普通合伙人对合伙企业债务承担无限连带责任，有限合伙人以其认缴的出资额为限对合伙企业债务承担责任。

3. 公司制企业

公司制企业是指由若干自然人或法人自愿组合而成，以其公司所有财产为限，负有限清偿责任的法人企业。

(1) 公司制企业的特征如下：① 公司是法人，在法律上具有独立的法人主体资格，并具有法人的行为能力和权利。② 公司实现了股东最终财产所有权与法人财产权的分离，即不再由所有者经营自己的财产，而将其委托给专门的经营者即公司的法人代为经营，也就是说，实现了企业财产所有权与经营权的分离。③ 公司法人财产具有整体性、稳定性和连续性的特点。由于股东投入到公司的资金不能任意抽回，从而保持了一定的整体性和稳定性。公司的股份可以依法转让，但公司的财产不因股份的转让而变化，可以连续使用，从而保持了一定的连续性。④ 公司实行有限责任制。对于股东而言，以其出资额为限对公司承担有限的责任。对公司法人而言，以其全部资产为限对公司的债务承担责任。有限责任一般只是到公司破产时才表现出来。

> **链接**
>
> 《中华人民共和国公司法》以下简称《公司法》。

(2) 公司制企业的类型：我国《公司法》规定的公司组织形式有两种，即有限责任公司和股份有限公司。

① 有限责任公司。股东以其出资额为限对公司承担责任，公司以其全部资产对其债务承担责任。其基本特征是：公司的全部资产不分为等额股份；公司向股东签发出资证明书，不发行股票；公司股份的转让有严格限制；限制股东人数，并不得超过一定限额；股东以其出

资比例,享受权利,承担义务;公司的财务会计等信息资料无须向社会公开。

国有独资公司是指国家授权投资的机构或者部门单独投资设立的有限责任公司,一般分为两类:一类是国家投资必须处于独占地位的企业;另一类是非竞争性或竞争性不强的企业。

② 股份有限公司。其全部资本分为等额股份,股东以其所持股份为限对公司承担责任,公司以其全部资产对公司的债务承担责任。其基本特征是:公司的资本总额平分为金额相等的股份;股东以其所认购股份对公司承担有限责任,公司以其全部资产对公司债务承担责任;经批准,公司可以向社会公开发行股票,股票可以交易或转让;股东数不得少于规定的数目,但没有上限;每一股有一表决权,股东以其持有的股份,享受权利,承担义务;公司应将经注册会计师审查验证过的会计报告公开。

想 一 想 有限责任公司与股份有限公司有何异同?

☞ 提示

公司制企业的优点是:① 有限责任降低了投资者的风险,鼓励和刺激了投资的欲望与积极性;② 资本社会化使众多分散的、数量有限的资产所有者通过股份企业的财产组合实现资本联合,满足了规模化生产的需要,增强了企业的竞争力;③ 资本所有者在一定条件下可以将自己拥有的股权转让出去,较方便地转让所有权;④ 所有权与经营权分离,使企业管理制度化、科学化、高效化。其缺点是:① 创办手续复杂;② 国家对公司制企业限制多;③ 营业费用多;④ 保密性差。

想 一 想 企业还可以按何种标准进行分类? 具体内容是什么?

☞ 知识拓展

学习型企业:以共同愿景为基础,以团队学习为特征,以人为本,以企业和个人的全面发展为中心,以增强企业学习力、提高人的综合素质为目标所架构的学习求知的目标管理体系和所建立的能够不断实现知识转化的现代企业。

公司种类

任务二 企业设立与登记

📚 学习目标

1. 熟知企业设立的条件;
2. 能说出企业登记的主要内容;
3. 熟知企业登记程序。

引导案例

××职业技术学院环境艺术设计专业的大四学生季金生带领 4 名同学从装修工做起,开始自主创业。如今,季金生创建的新海美居装饰装修工程有限公司已渡过创业之初的难关,他们利用在学校学到的知识,与同行展开了差异化竞争。

试问:如何通过设立企业进行自主创业?

 **一、企业设立**

(一)企业设立的含义

企业的设立,是指为使企业成立、取得合法的主体资格而依据法定程序完成的一系列法律行为的总称。由于各国之间关于企业的相关立法存在差异,决定了各国关于企业设立的制度有明显的不同;又由于同一国家在不同历史时期的立法存在差异以及同一国家在相同历史时期规范不同企业的立法存在差异,决定了企业设立的内容有着很大的差别。

企业设立与成立的关系

(二)企业设立的条件

1. 有符合法律规定的名称

企业名称即企业的名字,是企业人格特定化的标志,是表示企业的性质并与其他企业相互区别的标志。

企业名称具有唯一性(即一个企业只能有一个名称)和排他性(即在企业登记注册机关的管辖范围内只有注册企业能使用其已注册的名称)。

企业名称一般由四个部分构成:

(1)企业登记注册机关的行政级别和行政管理范围。

(2)商号。这是企业名称的核心内容,也是唯一可以由当事人自主选择的内容,应由两个以上汉字或少数民族文字组成。

(3)企业的营业或经营特点,即企业名称应显示出企业的主营业务和行业性质。

(4)企业的法律性质。公司企业应在名称中标明"有限责任公司"或"股份有限公司"字样;个人独资企业应在名称中标明"个人独资"性质;合伙企业中的普通合伙企业应在名称中标明"普通合伙"字样;特殊的普通合伙企业应在名称中标明"特殊普通合伙"字样;有限合伙企业应在名称中标明"有限合伙"字样。

 **案例分析**

现有五个企业名称如下:(1)李青与叶林合伙成立的"苏州永明物贸有限公司";(2)甲、乙两公司投资成立的新公司"江苏省商贸流通有限公司";(3)丙、丁成立的

"北京江捷有限公司";(4) 山东青岛国有投资机构投资设立的"青岛海尔电器公司";(5) 上海汽车公司与德国大众汽车公司合资成立的"上海大众汽车股份有限公司"。

问题:以上公司名称是否符合法律规定?如不符合,请说明理由。

分析提示:以上五个公司名称中,前四个名称不符合企业名称构成的法律要求:第一个企业应是合伙企业,但其名称中用了"有限公司"字样,其名称不仅应标明其合伙性质,而且应标明是哪一类合伙;第二个企业名称中缺乏商号;第三个企业名称中欠缺企业的行业或经营特点;第四个企业名称中缺少企业的法律性质,没有说明这是有限责任公司,还是股份有限公司。只有第五个企业名称完全符合法律规定。

知识拓展

企业名称登记的要求

(1) 公司名称中不得含有下列内容和文字:① 有损于国家或社会利益的;② 可能对公众造成欺骗或者误解的;③ 外国国家(地区)名称、国际组织名称;④ 政党名称、党政军机关名称、群众组织名称、社会团体名称及部队番号;⑤ 其他法律、行政法规规定禁止的。

(2) 公司名称应当使用符合国家规范的汉字,一般不得使用汉语拼音字母(外文名称中使用的除外)、数字。

(3) 在名称中使用"国际"字样的,"国际"不能作为字号或经营特点,只能作为经营特点的修饰语,并应符合行业用语的习惯,如国际贸易、国际货运代理等。

(4) 只有全国性的公司、大型进出口公司、大型企业集团才可以在公司名称中使用"中国""中华""国际"等文字。

(5) 只有具有3个以上分支机构的公司,才可以在公司名称中使用"总"字;分支机构的名称应冠以所属总公司的名称,并缀以"分公司"的字样,同时标明该分公司的行业和所在行政区划的名称或地名。

2. 有企业章程或协议

根据我国有关法律规定,法人企业必须有企业章程;独资企业、合伙企业没有企业章程的法定要求,但合伙企业必须有书面的合伙协议;外商投资企业除必须制定企业章程外,中外合资经营企业、中外合作经营企业还必须依法订立合营合同或合作合同。

企业法人章程是企业法人自己制定的,规定企业法人权利和义务以及调整企业内部关系准则的基本法律文件,是企业法人向社会公开申明其宗旨、经营方向、所有制形式、资金状况、组织形式和组织机构、业务规模、内部管理制度及利润分配原则和债权债务处理方式等规范的书面文件。章程从根本上决定了企业的组织原则、活动范围以及企业发展方向。企业章程是企业组织和活动的基本准则,是企业宪章。企业章程是企业内部活动和行为的基本准则,对企业外部人员起着公示的作用。公众可以通过企业章程,估计与企业交易和投资的风险,从而做出初步的判断。它还是政府对企业进行管理的依据之一,也是企业法人设立登记时向登记机关提交的必备文件之一。企业章程的内容必须符合法律的规定。我国法律如《公司法》《企业法人登记管理条例实施细则》以及有关外商投资企业的立法明确规定了法人企业章程必须载明的事项。

合伙协议是指合伙人为设立合伙企业而达成的规定合伙人之间权利义务关系的协议。合伙协议作为合伙企业成立的基础，是确定合伙人之间权利义务的基本依据。根据我国《合伙企业法》的规定，设立合伙企业必须有书面合伙协议，它是成立合伙企业的法定要件之一。我国《合伙企业法》第18条规定了合伙协议必须载明的事项，主要有：合伙企业的名称和主要经营场所的地点；合伙目的和合伙企业的经营范围；合伙人的姓名及其住所；合伙人出资的方式、数额和缴付出资的期限；利润分配和亏损承担办法；合伙协议还可以载明合伙企业的经营期限和合伙人争议的解决方式。合伙协议经全体合伙人签名、盖章后生效。合伙协议如需要修改或补充，必须经全体合伙人协商一致。

想一想 企业法人章程与合伙协议的区别。

3. 有符合法律规定的资本

企业的资本是企业投资人认缴的出资总额。企业投资人的基本义务是向企业出资，这既是其是否拥有企业投资人身份的标志，也是企业得以进行生产经营的物质基础，各投资人的出资是企业财产的原始构成部分。

根据不同法律的规定，不同企业形态的法律地位不同，法律对各类企业资本的要求也不同。

资本在法人企业尤其是公司企业中具有非常重要的地位和作用。采取有限责任形式的企业，出资人以其认购的出资额为限对企业承担责任，企业资本是企业全体出资人承担责任的界限，企业资本是企业承担债务责任的基础。企业以其全部资产对企业债务承担责任，而企业资本是构成企业资产的基础，因而企业资本也是企业承担债务责任的基础。由于资本在法人企业尤其是公司中的地位重要，各国立法对法人企业的资本均有明确要求。我国对法人企业的资本要求主要体现在《公司法》《全民所有制企业法》以及有关外商投资企业的立法中。

根据《个人独资企业法》的规定，企业的财产及责任与投资人的个人财产及个人责任是同一的，因此，法律没有必要对个人独资企业的资本做出界定。

根据《合伙企业法》的规定，合伙人对企业债务承担无限责任，而法律对合伙企业的资本构成、资本数额没有严格的限制，但由于合伙企业不同于个人独资企业，它的财产属性属于共同财产，合伙企业财产由合伙企业共同管理和使用，因此法律对合伙人的出资做了一定的要求，设立合伙企业，必须"有各合伙人实际缴付的出资"，合伙人应当按照合伙协议约定的出资方式、数额和缴付出资的期限，履行出资义务。

☞ **知识拓展**

企业出资的最低限额

个人独资企业注册资本可以为1元或无穷大，但要与经营项目及经营规模相适应；合伙企业未限定注册资本限额；普通有限责任公司注册资本的最低限额为3万元，法律、法规对其注册资本的最低限额有较高要求规定的，从其规定；一人有限责任公司注册资本最低限额为10万元；股份有限公司注册资本最低限额为1000万元。

► 知识拓展

注册资本是指企业投资者在依法成立企业时以自有资本认缴或实缴并登记在企业营业执照中的资本总额。

► 知识拓展

出资方式:可以用货币,也可以用实物、知识产权、土地使用权等可以用货币估价并可以依法转让的非货币财产作价出资,但法律、行政法规规定不得作为出资的除外。对作为出资的非货币财产应当评估作价、核实财产,不得高估或者低估作价。

小李准备开一家一人有限责任公司,准备出资12万元,他在出了6万元后到当地工商行政管理机关请求设立登记,但工商行政管理机关人员告诉他,他的出资金额未达到法定金额,因此不能登记。小李觉得自己的做法没有违反法律规定,实在想不出为什么自己的登记申请不能获得批准。

问题:你知道为什么吗?

分析提示:一般的有限责任公司其注册资本是股东认缴的投资额,采用的是认缴资本制,即如果是两人以上股东成立的有限责任公司,股东认缴的出资额为12万元,则其首次只需出资3万元以上,就可在工商行政管理机关获得登记。但一人有限责任公司的注册资本采用的是实缴资本制,即公司成立时股东承诺的出资应全部到位之后,才能获得注册登记。小李要想获得登记,必须在注册前将12万元出资全部出齐,方能获得登记。

4. 建立符合法律规定的组织制度

企业组织制度涉及的是企业的内部治理结构问题。公司是法人企业,拥有法律上的独立人格,其独立性可以从很多方面体现出来。但它必须通过一个由自然人组成的组织系统来实施其行为和实现其目标。

5. 有符合法律规定的经营范围

企业的经营范围是企业从事经济活动的业务范围,企业于工商行政管理机关注册登记时其经营范围体现在营业执照和法人营业执照中。如果企业欲从事法律、行政法规规定须报经有关部门审批的业务,应当在申请设立登记时提交有关部门的批准文件。

(1)个人独资企业的经营范围由投资者个人选定,但其不得从事法律、行政法规禁止经营的业务。

(2)合伙企业的经营范围由合伙人签订的合伙协议约定。

(3)公司企业的经营范围由公司章程规定。公司可以修改公司章程,改变经营范围,但是应当办理变更登记。

6. 有自己的住所

企业以其主要办事机构所在地为住所,主要办事机构所在地由企业在工商机关登记时确定。企业的住所只能有一个,就在企业的登记主管机关管辖范围内。申请企业的住所必须提交能够证明其拥有该住所使用权的文件,如该住所房屋的产权证或房屋的租赁协议(须有 2 年以上的租赁期限)。

☞ **知识拓展**

企业住所的法律意义

(1)公司住所是确定公司登记机关和管理机关的前提。(2)公司住所是诉讼中确认地域管辖和诉讼文书送达地的依据。(3)公司住所是确定合同履行地的重要标志。(4)公司住所是涉外民事法律关系中确定准据法的依据之一。

☞ **提示**

在公司有分支机构和办事处的情况下,公司住所只能是总部、总公司所在地,分支机构的经营场所也要办理登记,但不是公司住所。

公司的住所与公司的生产经营场所是两个不同的概念。

公司住所是公司登记注册的内容之一,同时也是众多法律关系的连接点,一旦确定就不允许当事人随意变更,一个公司只有一个住所,并且应当在公司登记机关的辖区内。

公司的经营场所可以由公司自主决定设置,可以建立一个,也可以建立多个经营场所,并且不一定在公司登记机关的辖区内。

因此,公司的住所与公司的生产经营场所可以一致,也可以不一致。

想一想 企业设立还有哪些条件?

(三)企业设立的程序

☞ **链接**

《企业法人登记管理条例实施细则》。

1. 个人独资企业的开业登记程序

个人独资企业的开业登记程序具体如图 1-1 所示。

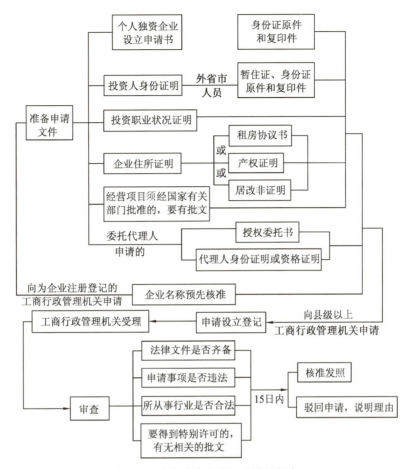

图 1-1 个人独资企业开业登记程序

个人独资企业营业执照的签发日期为个人独资企业成立日期。个人独资企业的营业执照里应载明投资人是以个人财产出资还是以家庭财产出资。

2. 合伙企业的开业登记程序

合伙企业的开业登记程序具体如图 1-2 所示。

合伙企业的营业执照签发之日,为合伙企业的成立日期。合伙企业的营业执照分为正本和副本,正本和副本具有同等法律效力。合伙企业根据业务需要,可以向企业登记机关申请核发若干执照副本。合伙企业应当将营业执照正本置放在经营场所的醒目位置。

☞ 知识拓展

不具备法人条件的企业(个人独资、合伙企业)、企业法人设立的分支机构、外商投资企业的分支机构和办事机构的开业登记,每户 300 元。

3. 公司企业的开业登记程序

(1)公司名称预先核准程序。有限责任公司和股份有限公司在开业登记前应首先进行公司名称预先核准。有限责任公司名称预先核准的程序具体如图 1-3 所示。

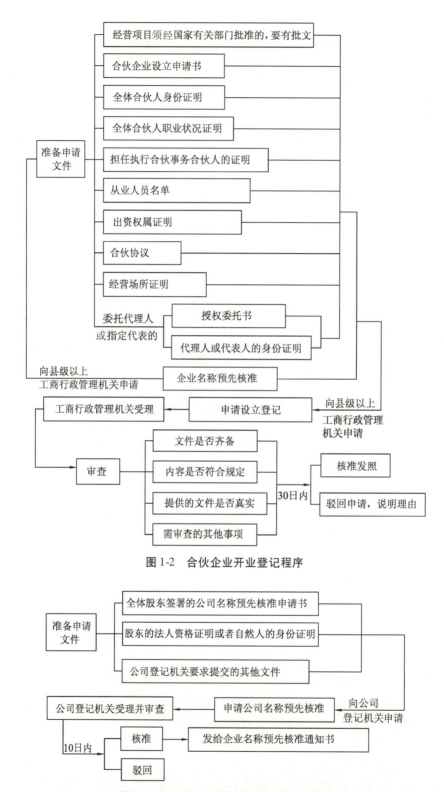

图1-2 合伙企业开业登记程序

图1-3 有限责任公司名称预先核准流程图

预先核准的公司名称保留期为6个月。预先核准的公司名称在保留期内,不得用于从事经营活动,不得转让。

股份有限公司的名称预先核准与上述程序相同,只不过在提交的申请文件中,第一、二项须改成"全体发起人签署的公司名称预先核准申请书"和"发起人的法人资格证明或者自然人的身份证明"。

(2) 有限责任公司的开业登记程序。有限责任公司的开业登记程序具体如图1-4所示。

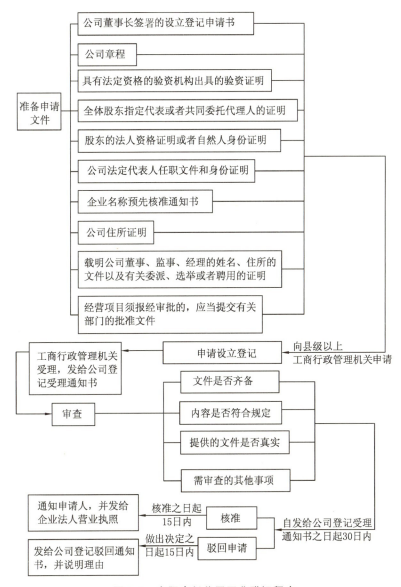

图 1-4　有限责任公司开业登记程序

(3) 股份有限公司的开业登记程序。股份有限公司的开业登记程序具体如图1-5所示。

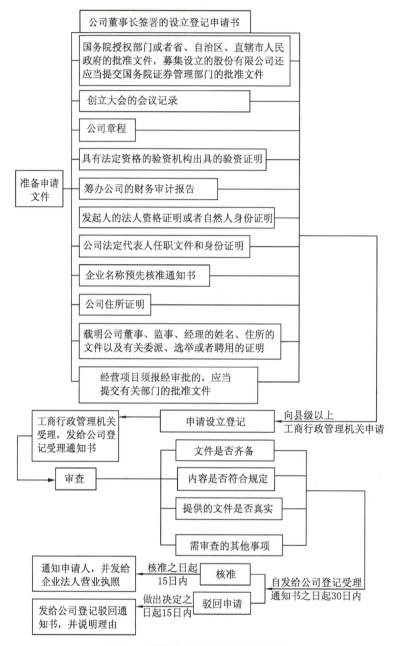

图1-5 股份有限公司开业登记程序

> **☞ 知识拓展**
>
> 徐州立明食品有限公司注册流程：公司名称预先登记→领取"企业设立登记申请书"→前置审批→将注册资金存入银行→办理验资报告→工商注册及领取营业执照→公章备案及记得制→企业法人代码登记→开立银行账户→开转资证明和划转资金→地税登记→国税登记→统计登记→社会保险登记。

☞ **知识拓展**

公司办理设立登记,应当按照规定向公司登记机关缴纳登记费。领取企业法人营业执照的,设立登记费按注册资本总额的1%缴纳;注册资本超过1 000万元的,超过部分按0.5‰缴纳;注册资本超过1亿元的,超过部分不再缴纳。

案例分析

张立、李明两人准备开一家有限责任公司性质的小型超市,张立、李明准备各出资5万元,其中张立准备以4万元的存货和1万元的现金出资,李明准备以3.5万元的设备(如货架、空调等)和1.5万元现金出资。但到了要进行设立登记时,李明非常害怕商店将来会经营不善,自己血本无归,于是他就与张立订了一份协议。协议里约定,李明将这些财产出资给商店,商店如果盈利了,则李明能分得其利润的20%,如果亏损了,李明不承担亏损责任,将来商店如果关闭的话,张立保证将其5万元出资还给他。协议内容还应李明要求,写入了公司章程中。

问题:该超市在开设过程中有没有问题?请具体说明。工商机关能让该商店登记吗?

分析提示:该超市在开设过程中存在一些问题。首先,根据有限责任公司的设立条件,公司的注册资本最低限额为人民币3万元,要求股东出资时的货币资金数额不得少于30%,但本案中,张立、李明的出资总共为10万元,按规定,双方的货币出资额应为3万元,而实际上双方的出资仅为2.5万元,这明显不符合法律规定。其次,李明后与张立签订了一份协议,这份协议实际上使得李明对拟设立公司的出资行为,变成了对张立的借贷行为,而且还将这一事项写入了公司章程,这不符合设立普通有限责任公司的相关规定,因为设立普通有限责任公司必须股东为两人以上,只有设立一人有限责任公司与国有独资公司时股东才可为一人。因此,工商机关是不会为该商店办理设立登记的。

二、企业的登记

直销企业及其分支机构的设立与变更

(一)企业登记的类型

企业登记是指企业依照法定程序,将法定事项申报企业登记主管机关注册登记的一种法律制度。企业登记包括企业设立登记、变更登记和注销登记三种。

1. 设立登记

它是指设立企业时必须向工商行政管理部门申请办理的登记。其作用是确认企业享有企业法人资格或营业资格。

2. 变更登记

它是指经开业登记已取得合法资格的企业要改变原登记事项，如名称、住所、法定代表人、经营范围、注册资金以及增设或撤销分支机构时应办理的变更手续。

> **☞ 知识拓展**
>
> 企业变更的形式有：企业合并（它是指两个或两个以上单独的企业按照法律规定，通过订立合并协议，依法组建新企业的法律行为。它分为吸收合并与新设合并）、企业兼并（它是指一个企业购买其他企业的产权，使其他企业失去法人资格或改变法人实体的一种经济行为。它分为承担债务式兼并、购买式兼并、吸收股份式兼并、控股式兼并）、企业重组（它是指企业业务重组、资产重组、债务重组、股权重组、职员重组和管理体制重组）、企业分立（它是指一个公司依法规定，通过股东会决议分成两个或两个以上公司。它分为存续分立、解散分立）。

3. 注销登记

它是指经开业登记已取得合法资格的企业在歇业、被撤销、被宣告破产或因其他原因终止营业时应当办理的注销手续。企业经注销登记后，登记主管机关应收缴《企业法人执照》或《营业执照》（包括副本），收缴公章，并将注销登记情况告知被注销登记企业的开户银行。应办理注销登记而未办理或办理注销登记后仍从事生产经营活动的，均属于违法活动，应依法受到制裁。企业因违法经营，被工商行政管理部门吊销营业执照时，由工商行政管理部门直接注销其登记。

（二）企业登记的内容

1. 企业名称

企业名称是企业法人地位的标志。它由企业自行申请，报工商行政管理部门核定；企业名称在核准登记以后，在一定范围内享有专用权，任何其他人不得侵犯。

2. 住所和经营场所

住所是指企业主要办事机构的地址。如果某公司有一个总部和几个分部，应把总部的所在地作为住所。经营场所主要是指企业生产经营的地址、面积和位置等。

3. 法定代表人

企业的法定代表人一般是指企业的董事长。企业与企业之间、企业与国家之间以及企业与企业之外发生的一切涉及法律的事项，均应由法定代表人出面解决，并承担责任。

4. 经济性质

企业的经济性质是由主管登记机关根据企业的财产所有权归属、资金来源、分配形式及有关规定审定的。

5. 经营范围和经营方式

经营范围是指企业生产经营活动的行业和项目，经营方式是指企业采取什么样的方式从事生产经营活动，如来料加工、批发、零售、代购代销等。

6. 注册资金

注册资金是指企业在登记机关注册登记的实有资金数额。资金是企业从事生产经营活动的保证,企业能否获准登记开业、能否获得法人地位,与资金数量的大小以及资金来源有密切的关系。

7. 经营期限

经营期限是企业章程、协议或合同所确定的企业合法经营的时限。主管登记机关核定经营期限后,在核发的营业执照上注明有效期,有效期自核准登记之日起计算。经营期限可以依法延续。

8. 分支机构

分支机构是指企业法人附设的公司、分店、销售门市部、加工厂等。这些附属单位一般都不独立核算,但可以直接从事生产经营活动。

☞ 知识拓展

企业年检

企业年检即企业年度检验,是指工商行政管理机关依法按年度对企业进行检查,确认企业继续经营资格的法定制度。凡领取"中华人民共和国企业法人营业执照""中华人民共和国营业执照"的有限责任公司、股份有限公司、非公司企业法人和其他经营单位,均须参加年检。当年设立登记的企业,自下一年起参加年检。

企业年检的内容:(1)企业登记事项的执行和变动情况。企业登记事项经企业登记主管机关登记注册之后具有法律效力。企业的登记事项受到国家法律保护,同时企业相应也要自觉遵守登记事项管理规定,否则,企业要承担法律责任。企业如需变更登记事项,应当向原登记机关申请办理变更登记,未经核准变更登记,不得擅自改变登记事项。(2)资产负债及损益情况。企业必须如实地在资产负债表和利润表中反映生产经营情况和资产的运用情况,以接受监督管理和指导。(3)投资情况。年检中检查的企业投资情况,主要是指企业以股东身份对其他公司法人的投资,或以联营者的身份在联营企业法人中的出资。(4)投资者出资情况。投资者出资是指投资者按照企业章程或协议规定,准时足额投入企业的资金数额。

任务三 企业组织与管理

学习目标

1. 能描述企业组织结构的原则与体系;
2. 能说出垂直结构与扁平结构的优缺点;
3. 能熟知企业组织结构的基本形式与适用范围。

引导案例

早在1968年,"美的"公司的创始人何享健和23位同伴为求生计,在广东顺德市北窖镇七拼八凑了5 000元,办起了一个生产药瓶盖的作坊,后来转而为广州的一家风扇厂生产风扇配件。1980年,他们"另立山头",生产自己的"美的"风扇,开始在家电领域里崛起。

创业时的"美的"需要的是雷厉风行、当机立断的决策机制,因此,采用的是直线式组织管理。这种组织管理方式简单直接,环节清晰,因此保证了当时的"美的"船小好掉头,能够随着市场和竞争对手的变化而迅速地采取各种相应的对策。但是随着"美的"公司一天天发展和壮大,直线式管理的弊端就一天天地显示出来了。由于"美的"的各个产品经营单位都只顾埋头生产,整个公司近千种产品统一由一个销售公司负责推广,而且企业内部实行的还是计划经济模式,这导致企业的产品和销售严重脱节。而作为公司总裁的何享健更是一天到晚忙得焦头烂额,原材料没有了,找何享健;产品有次品,还是找何享健。何享健变成了整个企业的"大保姆"。眼看着"美的"的市场优势在一点一点地失去,在这种情况下,"美的"开始大胆进行组织机构的变革。

1996年,"美的"公司开始了事业部形式的组织体制改革试点,到1997年7月,改革全面铺开。总公司负责总体发展战略、产业发展取向、投资导向、资本经营和品牌经营,原有的五大类核心产品生产单位组建成五个事业部,实行开发、生产、销售、服务一体化,以总公司授权委托的身份真正成了"美的"的利润来源。事业部自主权的充分落实带来了活力。

实行事业部制改革后,"美的"公司的高层干部把以往埋头拉车的时间,用来抬头看路了,从日常工作中解脱出来。他们有时间思考企业文化、生存与发展、经营方针、增长方式、组织发展、管理机制、产品方向、市场定位等战略问题。

试问:"美的"公司的组织结构变化对企业的进一步发展壮大起到了什么作用?你如何看待组织结构设计的动态性问题?

一、企业组织结构设计的原则

(一)企业组织结构含义与特性

组织结构是组织的框架,就像人类的体形由骨骼决定一样,组织的特性也是由其结构来决定的。企业组织结构是企业实现管理职能,达到管理目标的重要工具和手段。一般来说,企业的组织结构是由若干不同的管理结构和经营结构所构成的,这些结构通过"组织"形成相互影响、相互依存和相互制约的有机整体,在实现企业既定目标时相互协调和配合,形成一致行动。组织结构的特性有:

(1)正规化。正规化是组织依靠规则和程序引导员工行为的程度。有些组织的规范准则比较少,其正规化的程度就较小;而有些组织规模虽然小,规范的准则却比较多,这些组织的正规化程度就比较高。

(2)复杂化。复杂化是指组织的分化程度。一个组织的劳动分工越细致,具有越多的纵向等级层次,组织单位的地理分布越广泛,则协调人员及其活动就越困难。

（3）集权化。集权化是指决策制定权力的集中程度。在一些组织中,问题自下而上传递给高层领导人员,由他们制订行动方案,决策是高度集中的;而另外一些组织,把决策制定的权力授予下层人员,这是分权化。

> **想一想** 你认为企业组织结构的特性还有哪些?

（二）组织结构设计的原则

1. 目标导向原则

企业所要设计的组织实际上是一种"目标导向"型组织。企业组织设计的根本目的是为实现企业目标服务的,这是最基本的原则。组织设计工作必须以这一原则作为出发点和归宿点,衡量组织设计的优劣。组织结构是一种手段,通过它来达到一个组织的目标,如果要使组织结构有效和健全,必须从组织的目标、战略开始设计组织结构。

2. 分工与协作原则

在组织设计中要坚持分工与协作的原则,就是要做到分工要合理、协作要明确。在分工中要强调:(1)必须尽可能按专业化的要求来设置组织结构;(2)工作上要有严格分工,每个员工在从事专业化工作时,应力争达到较熟悉的要求;(3)应注意分工的经济效益。

> **☞ 知识拓展**
>
> 在协作中要强调:(1)要明确各部门之间的相互关系,寻找出容易发生矛盾之处,加以协调。协调搞不好,分工再合理也不会获得整体的最佳效益。(2)对于协调中的各项关系,应逐步规范化、程序化,应有具体可行的协调配合方法以及违反规范后的惩罚措施。

3. 统一指挥原则

统一指挥是实现企业有序运行和实现企业目标的必要保证。这就要求企业各部门、各环节、各岗位必须只服从于一个上级的领导、指挥和管理,在上下级之间形成一条"指挥链",最高领导层的命令可以从上到下逐级下达和贯彻,下级的情况可以由下到上逐级上报和反馈,这样可以防止越级指挥、多头领导、被管理者无所适从等现象的发生,使每个管理环节各司其职,各管其事,各负其责。

> **☞ 知识拓展**
>
> 统一指挥原则要求做到以下四点:(1)从最上层到最基层,这个等级链不能中断;(2)任何下级只能有一个上级领导,不允许多头领导;(3)不允许越级指挥;(4)职能机构是参谋,只有提出建议之权,无权过问该直线指挥系统下属的工作。

4. 管理幅度和层次原则

在一般情况下,管理层次与企业规模成正比,企业规模越大,管理过程越长,经营管理事务越繁杂,在组织机构的设立上所要求的层次越多,这是实现企业经营管理任务的必然要求。另一方面,企业的管理层次又与管理幅度成反比,如管理幅度越大,每一管理层次所管理的人数越多,相应的企业管理层次越少。根据层次原则,企业在设置组织机构时,要根据企业规模的大小,确定合理的管理幅度,以此来规定企业的管理层次。

5. 精简与效率原则

在组织设计时,要根据企业经营管理的需要,把组织机构的规模、层次和人员数量控制在适当的限度内,即与所承担的任务相适应。精简与效率是统一的,精简是提高工作效率的前提条件,如果企业组织机构臃肿,层次繁多,就必然导致人浮于事,办事拖拉,相互推诿,效率低下;反之,如果企业组织机构的规模、层次过小、过少,人员数量不足,同样也会影响企业经营管理效率的提高,使企业目标难以实现。因此,企业在设置组织机构时,必须遵循精简与效率相统一的原则,掌握好适当的"度"。

6. 权力和责任对等原则

权力和责任对等原则也就是权责一致原则。权力和责任总是与职位相联系的,在组织设计中,每个管理层次和管理环节都应有与其经营管理活动相适应的职责范围,在赋予其相应权力的同时,又要明确其应承担的责任。对于一个管理者来说,有责无权,不能有效或充分地实现其职能;有权无责,也不能正确地利用和有效地行使其职权。

7. 集权与分权相结合的原则

集权就是把权力相对集中于组织的最高层领导,使其统一管理所属单位和人员的活动。分权与集权恰好相反,它使领导的直接管理控制面扩大,减少了管理层次,使最高层与最低层之间的信息沟通较为直接。在组织设计中,既要求有必要的权力集中,又要求有一定的权力分散。集权到什么程度,应以不妨碍基层人员积极性的发挥为限;分权到什么程度,应以上级不失去对下级的有效控制为限。集权与分权是相对的,不是一成不变的,应根据不同情况和需要加以调整。从当今世界各国企业的组织来看,侧重于分权管理是组织发展的主要趋势。

8. 均衡性原则

它是指同一机构、人员之间的工作量、职责、职权等方面应大致平衡,不偏多或偏少,避免忙闲不均等不良现象。

即学即思 企业组织结构设计的原则还有哪些?

二、企业组织结构体系

(一)组织横向结构

组织横向结构主要解决管理与业务部门的划分问题,反映了组织中的分工合作关系。

1. 部门划分的原则

部门划分就是把工作和人员组织成若干管理的单元并组建相应的机构或单位。部门划分应遵循下述三条原则:

(1)有效性原则。

(2)专业化原则。

(3)满足性原则。

2. 部门划分方法及特点

（1）按人数划分部门。适于某项工作必须由若干人一起劳动才能完成时，大多仅限于某些技术含量低的组织。

（2）按时间划分部门。指采用轮班作业的方法。其特点是可以保证工作的连续性。通常用于生产经营一线的基层组织。

（3）按职能划分部门。指把相似的工作任务或职能编在一起形成一个部门。其优点是：有利于强化各项职能，可以带来专业化分工的种种好处，还有利于工作人员的培训与技能提高。弊端是：长期在一个专业部门工作，容易形成思维定式，产生偏见；可能导致整个组织对于外界环境变化的反应较慢。

（4）按产品划分部门。指按不同产品划分部门。其优点是：能使企业将多元化经营和专业化经营结合起来；有利于企业加强对外部环境的适应性；有利于促进企业的内部竞争。其缺点是：必须有较多的全面管理能力的人员；由于职能部门重叠设置而导致管理费用的增加；各产品部门的负责人可能过于强调本部门的利益，而影响企业的统一指挥。

（5）按区域划分部门。指将一个特定地区的经营活动集中在一起，委托给一个管理者或部门去完成。其优点是：可以根据本地区的市场需求情况自主组织生产和经营活动，更好地适应市场；在当地组织生产可以减少运费和运送时间，降低成本；分权给各地区管理者，可以调动其参与决策的积极性，有利于地区内各种活动的协调。但也存在与按产品划分部门类似的缺点。

（6）按工艺过程（设备）划分部门。指把完成任务的过程分成若干阶段，以此来划分部门，或按大型设备来划分部门。其优点是：符合专业化的原则，可充分利用专业技术的特殊技能，简化培训。其缺点是：各部门之间沟通协作困难，同时不利于全面管理人才的培养。

（7）按服务对象划分部门。指按照企业的服务对象进行部门划分。其最大优点是可以对顾客提供针对性更强、更高质量的服务。缺点是加大成本，并增加协调的难度。

想一想 部门划分的方法还有哪些？

（二）组织纵向结构

组织纵向结构主要解决管理层次的划分与职权分配问题，反映了组织中的领导隶属关系。主要涉及管理幅度和管理层次的设计。

1. 管理幅度

管理幅度依据上下级关系的复杂程度进行设计。主要依据有：管理工作性质，如复杂程度、相似性等；管理者自身的能力与素质状况；下级人员素质与职能性质；计划与控制的难度与有效性；信息沟通的难易与效率；组织的空间分布与外部环境；等等。

常用的设计方法主要有以下两种：

（1）经验统计法。通过对同类型组织管理幅度的调查统计，结合本组织的具体情况确定管理幅度。

（2）变量测定法。把影响管理幅度的各种因素作为变量，采用定性分析与定量分析相结合的方法来确定管理幅度。

2. 管理层次

管理层次就是指将管理组织划分为多个等级。管理者的能力是有限的，当下属人数太多时，划分层次就成为必然，不同的管理层次标志着不同的职责和权限。企业的组织结构犹如一个金字塔，从上至下，责权递减，而人数递增。通常情况下，管理分为三个层次：高层管理、中层管理和基层管理。

（1）高层管理。高层管理属于战略级管理，是指一个组织的最高领导层。其主要职能是根据企业内外的全面情况，分析和制定该企业长远目标及政策。

（2）中层管理。中层管理属于战术级管理，其主要任务是根据最高层管理所确定的总体目标，具体对企业内部所拥有的各种资源，制订资源分配计划和进度表，并组织基层单位来实现总体目标。中层管理有时也称为控制管理。

（3）基层管理。基层管理，也称执行层或作业层管理，是按照中层管理制订的计划，具体组织人员去完成。

> **知识拓展**
>
> 正确处理管理幅度与管理层次的关系，涉及如下一些因素：
>
> （1）工作能力。若不考虑领导者的工作能力，下级工作能力强，经验丰富，则上级处理上下级关系所需的时间和次数就会减少，这样可扩大管理面。反之，如果委派的任务下级不能胜任，上级指导和监督下级活动花的时间就要增加，这时管理面势必要缩小。
>
> （2）信息交流。信息交流的方式和难易程度也会影响到管理幅度。在管理活动中，如上下级意见能及时交流，左右关系能协调配合，就有利于扩大管理面。
>
> （3）检查手段。如果任务目标明确，职责和职权范围划分清楚，工作标准具体，上级能通过检查手段迅速地控制各部门的活动和客观、准确地测定其成果，则管理面可适当扩大；反之，则管理面要缩小。
>
> 除上述因素外，各级管理者的综合素质、管理活动的复杂性和相似程度、新问题的发生率、管理业务的标准化程度、机构在空间上的分散程度等也会影响管理幅度与管理层次的关系。

三、企业组织结构的形式

组织结构反映组织成员之间的分工协作关系，设计组织结构的目的就是为了更有效、更合理地整合组织成员的力量形成组织合力，为实现组织的目标而协同努力。随着企业的产生和发展及机制的演变，企业组织结构形式也经历了一个发展变化的过程。迄今，企业组织结构主要的形式有：直线制、职能制、直线—职能制、矩阵制、事业部制等。

企业组织架构类型

（一）直线制

直线制是一种最早也是最简单的组织形式，其形式犹如一个金字塔，处于最极端的是一名有绝对权威的老板,他将组织的总任务分块后分配给下一级负责,而这些下一级负责人员又将自己的任务进一步细分后分配给更下一级,这样沿着一根不间断的链条一直延伸到每一位雇员。其特点是:有一条指挥的等级链(即从上到下实行垂直领导,下属部门只接受一个上级的指令)、职能的专业化分工、权利和责任一贯性政策(即各级主管负责人对所属单位的一切问题负责)。如表1-1所示。

表1-1 直线制组织结构

类型	优点	缺点	适用企业
直线制	◆ 结构比较简单 ◆ 命令统一 ◆ 权责分明	◆ 缺乏横向联系 ◆ 权力过于集中 ◆ 对变化反应较慢	◆ 小型组织 ◆ 生产技术和经营管理比较简单

(二)职能制

在职能式组织结构中,除主管负责人外,企业从上到下按照相同的职能将各种活动组织起来设立一些职能机构,如所有的营销人员都被安排在营销部,所有的生产人员都被安排在生产部等。这种结构要求主管负责人把相应的管理职责和权力交给相关的职能机构,各职能机构就有权在自己的业务范围内向下级行政单位发号施令。因此,下级行政负责人除了接受上级行政主管人指挥外,还必须接受上级各职能机构的领导。

当企业组织的外部环境相对稳定,而且组织内部不需要进行太多的跨越职能部门的协调时,或对于只生产一种或少数几种产品的中小企业组织而言,职能式组织结构不失为一种最为有效的组织形式。但由于环境趋向于不确定,组织结构逐渐向扁平化、横向结构的方向发展,几乎没有企业能够保持严格意义上的职能式结构,企业必须建立横向联系以弥补纵向职能层级的不足,如建立各种综合委员会、内部跨部门的信息系统、各种会议制度、专职整合人员(如项目经理、客户经理等),以协调各方面工作,起到沟通作用。如表1-2所示。

表1-2 职能制组织结构

类型	优点	缺点	适用企业
职能制	◆ 高专业化管理 ◆ 促进深层次技能提高 ◆ 促进实现职能目标 ◆ 只有一种或少数几种产品时效果最优	◆ 部门间缺乏横向联系 ◆ 对外界变化反应较慢 ◆ 可能引起高层决策堆积、超负荷 ◆ 易形成多头领导	◆ 中小型组织 ◆ 专业化组织

(三)直线—职能制

直线—职能制是在直线制和职能制的基础上,取长补短,吸取这两种形式的优点而建立起来的。这种组织结构形式是把企业管理机构和人员分为两类,一类是直线领导机构和人员,按统一指挥原则对各级组织行使指挥权,其在自己的职责范围内有一定的决定权和对所属下级的指挥权,并对自己部门的工作负全部责任;另一类是职能机构和人员,按专业化原则,从事组织的各项职能管理工作,他是直线指挥人员的参谋,不能对直接部门发号施令,只能进行业务指导。目前,直线—职能制仍被我国绝大多数企业采用。

直线—职能制结构也存在着职能制结构之缺乏横向联系的弊病，也需要通过建立横向联系弥补纵向的不足。如表1-3所示。

表1-3 直线—职能制组织结构

类型	优点	缺点	适用企业
直线—职能制	◆ 命令统一 ◆ 发挥职能部门优势 ◆ 分工清晰、职责明确 ◆ 稳定性高	◆ 部门间缺乏横向联系 ◆ 可能引起高层决策堆积、超负荷 ◆ 易形成多头领导 ◆ 系统缺乏灵敏性	◆ 大中型组织

（四）矩阵制

矩阵制组织结构是为了改进直线职能制横向联系差、缺乏弹性的缺点而形成的一种组织形式。它纵向是职能系统，横向是项目系统，项目系统无固定工作人员，根据任务需要随时抽调组合，完成工作后回原部门。项目组既要服从项目管理，又要服从公司各职能部门的管理，因此，这种组织结构非常适用于横向协作和攻关项目。如表1-4所示。

表1-4 矩阵制组织结构

类型	优点	缺点	适用企业
矩阵制	◆ 加强横向联系 ◆ 跨产品人力资源灵活共享 ◆ 反应灵敏 ◆ 高效工作	◆ 受双重领导 ◆ 对于参与者的素质要求较高 ◆ 组织不稳定	◆ 创新任务较多、生产经营复杂多变的企业，如项目管理企业、研发型企业、软件公司、工程企业等

（五）事业部制

事业部制最早是由美国通用汽车公司总裁斯隆于1924年提出的，故有"斯隆模型"之称，也叫"联邦分权化"，是一种高度（层）集权下的分权管理体制。它是按地区、产品、市场或客户划分的二级经营单位，独立经营、独立核算、自负盈亏，既有生产和管理职能，又是产品或市场责任单位。适用于规模庞大、品种繁多、技术复杂的大型企业，是国外较大的联合公司所采用的一种组织形式，近几年我国一些大型企业集团或公司也引进了这种组织结构形式。如表1-5所示。

表1-5 事业部制组织结构

类型	优点	缺点	适用企业
事业部制	◆ 有利于控制风险 ◆ 有利于内部竞争 ◆ 有利于专业管理 ◆ 有利于培养人才	◆ 公司与事业部职能机构重叠，资源利用率低 ◆ 独立核算，缺乏协作性 ◆ 需要大量的管理人才	◆ 规模庞大、品种繁多、技术复杂的大型企业

模拟分权制

☞ 知识拓展

企业新型组织：团队结构、虚拟组织、无边界组织、女性化组织、学习型组织、生态型组织、系统性组织、多元化组织。

表1-6　企业组织结构形式的特点

	直线制	职能制	直线—职能制	事业部制	矩阵制
管理作风	一个人家长式	维持班子家长式	集中的行政管理	以利润为中心的分权管理	分权与集权
组织职能	适应外部环境	资源的获取	重点是目标达成	重点是保持制度的精细化	适应与更新
领导者与被领导者的关系	领导与随从	忠诚与安全	工作与报酬	一致和稳定	适应性与工作满足
控制系统	市场成果	标准式成本中心	计划与投资中心	报告和利润中心	共同的目标系统
组织发展与变革	重点是创出一些产品	职能机构建立	权力分散	利润分红方法制定	团队活动与自发性管理
组织危机	领导危机	自主危机	管理危机	繁文缛节的危机	目标危机

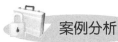
案例分析

企业组织结构的发展趋势和新型组织结构形态

深圳曾经有一个做保健醋的公司，公司的老板雄心勃勃，想以深圳市场为出发点进入全国市场。在产品上市的初期，老板就开始"招兵买马"，设立了财务部、市场部、销售部、市场拓展部、行政部等部门。开策划会议时，相关部门经理都来参加，都西装笔挺，老板也前呼后拥很是风光。表面上看来，组织架构非常完善，但事少人多，有些人就开始无事生非。不知不觉中销售部、市场部、市场拓展部之间的配合出现了问题。职责不分，企业已经患了"大企业病"。企业的"头"已经很大，但"身子"很小，经营起来晃晃悠悠，每个月卖醋的收入还不够发工资。支撑了不到半年，终于宣布倒闭了。

问题：你知道该公司倒闭的原因吗？

分析提示：（略）。

任务四 企业目标与责任

1. 能说出企业目标及其实质；
2. 能描述企业目标的类别；
3. 能描述企业责任的内涵。

杭州宏华数码成立于1992年，是一家集研发、生产、销售、服务于一体，集国内业务与国际业务于一体的高新技术企业，专业从事数码纺织、印染、服装CAD/CAM/CIM系统的开发和服务。宏华数码在全国创立了高效、有序、规范的市场营销网络系统和全方位的售后服务规范。如今的宏华数码，不仅是本土纺织印花领域最大的系统集成商和方案解决商，也是全球纺织机构、喷印设备行业最大的几家硬件供应商之一，在业界享有很高的知名度。宏华数码的管理层在创新上有这么一个目的：要开发出新产品或新流程来解决新问题、开展新应用。并且为实现这一创新，他们在企业组织结构和管理制度上做了相应的调整，建立了一个技术研发和市场营销混合导向的组织结构，通过建立矩阵式的项目组来开展创新活动。

近年传统纺织印花业的低成本竞争非常激烈，宏华数码面对这种现状，把目标转移到了印花方式的革新上，采用数码印花设备，作为自身的创新方向，使得自身的经营创新豁然开朗。

试问：
（1）宏华数码有什么目标？
（2）企业目标是静态的还是动态的？

一、企业目标

（一）企业目标的作用

企业目标是企业一定时期内要达到的目的和要求。

企业目标是企业发展的终极方向，是指引企业航向的灯塔，是激励企业员工不断前行的精神动力。企业目标具体有以下作用：

（1）目标反映一个组织所追求的价值，是衡量企业各方面活动的价值标准，也是企业组织生存和发展的意义所在。

（2）为企业各方面活动提供基本方向，是企业一切经济活动的目标和依据，对企业经营活动具有指导、统帅作用；可以使企业有选择、有针对性地部署各种资源，发挥企业优势。

（3）实现企业与外部环境的动态平衡，使企业获得长期、稳定、协调的发展。企业目标是企业在反复权衡内部条件和外部环境，科学预测和把握外部环境发展趋势的基础上确定的，既能在一定时期、范围内适应环境趋势，又能使企业的生产经营活动保持稳定性和连续性。

想一想 你认为企业目标还有什么作用？

（二）企业目标的类型

（1）企业目标按时间可分为近期目标、短期目标、中期目标、长期目标。

（2）企业目标按整体与局部可分为整体目标、部门目标。

确定企业目标的原则

（3）企业目标按职能可分为营销目标、销售目标、财务目标、生产目标、人力资源目标、研发目标等。

（4）企业目标按管理层级由低到高可分为基层作业目标、中层职能目标、高层战略目标。

（5）企业目标按目标体系可分为主要目标和次要目标、总体目标和局部目标。

企业目标分类

想一想 你还能列举企业目标的分类吗？

> ☞ **知识拓展**
>
> 企业目标制定的原则：关键性原则、可行性原则、定量化原则、一致性原则、激励性原则、稳定性原则。

> ☞ **知识拓展**
>
> 企业目标制定的过程：宣布企业目标（企业最高层管理者）→长期战略目标（企业最高层管理者）→短期战术目标（企业最高层管理者）→经营单位或事业部长短期目标（事业部经理）→职能部门目标（职能部门经理）→次级单位目标（次级单位负责人）→个人目标（员工个人）。

> ☞ **知识拓展**
>
> **企业目标实例**
>
> 天津中远公司目标：创国际一流企业，跻身世界500强。长安汽车的"三三三"目标：创造名牌、推出名人、争当知名企业的"三名企业"；降低成本、激活资本、以人为本的"三本主义"；用好权力、获取智力、开发潜力的"三力思想"。四通公司企业目标：中国的IBM，世界的四通。

二、企业责任

（一）企业责任的涵义

企业责任是指企业在争取自身生存发展的过程中，面对社会的需要和各种社会问题，为维护国家、社会和人类的利益所应履行的义务。

> ☞ **知识拓展**
>
> **企业责任的分类**
>
> 企业责任从法律角度分为法定责任与非法定责任；从责任的性质角度分为经济责任、法律责任、道德责任；从范围角度分为企业内层责任与企业外层责任。

> ☞ **知识拓展**
>
> **全球协议**
>
> 1999年1月，在瑞士达沃斯世界经济论坛上，联合国秘书长安南提出了"全球协议"，并于2000年7月在联合国总部正式启动。该协议号召公司遵守在人权、劳工标准和环境方面的九项基本原则，其内容是：(1) 企业应支持并尊重国际公认的各项人权；(2) 绝不参与任何漠视和践踏人权的行为；(3) 企业应支持结社自由，承认劳资双方就工资等问题谈判的权力；(4) 消除各种形式的强制性劳动；(5) 有效禁止童工；(6) 杜绝任何在用工和行业方面的歧视行为；(7) 企业应对环境挑战未雨绸缪；(8) 主动增加对环保所承担的责任；(9) 鼓励无害环境科技的发展与推广。

（二）企业责任的内容

1. 员工发展责任

员工利益是企业的根本利益，对企业员工需求的投资就是对企业自身发展的投资，认同企业文化、心态乐观、富有激情、善于学习和创新的员工是企业的最大财富。

2. 客户服务责任

为客户创造价值是企业的基本责任。企业把客户看作另一个自己，在发展中坚守"双赢是让客户和合作者先赢"的理念。

3. 公司治理责任

良好的公司治理是企业对股东的承诺，也是企业未来成功的制度保障，企业组织的不断学习和发展是形成良好公司治理体系的基础。

4. 行业社区责任

企业因社会的进步而发展，企业努力通过事业发展不断创造价值，服务于社会的进步。在实现企业发展的同时，也时刻不忘引领行业生态发展，推动社区的和谐进步。

5. 绿色环保责任

企业管理服务的本质特征就是集约、高效和环保，企业致力于通过商业模式的创新，构建绿色供应链服务,通过运营过程中的节能减排,实现绿色办公。

6. 回报社会责任

企业的生存和发展取决于消费者、取决于社会,企业对社会上存在的一些弱者群体如偏远山区的失学儿童,或对出现的一些自然灾害如地震、洪涝灾害等,应伸出援助之手,企业文化要建立和抒发社会责任感和民族正义感,在民族和社会需要的时候,要义不容辞地回报社会,努力承担起民族责任和社会责任。

7. 提供就业责任

企业的生产经营过程是通过人来完成的,企业应为社会提供就业机会,对就业者提供学习和培训的机会,对就业者应按国家劳动法律法规要求规范用工制度,并为其提供保障。

8. 提供品质责任

企业生产的产品和提供的服务应满足社会正需求,克制社会负需求,企业在产品、服务研发工作上要以消费者需求为导向,为消费者和社会提供的产品和服务必须保证品质,对于不良的产品和服务,要采取坚决制止的态度和行为,宁可牺牲成本,不可伤害消费者利益,不合格的产品只会对社会和消费者造成伤害。

9. 自主创新责任

企业要高度重视引进技术的消化吸收和科技研发,加大资金和人员的投入,努力做到创新以企业为主体,实现经济结构的调整。

10. 履行经济责任

企业要贯彻执行国民经济发展的方针政策,及时正确地依法纳税、定额缴纳保险等。

国际企业社会责任相关标准

想一想 你认为企业还有哪些责任?

案例分析

首钢股份2009年社会责任报告显示:公司自建立以来,在《公司法》《证券法》《公司章程》的框架下,设立了股东大会、董事会、监事会和经理层,建立健全了各项制度,强化内部管理,使公司规范运作。公司实现利润3.68亿元,2009年拟每10股派发现金股利1元,拟分红总额2.97亿元,会计报表进行了公开披露。公司及时有效地与客户沟通,用户满意度96.83。公司与员工签订用工合同,覆盖率100%,职工年休假天数11.95天/人。岗位培训累计学时人均12小时以上,公司全体员工捐款29万元用于助学。公司实现环保设施100%在线运行,100%高效运行,100%达标排放。公司节能1万多吨标准煤,回收焦炉煤气近3 000万立方,全年减少电费支出2 107万元。

问题:首钢股份2009年履行了哪些企业责任?

分析提示:公司治理责任、股东责任、客户责任、员工责任、环境责任、回报社会责任。

模块二

企业经营认知

任务一　企业经营环境

1. 能说出企业经营环境的含义，知道企业经营环境的分类；
2. 能根据宏观政策对企业的外部环境做出分析；
3. 学会用内部条件分析来提高企业竞争力；
4. 学会通过对内外环境分析，判断市场机会与威胁，认清企业自身的优势和劣势。

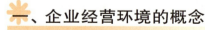

我国的永久牌、飞鸽牌自行车都是国内外久负盛名的优质产品，但是在卢旺达却十分滞销，因为卢旺达是一个山地国家，骑自行车的人经常要扛车步行，我国的自行车重量大，令当地人感到十分不便。日本人瞅准这一空子，在做了详细的市场调查后，专门生产一种用铝合金材料做车身的轻型山地车，抢夺了市场。我国企业由于不了解外部环境，错过了一个很好的占领市场的机会。

一、企业经营环境的概念

（一）企业经营环境的含义

企业经营环境是指存在于一个组织内部和外部的影响组织业绩的各种力量和条件因素的总和。

创立什么样的企业,不是取决于企业主自身的意愿,而是由企业拥有的内部环境和所处的外部环境的经营要素决定的。

(二)企业经营环境的分类

1. 企业外部环境

企业外部环境是指企业周围、影响企业经营管理活动及其发展的各种客观因素与力量的总体。这些因素一方面影响企业的经营活动,另一方面也被企业所制约,它为企业的生存和发展带来机会的同时也带来威胁。

2. 企业内部条件

企业内部条件是指构成企业内部生产经营过程的各种要素的总和,并且体现为企业总体的经营能力。

企业内部条件是可控因素,可以经过努力,创造和提高企业竞争能力,也可能由于管理不善而使得资源得不到很好利用,丧失应有的优势。

二、企业经营环境的分析

企业经营环境
的其他分类

(一)企业外部经营环境分析

1. 企业宏观环境分析

企业的宏观环境因素涉及面广,主要从宏观方面对企业的生产经营活动产生间接的影响。这些因素主要有:政治环境、法律环境、经济环境、科技环境、社会环境、文化环境、生态环境等。

> **☞ 知识拓展**
>
> 根据美国学者罗斯托的经济成长理论,可以把世界各国经济发展归纳为五种类型:①传统经济社会;②经济起飞前的准备阶段;③经济起飞阶段;④迈向经济成熟阶段;⑤大量消费阶段。
>
> ①②③——发展中国家;④⑤——发达国家。

想一想 某公司是内地和香港合资建立的物产有限公司,建立之初注册资本仅150万元,公司总厂坐落在天津港口区,距集装箱码头很近,又与海关、集装箱公司、外轮公司代理、商检、卫生检疫等单位协作关系较好,形成六个部门一条龙作业的状况,企业成立两年就创汇1 000多万美元。想一想,这是什么原因呢?

2. 企业微观环境分析

企业微观环境是外部环境分析的核心和重点,其分析的对象集中在行业范围内,研究的是企业与行业、顾客、竞争者及同盟者的关系。

(1)行业竞争结构分析。不同的行业尽管其竞争状态有所差异,但它们都具有同样的基本特征,即任何竞争都是由五种力量所构成的,包括现有行业中各企业间的竞争、潜在的行业新进入者、替代品或服务的竞争、供应商讨价还价的能力、买方讨价还价的能力。这五种基本竞争力的状态及综合强度，决定着产业竞争的激烈程度，从而决定着产业中最终的获利潜力以及资本向本产业的流动程度。

> **☞ 知识拓展**
>
> **波特——五力分析模型**
>
> 波特的五力分析模型又称为波特竞争力模型，是由迈克尔·波特于20世纪80年代初提出来的。它用于竞争战略的分析，可以有效地分析客户的竞争环境。五力分别是：
>
> ① 供应商的讨价还价能力。供方（供应商）主要通过提高投入要素价格与降低单位价值质量的能力，来影响行业中现有企业的盈利能力与产品竞争力。当供方所提供的投入要素其价值构成了买主产品总成本的较大比例、对买主产品生产过程非常重要，或者严重影响买主产品的质量时，供方对于买主的潜在讨价还价力量就大大增强。
>
> ② 购买者的讨价还价能力。购买者主要通过压价与要求提供较高的产品或服务质量的能力，来影响行业中现有企业的盈利能力。
>
> ③ 新进入者的威胁。新进入者在给行业带来新生产能力、新资源的同时，也有可能会与现有企业发生原材料与市场份额的竞争，最终导致行业中现有企业盈利水平降低，严重的还有可能危及这些企业的生存。
>
> ④ 替代品的威胁。两个处于不同行业中的企业，可能会由于所生产的产品是互为替代品，从而在它们之间产生相互竞争的行为。替代品价格越低，质量越好，用户转换成本越低，其所能产生的竞争压力就越强。
>
> ⑤ 行业内现有竞争者的竞争。大部分行业中的企业，相互之间的利益都是紧密联系在一起的，在战略实施中必然会产生冲突与对抗现象，这些冲突与对抗就构成了现有企业之间的竞争。

（2）顾客分析。顾客是企业产品和服务的购买者，包括企业产品或服务的用户和中间经销商。

想一想 家电市场的争夺已日趋白热化，许多知名名牌纷纷降价以求得市场份额，可海尔产品却不降低价格，而是通过提高产品质量、提高服务水平和开发新的产品功能等来提高产品的竞争力，赢得顾客。你觉得海尔这么做可行吗？

（3）供应者分析。企业的供应者包括企业维持正常生产经营活动所需各种要素，如人、财、物、信息、技术等的来源单位，它们的基本要求是与企业建立稳定、合理的交易关系，并能取得一定的利润。

想一想 从实际情况来看，我国资金短缺、原材料紧张、能源供应紧张、劳动力供应及技术供应也不理想，因此，从企业角度来说，为了获得必要的资源，必须积极主动地吸引资源所有者把资源投入本企业。那么，企业与资源所有者是什么关系呢？

（4）竞争对手分析。所谓竞争者是指与本企业争夺销售市场和资源的对手。企业与竞争者存在着两种关系：

① 相互争夺的关系。即双方都为了自己的生存和发展设法在市场、顾客、资源中力争占有较大的份额,不仅要争夺对方占有的市场,还要积极争夺潜在市场;不仅争夺现有的资源来源,还要积极争夺新的资源来源。谁占有了市场,占有了资源来源,谁就有了长远发展的良好条件。

② 相互削弱经营能力的关系。在竞争中要设法削弱对手与自己争夺市场及资源的能力,进而扩大自己的争夺能力,因而产生控制对手的动机和行为,而对手也必然会采取反控制的手段。因此,企业要了解产业内主要竞争者的情况,包括其经营战略和策略,了解主要竞争者有哪些优势,本企业在竞争中的地位、有哪些优势和发展机会,做到知己知彼,才能为本企业战略的制定提供环境依据。

(5) 同盟者分析。同盟者可分为基本同盟者(全面合作)与临时同盟者(某时、某事、某方面的合作),直接与间接同盟者,现实的与潜在的同盟者,长期的与短期的同盟者等。随着内外环境的变化,企业与同盟者的关系具有可变性及复杂性,即同盟者有可能变成竞争对手,而竞争对手也有可能变为同盟者,本企业的合作者也可能同时又是竞争对手的合作者。因此,企业对于各种类型同盟者的状况、发展趋势及特点均应进行分析。

修正药业针对儿童的体弱多病现状推出了一个新药品,而此时最强大的竞争对手是海王牛初乳。为了与海王牛初乳进行竞争,修正药业在设计这个产品时加多了一倍的含量,在产品包装上直接标出了含量,把这个产品的胶囊形象放大,放在货架上,广告宣传较为突出。在正准备上市时,"非典"出现了,面对突如其来的环境变化,公司陷入困境:是沿着以往的思路继续走下去,还是改变思路?在这种情况下,修正药业果敢地出击,在很多保健品没有打好"非典"这张牌时,暂停原有的计划,借力"非典"为该产品确定以传播健康知识为主题的公益广告。在广东公布全国第一例"非典"后,公司就推出了系列广告。主题是:聪明的妈妈,请谨慎用药。企业站在教育民众的角度,把科学的观念输送给民众,广告着重于宣传增强免疫能力,用老百姓熟悉的方式教育老百姓,并结合开展了一系列的营销活动。这是针对"非典"不惜重金打造的一个应急方法。事实证明,在"非典"结束后,修正药业打了一个大胜仗。

问题:企业面对意外环境该如何应对?

分析提示:修正药业面临"非典"这一意外环境,可以说,企业的经营活动既面临着威胁又迎来了机遇。一方面,浪费了为实施原计划而发生的大量费用,影响原计划的执行;另一方面,又要花费资金重新设计广告等各项目,确实增加了企业负担。但是企业若能充分利用环境变化所带来的市场机会,激活消费者,同样也能转危为安甚至创造奇迹。这就要求企业强化领导力,在多变的、不确定的营销环境中有力地出击。

如何评价
企业经营环境

（二）企业内部条件分析

如果说外部环境分析的结果明确了企业可能的选择，即可能做什么，那么内部条件分析的结果则明确了企业能够做什么。

企业内部条件分析的内容主要有：

1. 企业素质与企业活力分析

（1）企业素质分析。企业素质是指企业从事经济活动所具有的潜在能力，是存在于企业机体的固有的素质。企业素质应包含人员素质、技术装备素质、管理素质和企业文化素质四个方面的内容。

> ☞ **知识链接**
>
> **企业形象**
>
> 企业形象是指社会公众或消费者按照一定的标准和要求，对某个企业经过主观努力表现出来的形象特征所形成的整体看法和最终印象以及由此转化成的基本信念和综合评价。
>
> 企业形象的构成要素主要包括外在要素和内在要素：
>
> ① 企业形象的外在要素是指企业各种外显性视觉对象的综合，是社会公众能直接感知到的具体内容。分为外在硬件形象（如企业的建筑物、设备装置、产品包装等）和外在软件形象（如企业的名称、品牌商标、工作环境）两类。
>
> ② 企业形象的内在要素是指由企业形象所体现出来的内在素质、内在特征、内在精神。它也分为内在硬件形象（如企业的产品质量、技术水平、管理水平等）和内在软件形象（如企业信誉、员工素质、企业精神等）两类。

（2）企业活力分析。企业活力就是指企业作为有机体通过自身的素质和能力在与外界环境交互作用的良性循环中所呈现出的自我发展的旺盛生命力的状态。企业活力的大小不仅受外部环境因素的影响，更主要地取决于内部的企业素质，而且是在内外环境交互作用中，要不断地向更好的方面转化。

2. 企业经济效益分析

经济效益一般是指消耗、占用与成果的对比关系。提高经济效益，就是要以尽可能少的各类资源的消耗和占用，生产出适合社会需要的物质财富，获得更多的产出。从经济效益的分类来看，又可分为宏观经济效益和微观经济效益、内部经济效益和外部经济效益、直接经济效益和间接经济效益。

宏观经济效益是指全社会的经济效益，微观经济效益即企业、事业单位的经济效益；内部经济效益是指体现在一个企业、事业单位范围内的经济效益，与该企业、事业单位相关的经济实体得到的经济效益，称为外部经济效益。

直接经济效益是指一项经济活动本身直接体现出来的经济效益；间接经济效益是指通过这一项经济活动间接反映在其他方面的经济效益。例如，新建码头投入使用，实现了内部经济效益，同时使用码头的船主、货主实现了外部经济效益。以上这些效益都可以直接计算出来，均称为直接经济效益。但随着码头的投入使用，港口所在地区工商业也得到了发展，运输业增加了运输量,工厂增加了产量,商店增加了营业额,由于码头的建立也增加了该地区的就业机会,从而取得了间接经济效益。

想一想 在某一大型乳品企业内建立了一个养殖场,养殖场建成投产后,其本身实现的经济效益属于以上哪种经济效益? 同时,乳品企业直接得到了充足的奶源,会取得增产的更大经济效益,这些经济效益对养殖场来说,又是什么经济效益呢?

3. 企业的市场营销能力分析

企业的市场营销能力是指企业适应市场变化、积极引导消费、争取竞争优势以实现经营目标的能力,它是企业决策能力、应变能力、竞争能力和销售能力的综合体现。企业市场营销能力的强弱是决定企业经营成果优劣、影响企业生存和发展的关键,因此掌握和分析企业的市场营销能力是分析企业内部条件的中心工作。

4. 企业资源分析

一般企业主要有五类资源:财力资源、物力资源、人力资源、技术资源、管理资源。

5. 企业组织效能与管理现状分析

企业管理组织的分析是企业内部条件分析的基本环节和主要内容。因为企业的一切活动都是人的活动,都是组织的活动,组织是进行有效管理的手段,企业作为一个组织最重要的是组织成员的团结和睦,这是组织的力量所在。只有进行企业组织管理的分析,才能发现组织结构中导致效率低下的因素,进而进行组织变革,提高企业管理的效率。企业组织效能是通过管理效果体现的。分析组织的效能,就是对企业及组织管理现状进行分析。

任务二 企业经营定位

企业外部环境分析与企业内部环境分析有何联系与区别

 学习目标

1. 能说出零售企业业态种类及特征,知道连锁经营与特许经营的具体内容以及代理代销和经销的各自特征;
2. 能运用企业经营定位的基本原理来识别和分析研究现实生活中企业实际经营方式的运用状况;
3. 能根据零售企业开展经营活动的实际情况和经营目标,掌握零售企业进行业态选择的基本方法以及零售企业如何进行连锁和特许经营定位的基本方法。

 引导案例

2002年年底,济南九阳电器有限公司正式更名为山东九阳小家电有限公司,从"电器"

减到"小家电",九阳卸去了意识上的不清晰和定位上的模糊,定位更精更准更专业,从而离他们"争创新鲜健康小家电第一品牌"的目标更近了一步。随着九阳的战略调整,在九阳内部也开始从原先以研发、制造和销售为一体的大而全的发展模式转向主攻研发、销售和做强品牌的核心环节。九阳公司豆浆机占有了近80%的国内市场份额,产品远销美国和东南亚、非洲等地。2007年9月,九阳小家电有限责任公司正式改制为股份公司。

一、企业业态选择

企业业态选择是指商品零售企业在对自己进行经营定位时,根据自身的实际情况和各种零售企业业态的不同特点,以及市场外部环境的各种因素做出选择,从而确定企业所适合的经营业态的过程。

新产业、新业态、新商业模式统计分类表

(一)商业零售业态及其特点

根据国内贸易局的《零售业态分类规范意见(试行)》,零售业态的分类主要依据零售业的选址、规模、商品结构、店堂设施、经营方式、服务功能、目标顾客等项目确定。

想一想 设在我们学校的超市属于哪种零售业态?

> ☞ **知识拓展**
>
> 业态与业种的区别在与:业态主要指零售商业的经营形态,即根据"如何销售"这一命题来划分零售业;而业种是传统的零售业分类的依据,是根据"销售什么"这一命题来划分零售业的,它是在社会商品供应并不充分、市场竞争并不激烈的情况下形成的。

(二)零售商业企业业态的选择

零售商业企业应在对其内部经营条件和外部经营环境进行充分论证的基础上,遵循一定的原则,选择符合本企业经营实际的具体业态。

1. 业态选择应分析的条件

(1)业态选择应分析企业的自身条件。首先,业态选择必须与企业发展战略相一致。其次,业态选择应与现有企业有连带关系。它们之间既可以是同业态的,也可以是异业态的。再次,业态选择必须考虑自身的经营实力。最后,业态选择必须考虑企业优势和经营经验。企业应根据自己的特长与优势,选择自己相对熟悉、擅长的业态进行经营。

(2)业态选择应分析企业的客观条件。首先,业态选择必须考虑5~10年的消费发展趋势。消费水平和规模的快速增长有利于推动百货商店、专业商店和便利店等业态的发展。其次,业态选择必须考虑5~10年的产品发展趋势。产品包装、加工、编码的非标准化必将制约自我服务型业态的发展。再次,业态选择必须考虑5~10年的行业及行政体制。地方保护、部门封锁,难以通过小店铺形成规模效益。

想一想 同业态的企业与异业态的企业有哪些形式？

2. 业态选择应注意的策略定位

零售业态是不断演变的，如果不面对时势随机应变，就有被逐出市场的危险。面对不同的商业业态，应有不同的经营定位：(1) 大型百货商店的定位策略应定位于"优"。(2) 超级市场的定位策略应定位于"全"。(3) 便利店的定位策略应定位于"便"。(4) 精品专卖店的定位策略应定位于"精"。(5) 仓储式商店的定位策略应定位于"廉"。(6) 购物中心的定位策略应定位于"齐"。

在我国超市中，知名度较高的当属上海地区的联华超市和华联超市。它们在经营进程中非常注意经营商品的"全"，为了做到这个"全"字，它们主要从产品组合策略、价格策略、包装策略、销售策略四个方面着手来吸引消费者。

问题：那么它们是如何做的呢？

分析提示：它们的具体做法如下：

首先，在产品组合策略方面，兼顾高、中、低档产品，以中低档产品为主；兼顾大小轻重产品，以小轻产品为主；兼顾吃、穿、住、用产品，以基本生活消费品为主。

其次，在价格策略方面，它们以低价策略吸引顾客，经营采取折扣价、优惠价让利于顾客。

再次，在包装策略方面，对所经营的全部产品均实行定量包装和小包装。

最后，在销售策略方面，采用完全敞开式售货，实行顾客自我服务、自我接待、一次集中结算的售货方式。

二、连锁经营与特许经营

连锁经营和特许经营自20世纪80年代末至90年代初传入我国以来，在我国取得了很大的发展。

（一）连锁经营

1. 连锁经营的概念及特征

连锁经营是指在核心企业或总店的领导下，由分散的、经营同类商品或服务的企业，通过规范化经营，实现规模效益的经济联合组织形式。其中的核心企业称为总部、总店或本部，各分散经营的企业叫作分店、门店或成员店。

连锁经营的基本特征体现在以下几个统一：统一经营战略，统一企业识别系统（CIS），统一进货，统一配送，统一价格，统一管理，统一商品组合服务，统一广告宣传等。

2. 连锁经营方式的形态

(1) 直营连锁。我国的《连锁店经营管理规范意见》指出，直营连锁是指连锁店的门店均由总部全资或控股开设,在总部的直接领导下统一经营的一种经营模式。

（2）特许加盟。我国的《连锁店经营管理规范意见》把它称为特许连锁（或加盟连锁），是指连锁店的门店同总部签订合同,取得使用总部商标、商号、经营技术及销售总部开发商品的特许权,经营权集中于总部的一种经营模式。

（3）自愿加盟。即自愿加入连锁体系的商店。这种商店由于是原已存在,而非加盟店开店伊始就由连锁总公司辅导创立,所以在名称上自应有别于加盟店,为了区分方便起见,称为"自愿加盟店"。我国的《连锁店经营管理规范意见》把它称为"自愿连锁",是指连锁店的门店均为独立法人,各自的资产所有权关系不变,在总部的指导下共同经营的一种经营模式。

 阅读资料

> 美国将连锁加盟分为两大类：一种是"商标商品连锁加盟"（Product and Trademark Franchising,简称P&T型连锁）。这是一种传统的连锁加盟形态,加盟店对于加盟总部而言犹如经销商或代理商。另一种是"经营模式特许经营连锁加盟"（Business Format Franchising,简称BF型连锁）。这种连锁被称为"第二代特许经营",它不仅要求加盟店经营总部的产品和服务,而且加盟店的商店店名、商标、经营标准、产品和服务的质量标准、经营方针等,都要按照总店的全套方式要求来做,亦即加盟店购买的不仅仅是商品的销售权,而是整个模式的经营权。

（二）特许经营

1. 特许经营的概念及特征

特许经营是指特许者将自己所拥有的商标（包括服务商标）、商号、产品、专利、经营模式等,以特许经营合同的形式授予被特许者使用,被特许者按合同规定,在特许者统一的业务模式下从事经营活动,并向特许者支付相应费用的一种经营模式。

根据这一概念,特许经营有以下特征：

（1）范围广,渗透力强。（2）扩张速度快,成功率高。（3）国际化,集团化。（4）集资方便。（5）降低投资风险。（6）减轻人力负担。（7）规模扩张迅速。（8）可以冲破区域壁垒。

2. 特许经营类型

特许经营其实质就是包括专利、商标等各种知识产权在内的无形资产由特许人有偿转让给受许人的一种方式。根据不同的标准可以将特许经营分成不同的类型：

（1）按特许人与受许人的身份,可以将特许经营分为制造商和批发商、制造商和零售商、批发商和零售商、零售商和零售商之间的特许经营四种类型。

（2）按特许权授予方式,可以将特许经营分为一般特许经营、委托特许经营、发展特许经营、复合特许经营等。

（3）按特许内容,又可以将特许经营分为商品商标特许经营和经营模式特许经营。

 **案例分析**

　　作为广州市政府菜篮子工程项目之一的家谊超市,其经营范围与普通超市相类似,但生鲜商品所占比例远远超过普通超市,它拥有自己的干货和生鲜商品配送中心。家谊超市的业态规模比较特殊,属于混合型的,既有营业面积在 1 500~3 000 平方米的社区连锁店,又有营业面积在 6 000 平方米以上的连锁大卖场。

　　问题:广州家谊超市是如何进行经营定位的?

　　分析提示:广州家谊超市是零售企业业态成功定位的一个例子。其没有完全按照传统业态理论来确定自己的经营形态,而是根据市场的实际情况,再结合企业的实际情况和发展目标来定位,确定自己的业态为连锁经营的便利店和超级市场的混合,由此填补了市场空白,满足了消费者的消费需求。

三、代理、经销、代销

　　企业在实现自己的经营目标时,出自成本核算和自身经营状况的考虑,可采用那些成本低廉又切合自身实际的经营方式和经营渠道。代理、经销、代销制度的出现和极大发展,正是适应了社会生产力的需求,满足了社会经济生活的需要。

(一) 代理

企业在经营过程中涉及的代理一般来说主要是指商务代理。

1. 定义

所谓商务代理,是指代理人为被代理人代理商品买卖等有关事宜,收取佣金的营利性经济活动。

2. 代理权的行使

(1) 代理商行使代理权时,必须遵循以下基本原则:

① 行使代理权,必须符合被代理人的利益。

② 行使代理权,必须尽到职责所要求的谨慎和勤勉。

(2) 代理权的滥用。代理权的滥用是指代理商违背代理权的设定宗旨和代理行为的基本准则,有损被代理人利益的行使代理权的行为。

(3) 无权代理。无权代理是指没有代理权的代理,即具备代理行为的表面特征,但是欠缺代理权。

> **知识拓展**
>
> 　　代理在社会生活中运用十分广泛,但不是所有的社会活动都能使用代理。比如:凡是意思表示具有严格的人身性质,必须由本人亲自做出决定和进行表达的行为,如婚姻登记等,不适用代理;那些具有严格人身性质的债务,如预约演出等,也不适用代理。

（二）经销

1. 定义与种类

经销是指经销商先用自己的资金进行购买，取得商品的所有权后再将商品出售，经销商对此承担全部风险责任的商品经营方式。在商业实践中，其一般分为两种情况：

（1）一般经销，即经销商通过与卖方签订买卖合同购买商品后，自行在选择的市场上任意销售，经销商与卖方的关系为简单的买卖关系，双方不需签订经销协议，各自履行了买卖合同义务后即告结束。

（2）包销或称定销，即独家经销，有时也被称为"买断"。它是指在一定时期和一定地区内将某种商品的专营权交给包销商，由包销商全权销售的商品销售方式。包销商享有专营权，即销售商或制造商在同一时期、同一地区将同一类商品只能交给自己所选定的包销商经营，不能同该地区其他商人做该种买卖。同时包销商也只能在该地区经营与之签订包销协议的制造商或销售商的商品，既不能经营其他来源的有关商品，也不能将制造商或销售商的商品向其他地区转售，并要保证在一定时间内购买一定数量的包销商品。

想一想 经销是属于转卖性质的一种贸易方式吗？

> **知识链接**
>
> **独家代理与包销的区别**
>
> 独家代理与包销均是商业贸易中使用较多并行之有效的方法，两者既有相似之处，又有较大区别：(1) 关系不同。前者委托人与代理人之间是代理关系，代理人对商品无所有权；后者卖方与包销方之间是买卖关系，包销人对商品有所有权。(2) 履行合同义务主体不同。前者的代理人不是买卖合同中履行合同义务的主体；后者则由包销人自己买货付款，所以其为履行合同义务主体。(3) 承担的风险不同。前者代理人依约收取佣金，不承担经营风险；后者包销则需承担全部经营风险。(4) 承担销售义务不同。前者的独家代理人一般不承担在一定时期一定地域内销售一定数量商品的义务；后者的包销人则一般应按协议负有销售一定数量商品的义务。(5) 广告等费用支付不同。前者由委托人承担此费用；后者则由包销人自行承担。

（三）代销

1. 定义与特征

在现实经济生活中，代销亦是运用得较为广泛的一种商品经营方式。从法律意义来讲，代销属于行纪的范畴。所谓行纪，是指行纪人接受委托人的委托，以自己的名义为委托人从事物品买卖或者其他商业交易并收取报酬的行为。在商品经营活动中，如果行纪人只是为委托人从事物品销售活动，那么有时也称之为寄售。

代销在商业实践中一般具有以下特征：

（1）委托人与代销商之间不是买卖关系，而是代销关系，代销商虽然以自己的名义在当地市场销售货物，收取货款，但货物的所有权属于委托人。

（2）代销货物在出售前,包括运输途中和到达寄售地后的一切风险和费用,全部由寄售人承担。

（3）代销是由代销商向买主销售,看货成交,属于凭实物进行的现货交易,并可在运输途中先行销售,销售不成的仍可运往目的地代销。

2. 代销的利弊

企业在选择代销作为自己的商品经营方式时,应注意根据代销的利弊和自己的切实情况,发挥代销的优势,克服代销的弊端。

（1）优势:① 代销属于现货交易,买主可看到现货,可亲眼确认产品质量,购买放心,容易成交。② 委托人拥有货物所有权,便于其任意处理。③ 代销商不承担风险和费用,不占用其流动资金,容易调动其经营的积极性。

（2）弊端:① 委托人要承担货物售出前的一切风险,包括运输中的风险、储存风险、市场变化风险、货物积压风险、代销商少付或不付所得货款的风险。② 货物不能如期寄出,要占用大量资金;寄出货物付费繁多,包括运费、仓储费、税费等,在国际贸易中这些还需支付外汇;如果货物出售不了,将货物运回,又需支付大量费用。

想一想 代销商通过买卖活动获取的收益应该归于谁?

任务三　企业经营目标

1. 知道什么叫企业经营目标,能正确理解其特点;
2. 熟悉如何建立经营目标体系,会设置企业经营目标层次;
3. 了解经营目标的作用和制定原则;
4. 深度掌握企业经营目标的种类与相关内容的知识,能分析并会制定企业的经营目标。

惠普的创始人之一比尔·休利特说过,惠普从来没有把利润最大化作为经营目标,但也从来没有把利润放在所有考虑问题之外。惠普有七大目标:培养、发展忠诚的客户,合理利润（超过行业平均水平）,行业领导地位（保持在第一、第二位,并形成规模）,持续增长（有动力和潜力）,员工发展,团队领导力提升和社会责任。这些目标如同齿轮一样紧紧咬合在一起,牵一发而动全局。惠普最重视的就是培养、发展忠诚的客户。

一、企业经营目标的概念

企业经营目标,是在分析企业外部环境和企业内部条件的基础上确定的企业各项经济活动的发展方向和奋斗目标,是企业经营思想的具体化。

(一)企业经营目标的含义和特点

1. 经营目标的含义

经营目标是指在一定时期内,企业的生产经营活动最终所要达到的目的,是企业生产经营活动目的性的反映与体现;是指在既定的所有制关系下,企业作为一个独立的经济实体,在其全部经营活动中所追求的并在客观上制约着企业行为的目的。企业的目标体系是企业在一定时期内,按照企业经营思想和企业所有者及经营者的愿望,考虑到企业的外部环境和内部条件的可能,经过努力预期达到的理想成果。

2. 企业经营目标的特点

(1)层次性。指企业的经营目标是由多个层次构成的,通过各要素、任务的结合把目标分为相互交织又相互作用的层次,从而使得目标显得清晰可见。

(2)阶段性。指企业经营目标的实现过程可以分为几个阶段,通过阶段性目标的完成,为总目标的实现打下基础。阶段性目标可能是递进的,也可能是分片的,不管是哪一种,都是为了保证最终目标的实现。

(3)功效性。任何企业的经营目标都是为了达成未来的一种状态和结果,因此具有显著的功效性。对企业而言,就是通过生产、经营能满足社会需要的产品而创造经济效益,在此基础上不断提高员工的物质、文化、生活水平。因此,经营目标的功效性可以起到激励人奋进、促进组织发展的显著作用。

(4)可分解性。指经营目标不但要指示方向,还要可分解为多方面的具体目标和任务。比如对企业来说,首先要有基本目标,如实现利润、完成产值和销售收入、提高员工收入和市场占有率、进行技术改造和提出发展方向等。在基本目标的指导下,企业内各部门要把基本目标按职责分解落实为部门的具体目标和工作任务。在部门分解的基础上,由企业内的目标管理部门进行汇总和平衡,最终以目标任务书的形式下发给部门。如果目标不可分解,在执行上就具有一定的难度。

想一想 长远目标和短期目标是属于以上特点中的哪一个?

(二)企业的经营目标体系

企业的整体目标要通过各部门、各环节的生产经营活动去实现。因此,企业各部门、各环节都要围绕整体目标制定本部门的目标,形成一个目标体系,由整体目标到中间目标,再由中间目标到具体目标。它分为三层:

第一层,是决定企业长期发展方向、规模、速度的总目标或基本目标。成长性目标、稳定性目标、竞争性目标,都属于基本目标。这一层目标就是战略目标。由于各个企业所处地位不同,以及经营者价值观念不同,基本目标又可分为若干个阶梯:第一阶梯是产值、销售额等增长目标;第二阶梯是市场占有率、利润率等目标;第三阶梯是本行业的领先企业;第四阶梯是走向世界市场。

第二层,中间目标。分为对外目标与对内目标。对外目标包括产品、服务及其对象的选择、定量化,如产品结构、新产品比例、出口产品比例等;对内目标就是改善企业素质的目标,如设备目标,人员数量、素质、比例目标,材料利用及成本目标等。

第三层,具体目标。即生产和市场销售的合理化与效率目标。如劳动生产率、合理库存、费用预算、质量及生产量、销售额、利润额指标等。

想一想 公司目标、部门目标、生产现场目标,它们之间是什么样的关系?

二、经营目标的作用和制定原则

(一)企业经营目标的实际作用

(1)企业经营目标是价值评估的基础之一。不同的企业其经营目标是不同的,例如,改革开放前我国国有企业的经营目标就是能完成上级主管部门下达的经营任务;承包制下的国有企业只要能完成期内利润指标即可。不同经营目标的背后实际上反映了不同的企业制度。

(2)企业经营目标是战略体现。企业长期经营目标是企业发展战略的具体体现。企业长期经营目标里不仅仅包括产品发展目标、市场竞争目标,更包括社会贡献目标、职工待遇福利目标、员工素质能力发展目标等。

(3)企业经营目标能指明企业在各个时期的经营方向和奋斗目标。这样可使企业的全部经营活动突出重点,抓住主要矛盾;而且也为评价企业各个时期经营活动的成果确定了一个标准,使企业的决策者能够保持清醒的头脑,引导企业一步一步地朝着目标前进。

(4)通过总目标、中间目标、具体目标的纵横衔接与平衡,能够以企业总体战略目标为中心,把全部生产经营活动联成一个有机整体,产生出一种"向心力",使各项生产经营活动达到最有效的协调,有利于提高管理效率和经营效果。

(5)通过自上而下和自下而上层层制定目标和组织目标的实施,能够把每个职工的具体工作同实现企业总战略目标联系起来,以鼓舞士气,提高职工的主动性和创造性,开创出"全员经营"的新局面。

 阅读资料

美国的生意人,把赚钱和优质服务看成是企业经济活动不可分割的双重目的。阿什里奇战略管理中心的坎贝尔发现,许多公司把宗旨简单地作为一种声明企业经营的工具。其实企业宗旨宣言是一个关于价值观的哲学宣言。他认为,理想的企业宗旨宣言模式包括以下四个方面:

（1）目标。公司是以什么目标建立起来的？世界最大的制药公司莫克公司创始人莫克曾说："药是用来治病的，不是用来赢利的。如果我们能记住这一点，利润总会有的。"

（2）战略。就是实现目标的方法。

（3）行为准则。牵涉到工作标准和行为模式。英国航空公司的目标是成为"世界上最受欢迎的航空公司"，实现这一目标的战略就是提供一流服务。

（4）价值观。正是这些潜在的信仰，为宗旨的其他方面赋予了道德上的力量。

（二）制定企业经营目标的原则

1. 关键性原则

这一原则要求企业确定的总体目标必须突出企业经营成败的重要问题和关键性问题，关系到企业全局的问题，切不可把企业的次要目标或具体目标列为企业的总体目标，以免滥用资源而因小失大。

2. 可行性原则

总体目标的确定必须保证如期能够实现。因此，在制定目标时必须全面分析企业外部环境条件、内部各种资源条件和主观努力能够达到的程度，既不能脱离实际凭主观愿望把目标定得过高，也不可妄自菲薄不求进取把目标定得过低。

3. 定量化原则

制定目标是为了实现它。因此，目标必须具有可衡量性，以便检查和评价其实现程度。所以，总体经营目标必须用数量或质量指标来表示，而且最好具有可比性。

4. 一致性原则

总体目标要与中间目标和具体目标协调一致，形成系统，而不能相互矛盾，相互脱节，以免部门之间各行其是，互相掣肘，造成不必要的内耗。

5. 激励性原则

经营目标要有激发全体职工积极性的强大力量。因此，目标要非常明确、非常明显、非常突出，具有鼓舞人心的作用，使每个人对目标的实现都抱有很大希望，从而愿意把自己的全部力量贡献出来。

6. 灵活性原则

经营目标要有刚性，但是，企业经营的外部环境和内部条件是不断变化的，因此企业的经营目标也不应该是一成不变的，而应根据客观条件的变化，改变不合时宜的目标，根据新形势的要求，及时调整与修正原有的企业经营目标。

SMART 原则

 案例分析

浙江康恩贝的经营目标设立

浙江康恩贝股份有限公司以制药工业为基础产业和长远发展目标，同时积极开拓房地产、证券、商贸等经营业务，一业为主，多元经营，工、科、商贸互补，中长期投资结合，以追求股本效益最大化。公司通过导入企业形象战略与现代经营策略，已在全国同行中享有较高的知名度，现能生产西药、中成药和保健品等五种型剂 30 多种品种，其主攻方向是从天然植物中开发药品和保健品，符合回归大自然的世界潮流，这保证了公司所从事的是一种充满希望的朝阳工业。

问题：康恩贝的经营目标制定遵循了以上哪些原则？

分析提示：首先，突出了关键性原则，以制药工业为总体经营目标，其余为辅；其次，贯彻了目标的可行性原则，企业的主攻经营方向是从天然植物中开发药品和保健品，符合现代人追求健康的环保理念；最后，是多元经营目标的一致性，既相互协调又不矛盾，以追求股本效益的最大化。

三、企业经营目标的类别与内容

每个企业在不同的时期都有不同的经营目标。企业经营目标不止一个，其中既有经济目标，又有非经济目标；既有主要目标，又有从属目标。它们之间相互联系，形成一个目标体系。企业经营目标是由经济收益和企业组织发展方向方面的内容构成的，反映了一个组织所追求的价值，为企业各个方面活动提供基本方向。它使企业能在一定的时期、一定的范围内适应环境趋势，又能使企业的经营活动保持连续性和稳定性。

企业的经营目标可分为整体目标与个体目标，一般来说，在企业经营中整体目标是为实现企业目的而制定的，而个体目标是由企业的各个部门及工作场所为满足其各种需求而产生的。这两种目标，在内容、水平、基准、方向等方面虽然不相同，但均能对现实的行动给予强烈的影响。不仅如此，对于整体目标来说，个体目标有时会起反作用。因为在各个部门或工作场地，往往把个体目标摆在首位，整体目标反而被忽视。

（一）企业的整体目标

1. 社会经济目标

这是指社会和国家的要求，如产品的安全、无毒、卫生，资源的综合利用，环境污染的防治等。

2. 业务范围目标

这是指国内外市场的开拓，相关新产品的开发，多种经营的创办，特殊质量、效率、服务、利润、工作环境、行为规范等水平的提高，或产品的整顿、淘汰，等等。

（二）企业的个体目标

它包括销售额及销售增长率、利润额、利润率及投资回报率、市场占有率、劳动生产率、资金结构及比率、产品的项目、人力资源的配置与利用、组织结构的变动、工作环境的改善等。

☞ 知识链接

企业经营目标的目标值内容

企业经营目标的目标值通常是指:(1) 产量和产值;(2) 产品质量水平;(3) 销售额和销售增长率;(4) 利润额和利润增长率;(5) 产品成本降低率;(6) 生产能力及其利用率;(5) 产品成本降低率;(6) 生产能力及其利用率;(7) 开发新产品项目;(8) 设备更新率和平均役龄;(9) 资金周转率和周转天数;(10) 材料利用率;(11) 职工教育入学率;(12) 职工福利水平提高幅度;等等。

(三) 企业的重要性目标

1. 战略目标

战略目标是企业经营活动的方向和所要达到的水平。它的特点是:① 实现的时间较长,一般能够分阶段实行。② 对企业的生存和发展影响大。战略目标的实现,往往标志着企业经营达到了一个新的境界,与过去有明显的变化。③ 其实现有较大的难度和风险。④ 对各级经营管理层有很大的激励作用。⑤ 实现这一目标需要大量的费用开支。

(1) 成长性目标。它是表明企业进步和发展水平的目标。这个目标的实现,标志着企业的经营能力有了明显提高。成长性目标的指标包括:销售额及其增长率;利润额及其增长率;资产总额;设备能力;产品品种及生产量;等等。其中销售额与利润额是最重要的成长性指标。销售额是企业实力地位的象征,而利润不仅反映了企业的现实经营能力,同时也表明了未来发展的潜力。

(2) 稳定性目标。它表明企业经营状况是否安全,有没有亏损甚至倒闭的危险。稳定性目标的指标包括经营安全率、利润率、支付能力等。

(3) 竞争性目标。它表明企业的竞争能力和企业形象。具体包括市场占有率和企业形象。其中市场占有率指标是非常重要的,它不仅表明企业的竞争能力,同时也能表明经营的稳定性。市场占有率过低,企业经营会是不稳定的,会在竞争中处于被动的地位。特别是当大力开拓新市场时,企业不仅要关注已开拓市场的数目,更要关注市场占有率,应通过提高市场占有率巩固新市场。否则,企业很容易被竞争对手排挤出去。而企业形象又直接影响着市场占有率和竞争力。

☞ 知识拓展

市场占有率

市场占有率又称市场份额,是指一个企业的销售量(或销售额)在市场同类产品中所占的比重,直接反映企业所提供的商品和劳务对消费者和用户的满足程度,表明企业的商品在市场上所处的地位。市场份额是企业的产品在市场上所占份额,也就是企业对市场的控制能力。市场份额越高,表明企业经营、竞争能力越强,公司的销售和利润水平越好,越稳定。比如说市场某个物品有5个厂家生产,这些产品总销售点是100个,而某厂家就占了50个,说明这个厂家的这个产品市场占有率是高的。企业市场份额的不断扩大,可以使企业获得某种形式的垄断,这种垄断既能带来垄断利润又能保持一定的竞争优势。

2. 战术目标

战术目标是战略目标的具体化。它的特点是：实现的期限较短，反映企业的眼前利益；具有渐进性；目标数量多；其实现有一定的紧迫性。

（四）其他目标内容

1. 贡献目标

贡献目标是指企业在加快自身发展的同时，还要努力为社会的进步做出应有的贡献，它不仅表现在为社会提供的产品品种、质量、产量及上缴的利税等方面，还表现在对自然资源的合理利用、降低能源消耗、保护生态环境等方面。

2. 发展目标

表示企业经营的良性循环得到社会的广泛承认。它不仅反映生产能力的提高，而且更注重企业的发展后劲。

3. 市场目标

企业经营活力的大小还要看企业在一定时期内它的市场范围及市场占有率的大小。市场目标包括新市场的开发、传统市场的纵向渗透、市场占有率的增长、企业在市场上的形象及企业在市场上的知名度和美誉度，以及创造条件走向国际市场等。

4. 利益目标

利益目标是指企业在一定时期内为本企业和职工创造的物质利益。它表现为企业实现的利润、职工的工资与奖金、职工福利等。

想一想 判断以下说法分别反映了企业的哪些经营目标：

戴尔：预计2004年收入600亿美元。

蒙牛：百年蒙牛，强乳兴农。

格力：好空调，格力造。

澳柯玛：没有最好，只有更好。

阿米巴如何制定经营目标

模块三

企业经营管理基本认知

任务一 企业经营管理的原理

1. 能说出人本原理、系统原理、责任原理的含义；
2. 学会在企业管理中运用人本原理；
3. 学会运用系统原理把握企业管理中的整体协调性；
4. 根据责任原理分析企业管理中的职责、权限和利益三者的关系。

海尔集团的张瑞敏曾提出一个"三只眼理论"，其中的两只眼是：第一只眼盯着企业内部员工，关心员工生活与事业，使员工满意最大化；第二只眼盯着外部顾客，为顾客创造价值，使顾客满意度最大化。这充分体现了海尔"以人为本"的企业文化与管理思想。为人服务就是要树立"管理就是服务"的理念，重视建立和谐的组织内部人际关系和良好的组织公共关系。

（一）人本原理的含义

人本原理，就是管理以人为本，一切管理要以做好人的工作，调动人的积极性、主动性和创造性为根本。它要求人们在管理活动中坚持一切以人为核心，以人的权利为根本，强调人的主观能动性，力求实现人的全面、自由发展。其实质就是充分肯定人在管理活动中的主体地位和作用。

> **想一想** 人本原理在企业中具体体现在哪里?

惠普之道

人是一切活动之本——索尼公司的用人之道

(二) 人本原理的观点

1. 职工是企业的主体

现代管理把员工看成是主体,认为员工本身就是一切管理活动的最终目的,谋求企业和个人发展的统一。具体来说,这种转变在实践中表现为,许多企业开始越来越重视员工的个人发展。例如,当代的许多企业广泛地采用在职或者脱产培训、工作扩大化和丰富化、轮岗制、帮助员工进行职业生涯的规划等方式来提升员工的素质,实现员工和组织的全面发展。就培训来说,不仅可以增强员工的技术技能,还可以提高员工的人际技能,甚至理论技能;而工作扩大化、丰富化和轮岗制,不仅可以增加工作内容的广度和深度,降低员工对专业化分工带来的工作厌恶感,还可以锻炼员工的各项能力,熟悉企业不同部门和产品的特点,有利于员工的进一步提升;而企业帮助员工进行职业生涯规划,不仅可以使员工对职业发展和提升有明确的方向,而且还可以为企业自身的发展提前储备相应的人力资源,真正实现员工和组织共同发展,做到组织和员工的"双赢"。

 阅读资料

人是一切活动之本——索尼公司的用人之道

索尼公司在开始时,并没有公司歌,却有"索尼精神"的有关守则。

索尼精神首先强调索尼公司是开拓先锋,从未模仿他人,索尼的目标是为全球服务。索尼的宗旨是永远向未知的领域进军,虽然先锋的路崎岖而艰苦,但是索尼人会永远亲密和谐地团结在一起,因为参与创造发明是一种享受,贡献个人的聪明才智达到预定的目标,更加光荣。索尼公司尊重并鼓励个人才智的发挥,主张人人因才施用,相信个人,发展综合或单项能力,将潜能发挥到极致,这就是索尼最伟大的合力。

这其实也就是索尼精神的核心内容,它强调了三个方面:一是甘当先锋,善当先锋,"做别人没做过的事情",永远在未知的领域率先开拓,并率先取得成功;二是团结协作,温暖和谐地相处;三是以"人"为本,任人唯才,充分发挥每个人的聪明才智,积极挖掘每个人的潜能内力,达到最大功效。

索尼公司就是牢牢抓住这三个方面,不断努力,从不偏移,才由一个小小作坊发展壮大为世界级的"先锋霸主"。而索尼精神的根本还在于"人"。只有管理好"人"、利用好"人"、教育好"人"、培训好"人",才可能团结一致,精诚合作,朝人所未至的未知领域开拓,并取得满意的成功。因为,"人"是最关键的,如果每一个人身上都能充分体现索尼这种独一无二的精神,那么索尼公司就是一只令世界竖起大拇指的"豚鼠",反之就成了牺牲品或"炮灰",出师未捷身先死。

作为一个大企业的最高首脑,盛田昭夫也经常直接和员工接触,到各个下属单位了解具体情况,争取和较多的员工直接沟通。当公司的规模越来越大,员工也越来越多的时候,盛田昭夫不可能每一个人都接触得到,即便这样,他也常常"窥豹一斑",通过少数的员工来推测众多的员工。他要求所有的经理都必须离开办公室,到员工中间去,认识、了解每一位员工,倾听他们的意见,调整部门的工作,使员工生活在一个轻松、透明的工作环境中。

盛田昭夫也多次强调"人是一切活动之本"。他观察周围的日本企业或公司,像索尼公司这样重视"人"的管理的寥寥无几。有的企业,人事部门就是老爷,员工由他们随心所欲任意挑选,工作随意安排,把员工放在次要的位置随便支配,这对于企业的发展极其不利。

盛田昭夫经常抽空到下属工厂或分店转一转,找机会接触一些员工。有一次,盛田昭夫在东京办事,看时间有余,充满活力地来到一家挂着"索尼旅行服务社"的招牌小店,对员工自我介绍,说:"我来这里打个招呼,相信你们在电视或者是报纸上见过我,今天让你们看一看我的庐山真面目。"一句话逗得大家哈哈大笑。空气一下由紧张变得轻松,盛田昭夫趁机四处看一看,并和员工随意攀谈家常,有说有笑,既融洽又温馨,盛田昭夫和员工一样,沉浸在一片欢乐之中,并为自己是索尼公司的一员而倍感自豪。

依赖于"人"的合力,先锋霸主索尼公司屡战屡胜,一步一个脚印,在高科技优新产品的开发上,把同行对手一次又一次地甩在后面。这都归结于"人"的管理的成功。无论是领导人、经理人、技术开发人、销售广告人、制造生产人,都能自觉地挖掘最大潜力,尽最大努力和同事一起拧成一根绳,将索尼公司一步步拉向更高的位置。

应该说,索尼公司这种充分尊重每一个人、积极用好每一个人、耐心引导每一个人、不断督促每一个人的做法,值得众多企业或公司引以为参考。

正因为有这么一支(越来越大的)齐心合一的队伍,有这么一批潜心钻研、不为金钱求事业的队伍,有这么一伙边学边干、边干边学、开拓他乡异国销售事业的队伍,有这么一群固守岗位、自觉负责、维护生产的队伍,盛田昭夫和井深大才敢于一次又一次充当世界先锋,在无人之境留下索尼的脚印,在最新技术产品上再加高一层,在世界视听产品空白纸上再多添一笔。了解索尼公司对于"人"的管理,也就明白索尼公司为什么敢担风险、愿担风险,之后又会摆脱风险,"置之死地而后生",化险为夷地把公司如雪球般越滚越大。

2. 有效管理的关键是职工参与

实现有效管理有两条完全不同的途径:(1)高度集权、从严治厂,依靠严格的管理和铁的纪律,重奖重罚,使得企业目标统一、行动一致,从而实现较高的工作效率。(2)适度分权、民主治理,依靠科学管理和职工参与,使个人利益与企业利益紧密结合,使企业全体职工为了共同的目标而自觉地努力奋斗,从而实现较高的工作效率。

想一想 在企业管理中如何准确把握集权与分权?

3. 现代管理的核心是使人性得到最完美的发展

事实上,任何管理者都会在管理过程中影响下属的人性发展。同时,管理者行为本身又是管理者人性的反映。只有管理者的人性达到比较完美的

集权还是分权

境界，才能使企业职工的人性得到完美的发展。

4. 管理是为人服务的

我们说管理是以人为中心的，是为人服务的，是为实现人的发展，这个"人"当然不仅包括企业内部、参与企业生产经营活动的人（虽然在大多数情况下，这类人是管理学研究的主要对象），而且包括存在于企业外部的、企业通过提供产品为之服务的用户。

人本原理的实现方式

 案例分析

日本某麦当劳分店的总经理藤田田有一项创举，就是把员工的生日定为员工个人的公休日，让每位过生日的员工当天可以和家人一同庆祝生日。

对麦当劳的员工来说，生日是自己的喜日，也是休息的日子。在生日当天，他可以和家人尽情欢度美好的一天，养足精神，第二天又精力充沛地投入到工作当中。

此外，每当新年来临之际，麦当劳的员工可以接到董事长赠送的红包。藤田田认为，新年见面时只是口头上说"恭喜"或"新年快乐"没有太大的意思，倒不如给红包来得实惠些，虽然金额不多，但拿到红包的人心里一定会很高兴。员工们在愉快的心情下说出"新年快乐"，再以旺盛的精力开始一年的工作，对公司的业务当然大有帮助。

分店在端午节时也会准备一份津贴送给员工。

在维持麦当劳内部的"人和"方面，藤田田可以说是不遗余力：员工的太太生日公司要送花；员工本人生日则可得到5 000日元的贺礼；每年儿童节，员工的孩子也可得到公司致赠的5 000日元补助费。

问题：这个故事体现了什么？

分析提示：体现了组织从人的需求出发，尊重人，依靠人，发展人，为了人。

二、系统原理

（一）系统的含义

系统，是指由若干相互联系、相互作用的部分组成，在一定环境中具有特定功能的有机整体。就其本质来说，系统是"过程的复合体"。

系统的特征

（二）系统原理的主要观点

1. 整分合观点

该观点的基本要求是充分发挥各要素的潜力，提高企业的整体功能，即首先要从整体功能和整体目标出发，对管理对象有一个全面的了解和谋划；其次，要在整体规划下实行明确的、必要的分工或分解；最后，在分工或分解的基础上，建立内部横向联系或协作，使系统协调配合、综合平衡地运行。

2. 层次性观点

依据系统的层次性和有序性特点,我们知道组织及其管理活动构成的复杂系统中,不同层次的管理者有着不同的职权、职责和任务。例如,我们可以将高层管理者称为决策层,中层管理者称为执行层,基层管理者称为作业层,这种划分在一定程度上体现了不同层次的管理者管理活动内容的不同。

3. 动态观点

该观点是指任何企业管理系统的正常运转,不仅要受到系统本身条件的限制和制约,还要受到其他有关系统的影响和制约,并随着时间、地点以及人们的不同努力程度而发生变化。

4. 反馈观点

它指的是成功高效的管理,离不开灵敏、准确、迅速的反馈。

5. 封闭观点

该观点是指在任何一个管理系统内部,管理手段、管理过程等必须构成一个连续封闭的回路,才能形成有效的管理活动。该原则的基本精神是企业系统内各种管理机构之间,各种管理制度、方法之间必须相互制约,这样管理才能有效。

案例分析

在西方流传着这样一首民谣:
　　丢失一个钉子,坏了一只蹄铁;
　　坏了一只蹄铁,折了一匹战马;
　　折了一匹战马,伤了一位骑士;
　　伤了一位骑士,输了一场战斗;
　　输了一场战斗,亡了一个帝国。

问题:这则民谣给我们什么启示?

分析提示:马蹄铁上一个钉子是否会丢失,本是初始条件的十分微小的变化,但其"长期"效应却是一个帝国存与亡的根本差别。这就是军事和政治领域中的所谓"蝴蝶效应"。有点不可思议,但是确实能够造成这样的恶果。一个明智的领导人一定要防微杜渐,看似一些极微小的事情却有可能造成集体内部的分崩离析,那时岂不是悔之晚矣?横过深谷的吊桥,常从一根细线拴个小石头开始。

系统论的开拓者
——贝塔朗菲

三、责任原理

(一) 责任原理含义

责任原理是指管理工作必须在合理分工的基础上,明确规定各级各部门和个人必须完成的工作任务和承担的相应责任。职责明确,才能对组织中的部门和每一位员工的工作绩效做出正确的考评,有利于调动人的积极性,保障组织目标的实现。

(二) 责任原理的主要观点

1. 明确每个人的职责

挖掘人的潜能的最好办法是明确每个人的职责。分工,是生产力发展的必然要求。在合理分工的基础上确定每个人的职位,明确规定各职位应负担的任务,这就是职责。一般来讲,分工明确,职责就会明确,但实际上两者的对应关系并不那么简单。因为分工一般只是对工作范围做了形式上的划分,至于工作的数量、质量、完成时间、效益等要求,分工本身还不能完全体现出来。所以,必须在分工的基础上,通过适当的方式对每个人的职责做出明确规定。

想一想 举例说明企业中员工的职责具体如何体现。

2. 职位设计和权限委授要合理

(1) 权限。明确了职责,就要授予相应的权力。如果没有一定的人权、物权、财权,任何人都不可能对任何工作实行真正的管理。如果任何事情都得请示上级,由上级决策、上级批准,当上级过多地对下级分内的工作发指示、作批示的时候,实际上等于宣告此事下级不必完全负责。

分公司经理有责任吗

(2) 利益。权限的合理委授,只是完全负责所需的必要条件之一。完全负责就意味着责任者要承担全部风险。而任何管理者在承担风险时,都自觉或不自觉地要对风险与收益进行权衡,然后才决定是否承担这种风险。

(3) 能力。这是完全负责的关键因素。管理是一门科学,也是一门艺术。管理既要有生产、技术、经济、社会、管理、心理等各方面的科学知识,又需要处理人际关系的组织才能,还要有一定的实践经验。科学知识、组织才能和实践经验这三者构成了管理能力。

想一想 如何准确把握职责、权限和利益的三角关系?

3. 奖惩要分明、公正而及时

贯彻责任原理,还要求对每个责任人的工作表现给予及时公正的奖罚。

(1) 首先要明确工作绩效的考核标准。对每个人进行公正的奖惩,要求以准确的考核为前提。若考核不细致或不准确,奖惩就难以做到恰如其分。

(2) 奖惩要公平及时。奖励有物质奖励和精神奖励。奖励要及时,过期的奖励作用不大。惩罚要适度,惩罚会影响人的工作热情,惩罚的目的是通过惩罚少数人来教育多数人。

有七个人曾经住在一起,每天分一大桶粥。问题是,粥每天都是不够的。一开始,他们抓阄决定谁来分粥,每天轮一个。于是乎每周下来,他们只有一天是饱的,就是自己分粥的那一天。后来他们开始推选出一个道德高尚的人出来分粥。强权就会产生腐败,大家开始挖空心思去讨好他、贿赂他,搞得整个小团体乌烟瘴气。然后大家开始组成三人的分粥委员会及四人的评选委员会,互相攻击扯皮下来,粥吃到嘴里全是凉的。最后想出来一个方法:轮流分粥,但分粥的人要等其他人都挑完后拿剩下的最后一碗。为了不让自己吃到最少的,每人都尽量分得平均,就算不平,也只能认了。大家快快乐乐,和和气气,日子越过越好。

问题:这则案例给我们什么启示?

分析提示:管理的真谛在"理"不在"管"。管理者的主要职责就是建立一个像"轮流分粥,分者后取"那样合理的游戏规则,让每个员工按照游戏规则自我管理。游戏规则要兼顾公司利益和个人利益,并且要让个人利益和公司整体利益统一起来。责任、权力和利益是管理平台的三大支柱,缺一不可。缺乏责任,公司就会产生腐败,进而衰退;缺乏权力,管理者的命令就变成废纸;缺乏利益,员工就会积极性下降,消极怠工。只有管理者把"责、权、利"的平台搭建好,员工才能"八仙过海,各显其能"。

任务二　企业经营管理的职能

学习目标

1. 能说出企业经营管理的基本职能,并知道其含义;
2. 知道计划工作的特点和作用;
3. 学会运用组织设计的原则为企业经营管理服务;
4. 学会分析领导的权利,有效发挥领导的作用;
5. 知道控制的作用与目的,熟悉控制与计划、组织、领导间的关系。

引导案例

某五金工具厂2015年以前虽然产品单一,但销售一直不错,2015年由于客观条件的变化,五金工具厂产品滞销,职工连续半年只拿到基本生活费,新任厂长立下"军令状",决心一年内改变工厂面貌。他发现该厂与环保部门合伙搞出的一台环保装置是成功的,于是决心下马老产品,改产环保装置。一年过去了,企业总算没有亏损,但日子仍然不好过。2018年市场形势发生了巨变,原来的产品市场脱销,用户纷纷来函来电希望该能尽快恢复老产品生产。与此同时环保装置销路也不好。在这种情况下,厂长回过头来又抓老产品,但一直无法搞上去,无论是质量还是数量均恢复不到原来的水平。为此企业不少人员对厂长不满意,厂长感到很委屈,想不通!

由此可见,企业生产什么产品、怎样生产,是何等重要!

一、计划职能

（一）计划工作的含义

计划工作的含义:计划是预测未来、设立目标、决定政策、选择方案的连续过程。目的在于经济地使用现有资源,有效地把握未来发展,获得最大的组织成效。我们认为,计划是对未来行动方案的规划。它是人们的主观对客观的认知过程,是计划工作的结果。

一般来说,计划工作有广义和狭义之分。广义的计划工作包括制订计划、执行计划和检查计划的执行情况三个阶段的工作。狭义的计划工作则是指制订计划。这里主要指狭义的概念。

计划的要素

（二）计划的特点

1. 首位性

在组织的管理中,计划是行使其他管理职能的基础或前提条件。计划在前,行动在后。组织的管理过程首先是明确管理目标、筹划实现目标的方式和途径,而这些恰恰是计划工作的任务。因此,计划位于其他管理职能的首位。

2. 普遍性

在一般组织中,实际的计划工作涉及组织中的每一位管理者及员工,一个组织的总目标确定之后,各级管理人员为了实现组织目标,使本层次的组织工作得以顺利进行,都需要制订相应的分目标及分计划(如:上到总经理下到第一线的基层管理人员,都要制订计划。这是主管人员的权利,也是一项责任,不然就不是真正的、合格的主管人员了)。这些具有不同广度和深度的计划有机地结合在一起,便形成了多层次的计划系统。同时,所有组织成员的活动都受计划的影响或约束。因此,计划具有普遍性。

3. 目的性

计划的目的性是非常明显的。任何组织和个人制订的各种计划,都是为了促使组织的总目标和一定时期的目标的实现。在计划工作过程的最初阶段,制定具体的明确的目标是其首要任务,其后的所有工作都是围绕目标进行的。

4. 实践性

计划的实践性主要是指计划的可操作性,并且最终是为了实施。符合实际、易于操作、目标适宜,是衡量一个计划好坏的重要标准。计划是未来行动的蓝图,计划一经以指令的形式下达,就会变成具体的行动。不切实际的计划在实践中是很难操作的,漏洞百出的计划将会给组织造成重大损失。为了使组织计划具有可操作性并获得理想的效果,在计划之前必须进行充分的调查研究,准确把握环境和组织自身的状况,努力做到目标合理,时机把握准确,实施方法和措施具体、明确、有效。另外,为了适应环境的变化,克服不确定因素的干扰,应适当增加计划的弹性。

5. 明确性

计划包括实施的指令、规则、程序和方法,直接指引行动。所以,它不仅需要明确的定性解释,而且应具有定量的标准和时间界限。具体来讲,计划应明确表达出组织的目标与任务,明确表达出实现计划所需要的资源(人力、物力、财力及信息等),以及所采取行动的程序、方法和手段,明确表达出各级管理人员在执行计划过程中的权利和职责。

6. 效率性

计划的好坏在于效率性的评价。一个好的计划必须最能实现组织的高效率。计划的效率主要指时效性和经济性两个方面。任何计划都有计划期的限制,也有实施计划时机的选择。计划的时效性表现在两个方面,一是计划工作必须在计划期开始之前完成计划的工作;二是任何计划必须慎重选择计划期的开始和截止时间。经济性是指组织计划应该是以最小的资源投入获得尽可能多的产出。

父子打猎

有一位父亲带着三个孩子,到沙漠去猎杀骆驼。他们到了目的地。父亲问老大:"你看到了什么?"老大回答:"我看到了猎枪,还有骆驼,还有一望无际的沙漠。"父亲摇摇头说:"不对。"父亲以同样的问题问老二。老二回答说:"我看见了爸爸、大哥、弟弟、猎枪,还有沙漠。"父亲又摇摇头说:"不对。"父亲又以同样的问题问老三。老三回答:"我只看到了骆驼。"父亲高兴地说:"你答对了。"

问题:这则寓言故事给我们什么启示?

分析提示:一个人若想走上成功之路,首先必须要有明确的目标。目标一经确立,就要心无旁骛,集中全部精力,勇往直前。对于企业的管理,也是同样的道理。

(三)计划的作用

1. 计划是管理者指挥的依据

管理者在计划工作完成之后,还要根据计划进行指挥,他们要向下级分派任务,并依据任务确定下级的权利与责任,要促使组织中全体人员的活动方向趋向一致,从而形成一种复合的、巨大的组织化行为,以保证达到计划所设定的目标。

2. 计划是降低风险、掌握主动的手段

未来的情况是千变万化的,社会在变革,技术在革命,人们的价值观念也在不断变化。计划是预期这种变化并且设法消除变化对组织造成不良影响的一种有效手段。计划是面向未来的,而未来在空间和时间上都具有不肯定性和变动性。

3. 计划是减少浪费、提高效益的方法

一项好的计划通过共同的目标、明确的方向来代替不协调、分散的活动,用均匀的工作流程代替不均匀的工作流程,用深思熟虑的决策代替仓促草率的判断,从而使组织的各项有限资源被充分利用,产生巨大的协同效应,极大地提高组织的运行效益,减少许多不必要的浪费。

4. 计划是管理者进行控制的标准

计划工作就是要建立目标,并以各种指标进行明确的表达。这些目标和指标将用来进行工作过程的控制。管理人员如果没有既定的目标和具体的指标作为衡量的尺度,就无法检查下属任务的完成情况,如果没有计划作为标准,就无法开展控制工作,也不能及时地根据生产过程中出现的各种变化来随时调整计划以适应已变化的实际,也就无法实现组织与环境的动态平衡。

想一想 对计划的作用有体会吗?可否举例说明计划的作用?

二、组织职能

(一)组织的含义

组织是指管理者所开展的组织行为、组织活动过程。它的重要内容就是进行组织结构的设计与再设计。当管理人员在设立或变革一个组织的结构时,就是进行组织设计。我们一般称设立组织结构为"组织设计",变革组织为"组织再设计"或"组织变革"。

组织职能的应用价值

(二)组织职能的原则

1. 权力和知识匹配原则

传统管理理论强调职位与权力相匹配,但由于知识、技术的突飞猛进,以职位为基础的权力越来越难以在组织中形成对下属的持久影响力,而以"专家"构成的参谋部门越来越重要,应赋予专家、参谋部门以相应的职权,以使他们有效地发挥作用,为组织服务。而且,知识的分散化使知识由以前集中于管理人员而回归于员工,对管理提出了分权要求。因此,组织设计应考虑知识与权力匹配的问题。

2. 集权与分权相结合原则

组织应根据实际需要来决定集权与分权的程度,组织设计既要体现统一指挥,又要体现分权。分权的好处是能使各级管理人员具备必要的能力,有利于及时解决问题,调动积极性。因此,既要集中,又要分散,考虑两者的最佳结合。

3. 弹性结构原则

为了适应环境变化,提高组织的竞争能力,一个组织的结构应具有弹性。也就是说,一个组织的组织结构应具有可变性,要能够根据组织内外部条件变化及时做出必要的调整。

4. 信息畅通原则

现代组织离开信息就无法进行管理,因此要正确设计一个信息传递系统,使信息能够双向沟通,做到信息的反馈准确、灵敏和有力。

 阅读资料

"小狗经济"和"斑马经济"

在动物世界中,三只小狗攻击一匹大斑马,第一只小狗咬住斑马的鼻子,第二只小狗咬住斑马的屁股,第三只小狗咬住斑马的腿,它们咬了很久,斑马终于倒下了。三只小狗吃掉一只大斑马,其秘诀在于八个字:分工明确,合作紧密。

某地有上千摩托车零部件生产企业，基本上都是家族式企业或家庭工厂。他们分工细致，有些企业或家庭甚至只生产一种螺丝钉，千家万户联合起来，整个地区就成了一个特大型的摩托车生产集团。这个"集团"的效率非常高，成本也比许多大型摩托车集团要低。

其他许多大型企业集团，由总部对各分厂、各车间进行统一管理，要建立庞大的管理体系，管理成本上升到什么程度，资源潜力就浪费到什么程度。这种经济形式被称为"斑马经济"。"小狗经济"的每个家庭、每个小企业都有一个原动力，那些大企业集团只有一个原动力，结果"小狗经济"的原动力就是"斑马经济"原动力的 100 倍或 1 000 倍。

差别

三、领导职能

（一）领导的含义

领导是管理工作的重要职能之一，是运用权力引导和影响个人或组织，在一定条件下实现某种目标的行为过程。

领导者的权利

想一想 "士为知己者死"说明有效领导中的什么问题？

（二）领导者的作用

1. 指挥作用

在组织的集体活动中，领导者能够帮助组织成员认清所处的环境和形势，指明活动的目标和达到目标的途径。领导就是引导、指挥、指导和先导，领导者应该帮助员工，而且站在员工的前列，促使员工前进并鼓舞员工去实现目标。

2. 激励作用

组织是由具有不同需求、欲望和态度的个人组成的，因而组织成员的个人目标与组织目标不可能完全一致。领导的目的就是把组织目标与个人目标结合起来，引导组织成员满腔热情地为实现组织目标做出贡献。

3. 协调作用

在组织实现其既定目标的过程中，人与人之间、部门与部门之间发生各种矛盾冲突及在行动上出现偏离目标的情况是不可避免的，因此，领导者的任务之一就是协调各方面的关系和活动，保证各个方面都朝着既定的目标前进。

4. 沟通作用

领导者是组织的各级首脑和联络者，在信息传递方面发挥着重要作用，是信息的传播者、监听者，是发言人和谈判者，在管理的各层次起到上情下达、下情上达的作用，以保证管理决策和管理活动顺利进行。

领导职能的内容

案例分析

百鸟超鸭

不管你怎么猜测怎么怀疑怎么困惑怎么不理解，反正这是一个事实：鸭成了百鸟的头儿。

这天，百鸟都来朝拜，鸭头戴王冠高高地坐在王位上，嗓音嘶哑但不失威严地说：

"听说各位都挺有本领，本王今天倒要亲眼看一看，会飞的，会跑的，会唱的，会跳的，谁有什么绝活儿，都拿出来露一露。本王任人唯贤，绝不埋没人才！"

三通鼓响，只见善飞的腾空而起，擅跑的绝尘而去，会唱的引吭高歌，爱跳的舒臂劲舞……转瞬间，鸭王的身边，只剩下一群不知所措的鸭男鸭女，一个个伸头缩脑，面面相觑。

一声锣鸣，百鸟纷纷回到鸭王身边，左右两行，一字儿排开。

鸭王清了清嗓子说："为人之道，须脚踏实地，温文尔雅，谦虚平和，老成持重。而你等之辈，善飞的好高骛远欠踏实，善跑的性情急躁欠平和，善舞的行为不检欠文雅，善歌的言语轻佻欠稳重，德才兼备的么……"

鸭王没有往下说。然而人们都注意到，以后他的身边，只剩下了鸭男鸭女。

问题：这篇管理典故给我们什么启示？

分析提示：所谓领导者，其实就是承认、聚合众人的优点，而后帮助下属实现他们的目标，在这个基础上，最终实现自己宏伟目标的人。而身无特长又没有"海纳百川"胸怀的鸭子，即便是当上百鸟的头儿，还是无法欣赏自己"臣民"的长处，也就无法建立自己的领导权威，更别说会有什么作为了。

一分钟经理的三个诀窍和目标

四、控制职能

（一）控制的概念

从管理的角度上说，控制就是按既定的计划、标准和方法对工作进行对照检查，发现偏差，分析原因，进行纠正，以确保组织目标实现的过程。

想一想 实施控制的目的是使不希望出现的行为更少发生，还是使希望出现的行为更多发生？

（二）控制的基本类型

管理控制按照分类标准的不同，可以有多种分类法。其中最常见的是

控制的原则

前馈控制、现场控制和反馈控制。

案例分析

魏文王问名医扁鹊说："你们家三兄弟都精于医术,到底哪一位最好呢?"扁鹊答:"长兄最好,中兄次之,我最差。"文王再问:"那么为什么你最出名呢?"扁鹊答:"长兄治病,是治病于病情发作之前。由于一般人不知道他事先能铲除病因,所以他的名气无法传出去。中兄治病,是治病于病情初起时。一般人以为他只能治轻微的小病,所以他的名气只及本乡里。而我是治病于病情严重之时。一般人都看到我在经脉上穿针管放血、在皮肤上敷药,所以以为我的医术高明,名气因此响遍全国。"

问题:这篇管理典故告诉我们什么?

分析提示:控制有事前控制、事中控制、事后控制。控制贵在事前控制。

(三)控制的基本过程

1. 确定控制标准

控制标准是控制过程对实际工作进行检查的尺度,是实施控制的必要条件。因此,确定控制标准是控制过程的首要环节。

标准是一种作为模式和规范建立起来的测量单位或具体的尺度。对照标准,管理者可以判断绩效和成果。标准是控制的基础,离开标准而对一个人的工作或一项劳动成果进行评估毫无意义。

标准种类

2. 衡量工作绩效

衡量工作绩效是指控制过程中将实际工作情况与预先确定的控制标准进行比较,找出实际业绩与控制标准之间的差异,以便找出组织目标和计划在实施中的问题,对实际工作做出正确的评估。

绩效管理

3. 纠正偏差

通过调节、干预来纠正偏差是管理控制的实质和关键。正如美国管理学家西斯克所说:"控制过程的决定性事件,不是建立标准,也不是根据标准来衡量工作绩效,而是为了使工作活动符合标准而采取的纠正行动。"

在深入分析产生差异原因的基础之上,管理者要根据不同的原因采取不同的措施。调节、干预在大多数情况下是为了纠正不符合计划和标准的行为,但有时计划或标准脱离了实际,调节、干预就变成了修正计划和标准。偏差较大,有可能是由于原有计划安排不当而导致的,也有可能是由于内外部环境的变化,使原有计划和现实状况之间产生了较大的偏差。无论是哪一种情况,都要对原有计划进行调整。需要注意的是,调整计划不是任意地变动计划,这种调整不能偏离组织的发展目标,调整计划归根到底还是为了实现组织目标。

控制职能的基本方式

模块三　企业经营管理基本认知

任务三　企业经营管理的方法

1. 能说出管理方法的几种分类及其含义；
2. 学会运用法律方法解决企业的实际问题；
3. 知道行政方法的主要特点；
4. 学会用各种经济手段进行企业管理；
5. 能根据企业实际掌握应该用哪种方法进行管理最合适。

Google 对员工精神与物质双管齐下

　　Google 是一家高速发展的搜索引擎公司，在迅速发展的背后是对于人才的重视到了无所不用其极的地步。

　　在 Google，每个技术人员都有自己独立的办公室，没有固定的上班时间，没有固定的工作服装，更令人惊奇的是没有固定的工作任务，你可以穿自己喜欢的衣服，甚至可以带着自己的宠物上班，没有人会管你。而且，如果你愿意在公司就餐，伙食也是相当丰盛的。

　　除了对员工有各种各样的照顾外，在对待员工家属的态度上，Google 做得也相当出色。在 Google 上班的员工，他的子女可以在 Google 的家属学校中上学，而且费用全免。

一、法律方法

（一）法律方法的内容与实质

　　法律方法的内容，不仅包括建立和健全各种法规，而且包括相应的司法工作和仲裁工作。这两个环节是相辅相成、缺一不可的。只有法规而缺乏司法和仲裁，就会使法规流于形式，无法发挥效力；法规不健全，司法和仲裁工作则无所依从，造成混乱。

　　法律方法的实质是实现全体人民的意志，并维护他们的根本利益，代表他们对社会经济、政治、文化活动实行强制性的、统一的管理。法律方法既要反映广大人民的利益，又要反映事物的客观规律，调动各个企业、单位和群众的积极性、创造性。

063

案例分析

2017年6月,北京市海淀区统计局对某公司进行了统计执法检查。经查证,该公司上报2016年全年劳动报酬(生活费)总额为51.98万元,实际检查数为82.72万元,相差30.74万元,差错率达37.2%。

对此,该公司统计负责人做出的解释是:本公司统计人员李某参加统计年报布置会后,因工作需要调到上海的分支机构工作,公司负责人便安排财务人员刘某接替李某兼职负责统计工作。刘某不熟悉统计工作和业务,又没有参加统计培训,对统计指标的概念及含义缺乏理解,填报时没有认真学习统计报表制度,根据自己的主观理解并按照财务会计口径填报了统计报表。

由于该公司违反了《北京市统计管理条例》的规定,构成了提供不真实统计资料的违法行为,根据条例的有关规定,海淀区统计局依法对该公司给予了行政处罚。

问题:这则案例给我们什么启示?

分析提示:这个案例的典型意义在于所反映出的问题和现象在很多企业中具有普遍性。导致该公司统计违法行为的原因是多方面的,但是,领导者不学习统计法、不遵守统计法、不依照统计法的规定进行统计工作是其根本的原因。

(二)法律方法的特点

1. 严肃性

法律和法规的制定必须严格地按照程序和规定进行。一旦制定和颁布后,就具有相对稳定性。法律和法规不可因人而异,滥加修改,必须保持它的严肃性。司法工作更是严肃的行为,它必须通过严格的执行活动来维护法律的尊严。

2. 规范性

法律和法规是所有组织和个人行动的统一准则,对他们具有同等的约束力。法律和法规都是用极严格的语言,准确阐明一定的含义,并且只允许对它做出一种意义的解释。法律与法规之间不允许相互冲突,法规应服从法律,法律应服从宪法。

3. 强制性

法律和法规一经制定就要强制执行,各个企业、单位以至每个公民都必须毫无例外地遵守。否则,就要受到国家强制力量的惩处。

法律方法的优缺点

☞ 知识链接

企业法律顾问

企业法律顾问是指经中国统一考试合格,取得《企业法律顾问执业资格证书》并经注册登记,由企业聘用,专职从事企业法律事务工作的专业人员。

（三）法律方法的正确运用

法律方法从本质上讲是通过上层建筑的力量来影响和改变社会活动的方法。法律方法有双重作用，既可以起促进作用，也可以起阻碍作用。如果各项法律和法规的制定与颁布符合客观法律的要求，则会促进社会、经济的发展；反之，其也可能成为社会、经济发展的严重阻碍。法律方法由于缺少灵活性和弹性，易使管理僵化，而且有时会不利于企业发挥其主动性和创造性。

想一想 请举例说明法律方法在管理中的运用。

二、行政方法

（一）行政方法的内容与实质

行政方法是依靠行政组织的权威，运用命令、规定、指示、条例等行政手段，按照行政系统和层次，以权威和服从为前提，直接指挥下属工作的管理方法。

行政方法的实质是通过行政组织中的职务和职位来进行管理。它特别强调职责、职权、职位，而并非个人的能力或特权。任何部门、单位都需要建立若干行政机构来进行管理，各机构都有着严格的职责和权限范围。由于在任何行政管理系统中，各个层次所掌握的信息是不对称的，所以行政具有权威性。上级指挥下级，完全是由于高一级的职位所决定的，下级服从上级是对上级所拥有的管理权限的服从。

行政管理与
行政程序

（二）行政方法的特点

1. 权威性

行政方法所依托的基础是管理机关和管理者的权威。管理者权威越高，他所发出的指令接受率就越高。提高各级领导的权威，是运用行政方法进行管理的前提，也是提高行政方法有效性的基础。管理者必须努力以自己优良的品质、卓越的才能去增强管理权威，而不能仅仅依靠职位带来的权利来强化权威。

2. 强制性

行政权力机构和管理者所发出的命令、指示、规定等，对管理对象具有不同程度的强制性。行政方法就是通过这种强制性来达到指挥与控制的目的。但是，行政强制与法律是有区别的：法律的强制性是通过国家机器和司法机构来执行的，是对人们的行为的规范；而行政的强制性要求人们在行动的目标上服从统一的意志，它在行动的原则上要求高度统一，但允许人们在方法上灵活多样。行政的强制性是由一系列行政措施（例如表扬、奖励、晋升、任务分配、工作调动及批评、记过、降级、撤职、开除等）作为保证来执行的。

3. 垂直性

行政方法是通过行政系统、行政层次来实施的，因此基本上属于"条条"的纵垂直（注：自上而下或者自下而上）管理。行政指令一般都是自上而下，通过纵向直线下达的。下级组织和领导人只接受一个上级的领导和指挥,不接受横向传来的指令。因此,行政方法的运用,必须坚持纵向的自上而下,切忌通过横向传达指令。

4. 具体性

相对于其他方法而言,行政方法比较具体。不仅由于行政指令的内容和对象是具体的,而且实施过程的具体方法也因对象、目的和时间的变化而变化。所以,行政指令往往是在某一特定的时间内对某一特定的对象起作用,具有明确的指向性和一定的时效性。

5. 无偿性

运用行政方法进行管理,上级组织对下级组织人、财、物等的调动和使用不讲等价交换的原则,一切根据行政管理的需要,不考虑价值补偿问题。

想一想 员工阳奉阴违会对企业管理造成什么影响?

行政方法的优点与缺点

(三) 行政方法的正确运用

1. 管理者必须充分认识行政方法的本质是服务

服务是行政的根本目的,这是由管理的实质、生产的社会化以及市场经济的基本特征决定的。行政如果不以服务为目的,必然导致官僚主义、以权谋私、玩忽职守等行为;而没有行政方法的管理,同样达不到服务的目的。服务,就企业管理的行政方法来说,是为基层、生产和科研第一线及全厂职工服务的。

2. 行政方法的管理效果为领导者水平所制约

行政管理更多的是人治,而不是法治。管理效果,基本上取决于领导者的指挥艺术和心理素质,取决于领导者和执行者的知识、能力。

3. 信息在运用行政法过程中是至关重要的

首先,领导者要想驾驭全局、统一指挥,必须及时获取组织内外部有用的信息,这样才能做出正确决策,避免指挥失误。其次,上级要把行政命令、规定或指示迅速而准确地下达,还要把各种反馈信息和预测性信息发送给下级领导层,供下级决策时使用。总之,行政方法要求有一个灵敏、有效的信息管理系统。

4. 行政方法要和管理的其他方法有机结合起来

行政方法的运用由于借助了职位的权力,因此,对行政下属来说有较强的约束力,较少遇到下属的抵制,这种特点可能使得上级在使用行政方法时忽略下属的正确意见和合理要求,从而容易助长官僚主义作风,不利于充分调动各方面的积极性。所以,在管理中不可单纯依靠行政方法,要在客观规律的基础上把行政方法和管理的其他方法、特别是经济方法有机地结合起来。

十多年前,日本的一家百货商店发生火灾。先是二楼售货员发现运货的升降机内货物起火,若及时采取措施,顾客完全来得及疏散。售货员立即打电话给总机,叫总机执勤班员通知广播员广播,引导顾客疏散。广播员考虑到自己无权做这样的广播,转而请示部长,但部长、经理都不在。又想打电话直接请示总经理,却考虑到自己无权打电话给总经理。最后,广播员还是下决心去广播,但火势已经蔓延,致使一百多人被烧死,造成了不可挽回的惨重损失。

问题:除了广播员患得患失的原因外,有没有更深一层的组织上的原因?

分析提示:这个案例表明,组织上有严格的级位之分,可能他们的员工条例就有这么一条:"任何情况下,广播员不得播放任何直接影响到顾客购物状态的言语。"如果条例是"除特殊情况外,广播员不得播放任何直接影响到顾客购物状态的言语"又会是什么效果呢?其实也不能完全怪罪于广播员,她可能也是处于极度紧张状态,不能在短时间内进行有效分析。这也说明员工的心理素质是多么重要!

三、经济方法

(一)经济方法的内容与实质

经济方法是根据客观经济规律,运用各种经济手段,调节各种不同经济主体之间的关系,以获取较高的经济收益与社会效益的管理方法。这里所说的各种经济手段,主要包括价格、税收、信贷、利润、工资、奖金与罚款以及经济合同等。不同的经济手段在不同的领域中发挥各自不同的作用。

管理的经济方法实质是围绕着物质利益,运用各种经济手段正确处理国家、集体与个人三者之间的经济关系,最大限度地调动各个方面的积极性、主动性、创造性和责任感。

想一想 你认为钱是万能的吗?请举例说明。

(二)经济方法的特点

1. 利益性

经济方法是通过利益机制引导被管理者去追求某种利益,间接影响被管理者行为的一种管理方法。

2. 关联性

经济方法适用范围很广,不但各种经济手段之间的关系错综复杂,影响面广,而且每一种经济手段的变化都会造成社会多方面经济关系的连锁反应。有时,它不仅会影响当前经济问题,而且会波及长远利益,产生一些难以预料的后果。

3. 灵活性

经济方法的灵活性主要体现在两方面:一方面,经济方法针对不同管理对象,例如针对企业和职工个人,可以采用不同的手段;另一方面,对于同一管理对象,在不同情况下,可以采用不同方式来进行管理,以适应形势的发展,例如,税收的增减可分别鼓励与限制某一产业的发展,增减的幅度越大,作用越明显。

4. 平等性

经济方法承认被管理的组织或个人在获取经济利益时是平等的,社会按照统一的价值尺度来计算和分配经济成果；多种经济手段对于相同情况的被管理者起同样的效力，不允许有特殊性。

（三）经济方法的正确应用

1. 将经济方法和教育方法等有机结合起来

人们除了物质需要以外，还有更多精神和社会方面的需要。在现代生产力迅猛发展的条件下，物质利益对于人们的刺激作用将逐步减弱，如果单纯运用经济方法，易产生讨价还价、"一切向钱看"等不良影响，助长本位主义和个人主义思想的形成。所以，组织必须结合教育方法做好精神文明建设。

2. 经济方法的综合运用和不断完善

组织既要发挥经济杠杆各自的作用，更要重视整体上的协调配合。如果忽视综合运用经济方法，孤立地运用单一杠杆，往往不能取得预期的效果。例如，价格杠杆对生产和消费同时有相反方向的调节作用。提高价格可以促进生产，却抑制消费，但在经济生活中有些产品具有特殊的性质，因而，仅凭单一的价格杠杆就难以奏效，必须综合运用一组经济杠杆。

一家IT公司的老板每年中秋节会额外给员工发放一笔1000元的奖金。但几年下来，老板感到这笔奖金正在丧失它应有的作用，因为员工在领取奖金的时候反应相当平和，每个人都像领取自己的薪水一样自然，并且在随后的工作中也没有人会为这1000元表现得特别努力。既然奖金起不到激励作用，老板决定停发，加上行业不景气，这样做也可以减少公司的一部分开支。但停发的结果却大大出乎意料，公司上下几乎每一个人都在抱怨老板的决定，有些员工明显情绪低落，工作效率也受到不同程度的影响。老板很困惑。

问题：为什么有奖金的时候,没有人会为此在工作上表现得积极主动，而取消奖金之后，大家都不约而同地指责抱怨甚至消极怠工呢？

分析提示：因为老板额外给员工发放一笔1000元的奖金在员工心目中已经形成了习惯，认为这是和领工资一样正常，所以你不发，就会有不满，而且老板没有很好地运用发放一笔1000元奖金所应具有的激励作用。

四、技术方法

（一）技术方法的内容与实质

技术方法是指组织中各个层次的管理者（包括高层管理者、中层管理者和基层管理者）根据管理活动的需要，自觉运用自己或他人所掌握的各类技术，以提高管理效率和效果的管理方法。这里所说的各类技术，主要包括信息技术、决策技术、计划技术、组织技术和控制技术等。

管理技术方法的实质是把技术融入管理中,利用技术来辅助管理。善于使用技术方法的管理者通常能把技术与管理很好地结合起来。

> 日本钟表厂发现瑞士厂家在日本经营钟表,并无强有力的分销系统,而仅凭大规模的广告活动,由此,他们充分利用其熟知本土地理文化的优势,进行前向一体化的设计,逐步建立分销渠道和经销网点。与此同时,日本厂商还增强其研究和开发能力,率先采用石英技术和电子技术,成功推出石英表、电子表以取代机械表。通过上述方法,日本钟表厂商逐渐占领国内以至国际市场,建立起自己的钟表王国。

(二) 技术方法的特点

1. 客观性

技术方法的客观性体现在两个方面:技术是客观存在的,不以人的意志为转移;技术方法产生的结果是客观的。

2. 规律性

技术方法的规范性源自客观性。规律性体现在两方面:技术脱胎于现实世界中普遍存在的客观规律;技术方法是有规律的,每种方法都是有章可循,而不是杂乱无章的。

3. 精确性

技术方法的精确性是指只要基础数据是正确无误的,由技术方法产生的结果就是精确的。正是因为其精确性,技术方法才日益受到人们的青睐。

4. 动态性

管理者在管理过程中经常会遇到新情况、新问题。对这些新情况、新问题,利用过去的技术方法解决可能效果不好。这就要求管理者必须紧密追踪技术的发展,不断更新自己手中掌握的技术武器,防止用过时、落后的技术方法来解决新问题。技术方法因而呈现出动态性的特征。

(三) 技术方法的正确运用

1. 技术不是万能的

技术不是万能的,并不能解决一切问题。例如,对某单只股票价格的预测,利用技术有时就没有经验判断和直觉准确。这就是说,技术是有一定局限性的,技术是有一定适用范围的。管理者既不能否定技术的重要性,也不能盲目迷信技术。

2. 多种管理方法结合

既然技术不是万能的管理方法,管理者在解决管理问题时,就不能仅仅依靠技术。相反,应该把各种管理方法结合起来使用,"多管齐下",争取收到较好的效果。

3. 实用技术方法有一定的前提

管理者使用技术方法有一定的前提,即管理者本人必须或多或少掌握一些技术,知道技术的价值所在和局限性,并在可能的情况下,让组织内外的技术专家参与进来,发挥他人的专长,来弥补自身某些方面的不足。

想一想 运用技术方法应注意什么?

五、教育方法

技术方法的作用

(一)教育方法的内容实质

教育是按照一定的目的、要求对受教育者从德、智、体诸方面施加影响的一种有计划的活动。它包括人生观的培养和道德教育,爱国主义和集体主义教育,民主、法制、纪律教育,科学文化教育等。

教育是管理过程的中心环节,是按照人的思想、行为活动的规律进行的,运用沟通、宣传、说服、鼓励等方式来预防问题、及时发现问题、解决问题,实现既定的管理目标。

想一想 管理的教育方法在企业中如何体现?

新加坡的公共秩序

(二)教育的方式

我国企业在长期进行的思想政治工作中积累了丰富的经验,行为科学在我国企业中的应用和发展,又给教育方法添加了新的形式,教育方式正在发生着深刻的变化。人们普遍认识到,对于思想性质的问题,必须采取讨论、说理、批评和自我批评的方法进行疏导,而不是通过粗暴的训斥、压制和简单的惩罚来解决问题。对于传授知识和技能方面的教育,也不宜全部采用以讲授为中心的教育方法。因为在讲授方式中,受教育者处于被动状态,接受知识的效率并不高,所以应当减少讲授方式,而较多地采用有目的有指导的小组讨论、现场实习和体验学习等方法,让受教育者按照他们自己创造的学习方法去学习。这样会取得更好的效果。

案例分析

与其他日本公司一样,松下尊重职工,处处考虑职工利益,还给予职工工作上的欢乐和精神上的安定感,与职工同甘共苦。1930年年初,世界经济不景气,日本经济大混乱,绝大多数厂家都裁员,降低工资,减产自保,工人失业严重,生活毫无保障。松下公司也受到了极大伤害,销售额锐减,商品积压如山,资金周转不灵。这时,有的管理人员提出要裁员,缩小业务规模。但是,因病在家休养的松下幸之助并没有这样做,而是毅然决定采取与其他厂家完全不同的做法:工人一个不减,生产实行半日制,工资按全天支付。与此同时,他要求全体员工利用闲暇时间去推销库存商品。松下公司的这一做法获得了全体员工的一致拥护,大家千方百计地推销商品,只用了不到3个月的时间就把积压商品推销一空,使松下公司顺利渡过了难关。在松下的经营史上,曾有几次危机,但松下幸之助在困难中依然坚守信念,使公司的凝聚力和抵御困难的能力大大增强,每次危机都在全体员工的奋力拼搏、共同努力下安全渡过,松下幸之助也赢得了员工们的一致称颂。

问题:本案例给我们什么启示?

分析提示:古语云:得人心者得天下!在企业管理中多点人情味,少些铜臭味,有助于培养员工对企业的认同感和忠诚度。有了这些,企业在竞争中就能无往而不胜。

教育方法的优点与缺点

任务四　企业经营管理的创新

 学习目标

1. 能说出企业经营管理创新的含义,知道创新的几个特征;
2. 能说出创新的作用和重要意义;
3. 能结合生活实际分析创新的基本内容;
4. 学会以创新为有效手段,提升企业综合实力和市场竞争力。

 引导案例

哥伦布是15世纪的著名航海家。他历经千辛万苦终于发现了新大陆。

对于他的这个重大发现,人们给予了很高的评价。但也有人对此不以为然,认为这没有什么了不起,话中经常流露出讽刺。

一次,朋友在哥伦布家中做客,谈笑中又提起了他航海的事情,哥伦布听了,只是淡淡一笑,并不与大家争辩。

他起身来到厨房,拿出一个鸡蛋对大家说:"谁能把这个鸡蛋竖起来?"

大家一哄而上,这个试试,那个试试,结果都失败了。"看我的。"哥伦布轻轻地把鸡蛋一头敲破,鸡蛋就竖立起来了。

"你把鸡蛋敲破了,当然能够竖起来了呀!"有人不服气地说。

"现在你们看到我把鸡蛋敲破了,才知道没有什么了不起,"哥伦布意味深长地说:"可是在这之前,你们怎么谁都没有想到呢?"

过去讽刺哥伦布的人,脸一下子变得通红。

一、创新的含义及作用

（一）创新的含义

创新是一种思想及在这种思想指导下的实践，是一种原则及在这种原则指导下的具体活动。美国经济学家熊彼特在其《经济发展理论》一书中首次提出了创新的概念。他认为，创新是对"生产要素的重新组合"。具体来说，包括以下五个方面：

（1）生产一种新产品，也就是消费者还不熟悉的产品，或是已有产品的一种新用途和新特征。

（2）采用一种新的生产方法，也就是在有关的制造部门中未曾采用的方法。这种方法不一定非要建立在科学新发现的基础上，它可以是以新的商业方式来处理某种产品。

（3）开辟一个新市场，就是使产品进入以前不曾进入的市场，不管这个市场以前是否存在过。

（4）获得一种原材料或半成品的新的供给来源，不管这种来源是已经存在的还是第一次创造出来的。

（5）实现一种新的企业组织形式，例如建立一种垄断地位，或打破一种垄断地位。

想一想 你能举例说明这五个方面吗？

（二）创新的作用

1. 创新可以提高企业的竞争实力

创新可以将企业的劣势转化为优势，将不利因素转化为有利因素。例如，洗衣机的载物洗涤容量一般为5公斤，而且还有增大趋势，海尔公司凭着灵敏的市场触角，巧妙地在产品的细微之处大胆创新，与消费潮流背道而驰，思维逆转，推出2公斤的"小小神童"洗衣机。海尔的"只有淡季的思想，没有淡季的产品"的创新理念，使海尔随时保持创新思维，建立一整套技术创新制度和相应的科研管理模式，最终赢得了市场。

2. 创新为企业的长期持续发展提供动力

企业要想持续发展，必须进行创新，不进行创新的企业，其发展会缺乏推动力。早在1994年，著名的经济学家克鲁曼就提出了"虚拟的亚洲经济"的观点。他认为亚洲（除日本外）经济增长主要是依靠资金和劳动力的大量投入，而不是依靠技术进步，因此这一地区的经济高速增长是不可能持续很久的。这一预言不幸被言中。1997年爆发的东南亚金融危机波及整个亚洲，导致这些国家的经济增长放缓，甚至出现负增长。

3. 自主创新是企业的根本

一个企业要取得先进的知识有两个途径：一是引进；二是创新。引进知识当然不失为一种快捷的方法，这种方法曾经是一些发展中国家和企业实现赶超的根本途径，但这样永远也无法真正赶超先进国家和先进企业，而且有些技术由于对方为了获得竞争中的绝对优势而保守秘密。因此，企业要真正强大起来，进行自主创新才是立足之本。

发明与创新

二、创新的基本内容

系统在运行中的创新涉及许多方面。在此,我们主要通过企业系统来介绍创新的内容。

(一)观念创新

观念创新的精髓是永远不存在固定的思维模式。世界著名管理大师德鲁克曾经指出:"当今社会不是一场技术也不是软件、速度的革命,而是一场观念的革命。"过去是企业利益优先,一切以利润最大化作为企业行为的标准,而现在要改为顾客利益优先,一切为顾客着想,让顾客满意。过去看中的是实物财产,现在更重视商品品牌、企业形象等无形资产。

把梳子卖给和尚

(二)目标创新

我们知道,知识经济时代的到来导致了企业经营目标的重新定位。原因很简单:一是企业管理观念的革命,要求企业经营目标重新定位;二是企业内部结构的变化,促使企业必须重视非股东主体的利益;三是企业与社会的联系日益密切、深入,社会的网络化程度大大提高,企业正成为这个网络中重要的结点。因此,企业经营的社会性越来越突出,从而要求企业高度重视自己的社会责任,全面修正自己的经营目标。

知识经济

(三)技术创新

技术创新是市场经济的产物,属于经济学范畴。它是创新的一个重要组成部分。技术创新又是一种能力,体现在市场机会与技术机会的结合,即创造新的商业机会上,是一种能够及时把握这种商业机会,正确地做出创新决策并有效实施的能力,它集中体现为企业市场竞争力的提高。

技术创新主要有产品创新和工艺创新两种类型,同时它还涉及管理方式及其手段的变革。

(四)制度创新

企业制度创新就是实现企业制度的变革,通过调整和优化企业所有者、经营者和劳动者三者的关系,使各个方面的权力和利益得到充分的体现;不断调整企业的组织结构和修正完善企业内部的各项规章制度,使企业内部各种要素合理配置,并发挥最大限度的效能。

(五)结构创新

在当今时代,随着企业规模的不断发展,组织复杂化程度也越来越高,信息社会的到来,使环境不稳定因素越来越多,竞争越来越激烈。一个有效的组织应当能够随着环境变化而不断调整自己的结构,以适应新的环境。根据这一认识,现代企业组织正不断朝着灵活性、有机性方向发展。

（六）环境创新

环境是企业的土壤，同时也制约着企业的经营。环境创新不是指企业为适应外界变化而调整内部结构或活动，而是指通过企业积极地创新活动去改造环境，去引导环境朝着有利于企业经营的方向变化。人们一般认为新产品的开发是企业创造市场需求的主要途径，其实，市场创新的更多内容是通过企业的营销活动来进行的，即在产品的材料、结构、性能不变的前提下，或通过市场的地理转移，或通过揭示产品新的物理使用价值，来寻找新用户，再通过广告宣传等促销工作，赋予产品以一定的心理使用价值，影响人们的某种消费行为，诱导、强化消费者的购买动机，增加产品的销售量。

（七）文化创新

现代管理发展到文化管理阶段，可以说已达到顶峰。企业文化通过员工价值观与企业价值观的高度统一，通过企业独特的管理制度体系和行为规范，使得管理效率得到较大提高。创新不仅是现代企业文化的一个重要支柱，而且还是社会文化的一个重要部分。如果文化创新已成为企业文化的根本特征，那么，创新价值观就得到了企业全体员工的认同，行为规范就会得以建立和完善，企业创新动力机制就会高效运转。

阅读资料

> 运通公司是一家刚刚成立两年多的股份制企业，主营城市公交客运。运通公司打破了北京市公交总公司独家经营的垄断局面，激活了公交市场。运通公司经过近3年的市场调研和无数次的审批才获得政府的批准，它提出了不享受财政补贴（公交总公司一年近10亿元补贴），并为社会提供大量的就业岗位。经过两年的发展，运通公司安排近千名下岗失业人员，上缴税费300多万元，并创造利润600多万元，资产从最初的400万元增值到8 500多万元。这些骄人的成绩靠的是什么力量？靠的是运通文化和运通员工的共同价值理念。

案例分析

> 一位年轻有为的炮兵军官上任伊始，到下属部队视察操练情况，他在几个部队发现了相同的情况：在一个单位操练中，总有一名士兵自始至终站在大炮的炮管下面纹丝不动。军官不解，询问原因，得到的答案是：操练条例就是这样要求的。军官回去后反复查阅了军事文献，终于发现长期以来，炮兵的操练条例仍因循非机械化时代的规则。站在炮管下的士兵的任务是负责拉住马的缰绳（在那个时代，大炮是由马车运载到前线的），以便在大炮发射后调整由于后坐力产生的距离偏差，减少再次瞄准所需的时间。现在大炮的自动化和机械化程度很高，已经不再需要这样一个角色了，但操练条

例没有及时调整,因此才出现了"不拉马的士兵",军官的这一发现使他获得了国防部的嘉奖。

问题:创新对企业有什么作用?

分析提示:因循守旧、墨守成规是管理的最大敌人。创新能为企业长期持续发展提供强大的动力,也是企业生机勃勃的根本和源泉。

三、创新的过程

(一)寻找机会

创新是对原有秩序的破坏。原有秩序之所以要打破,是因为其内部存在着或出现了某种不协调的现象。这些不协调对系统的发展造成了某种不利的影响。企业的创新,往往是从密切地注视、系统地分析运行过程中的不协调现象开始的,可以说不协调为创新提供了契机。

企业创新契机的变化

(二)提出构想

敏锐地观察到不协调的现象以后,还要透过现象研究原因,并据此分析和预测不协调的未来变化趋势,估计它们可能给企业带来的积极或消极后果,并在此基础上,努力利用各种方法,消除不协调,使企业在更高层次实现平衡的重新构想。

(三)迅速行动

创新成功的秘密主要在于迅速行动。提出的构想可能还不完善,甚至可能很不完善,但这种并非十全十美的设想必须立即付诸实施才有意义。"没有行动的思想会自生自灭",这句话对于创新思想的实践尤为重要。一味追求完美,以减少受讥讽、被攻击的机会,就可能错失良机,把创新的机会白白地送给自己的竞争对手。

(四)坚持不懈

构想经过尝试才能成熟,而尝试是有风险的,不可能一击即中。创新过程是不断尝试、不断失败、不断提高的过程。因此,创新者在开始行动以后,为取得最终的成功,必须坚定不移地继续下去,绝不能半途而废,否则便会前功尽弃。

一只鸟从教室敞开的窗户飞了进来,找不到出去的路了。这时,教室里的老师和学生们一同把这只鸟向敞开的窗户方向驱赶,但是没有成功。然后,他们决定抓住这只鸟,好把它拿到教室外面放飞,但是他们没有抓住这只鸟。还算这只受惊吓的鸟幸运,老师此时建议大家静下来,争取想一个好主意能让这只鸟回到外面。很快,课堂上形成了一个很聪明又很有效的办法……你知道是什么办法吗?你有更好更新更有趣的方法吗?

问题:这个故事带给我们什么启示?

分析提示:在老师的引导下,大家马上想起鸟类的趋光特性,于是他们把教室的窗户都关紧,拉上窗帘,只有一个窗户例外。然后,他们把教室里的灯也全部熄灭。这样,在这个黑暗的教室里,受到那束透过窗户的光线的指引,这只小鸟飞了出去。这充分体现了创新的过程。

企业经营创新的五大法则

模块四

企业经营管理要素认知

任务一　企业经营决策

1. 能说出企业经营决策的含义及构成要素；
2. 能说出企业经营决策的不同类型；
3. 学会运用经营决策科学化的基本要求分析企业决策工作；
4. 学会运用实施经营管理决策科学化的途径指导企业决策；
5. 学会运用企业经营决策的基本程序。

20世纪，美国一家公司发明了盒式电视录像装置，可是该公司只用它来生产一种非常昂贵的广播电台专用设备。而日本索尼的经营者通过分析论证，看到了电视录像装置一旦形成大批量生产，其价格势必降低，许多家庭可以购买得起此种录像装置。这样一来，家用电子产品这个市场就会扩大，如果马上开发研究家用电视录像装置，肯定会获得很好的经济效益和社会效益。由于这一决策的成功，家用电视录像设备的市场一度被日本占去了90%多，而美国则长期处于劣势。

一、企业经营决策的含义

企业经营决策是指在掌握了充分的市场信息基础上，根据企业的经营战略所规定的目标，来确定企业的经营方向、经营目标、经营方针及经营方案，并付诸实施的过程。

二、经营管理决策的构成要素

从系统的观点看,经营管理决策是由决策主体、决策客体、决策理论方法、决策信息和决策结果等要素构成的一个有机整体。

(一)决策主体

决策主体是指参与决策的领导者、参谋者及决策的执行者。决策主体可以是个人,也可以是集团——决策机构。决策主体是决策系统的灵魂和核心,决策能否成功,关键取决于决策主体的素质。

(二)决策客体

决策客体是指决策对象和决策环境。决策对象,是指决策主体能趋势化影响和控制的客体事物。如一个企业,某项业务的经营目标、经营规划或某项产品研究开发等。决策环境则是指制约决策对象按照一定规律发展变化的条件。决策对象与决策环境的特点、性质决定着决策活动的内容及其复杂程度。

(三)决策理论与方法

决策离不开决策的理论与方法。决策理论与方法的功能在于将现代科学技术成果运用于决策过程,从整体上提高经营管理决策活动的科学性,减少和避免决策结果的偏差与失误。比如,遵循科学的决策程序,采用适宜的决策方法,把定性分析和定量分析相结合。

(四)决策信息

信息是经营管理决策的前提和基础。要保证经营管理决策的正确性,拥有大量、丰富的市场信息是必不可少的条件。决策主体只有掌握充分准确的市场信息,才有可能做出正确的决策。

(五)决策结果

决策的目的是为了得到正确的决策结果。没有决策结果的决策不算是决策。任何决策都要得到决策结果,所以,决策结果是决策的必要构成要素。

三、经营决策的类型

现代企业经营管理活动的复杂性、多样性,决定了经营管理决策有多种不同的类型。

(一)按决策的影响范围和重要程度不同,分为战略决策和战术决策

(1)战略决策是指对企业发展方向和发展远景做出的决策,是关系到企业发展的全局性、长远性、方向性的重大决策。如对企业的经营方向、经营方针、新产品开发等的决策。

战略决策由企业最高层领导做出。它具有影响时间长、涉及范围广、作用程度深刻的特

点,是战术决策的依据和中心目标。它的正确与否,直接决定着企业的兴衰成败,决定着企业的发展前景。

(2) 战术决策是指企业为保证战略决策的实现而对局部的经营管理业务工作做出的决策。如企业原材料和机器设备的采购、生产、销售的计划,商品的进货来源,人员的调配等属于此类决策。战术决策一般是由企业中层管理人员做出的。战术决策要为战略决策服务。

(二) 按决策的主体不同,分为个人决策和集体决策

(1) 个人决策是由企业领导者凭借个人的智慧、经验及所掌握的信息进行的决策。决策速度快、效率高是其特点,适用于常规事务及紧迫性问题的决策。个人决策的最大缺点是带有主观性和片面性,因此,对全局性重大问题则不宜采用。

(2) 集体决策是指由会议机构和上下相结合做出的决策。会议机构决策是指通过董事会、经理扩大会、职工代表大会等权力机构集体成员共同做出的决策。上下相结合的决策则是领导机构与下属相关机构结合、领导与群众相结合形成的决策。集体决策的优点是能充分发挥集团智慧,集思广益,决策慎重,从而保证决策的正确性、有效性;缺点是决策过程较复杂,耗费时间较多。它适宜于制定长远规划和全局性的决策。

(三) 按决策是否重复,分为程序化决策和非程序化决策

(1) 程序化决策是指决策的问题是经常出现的问题,已经有了处理的经验、程序、规则,可以按常规办法来解决。因此程序化决策也称为"常规决策"。例如,企业生产的产品质量不合格如何处理,商店销售过期的食品问题如何解决,就属程序化决策。

(2) 非程序化决策是指决策的问题是不常出现的,没有固定的模式、经验去解决,要靠决策者做出新的判断来解决。非程序化决策也叫非常规决策。如企业开辟新的销售市场、商品流通渠道调整、选择新的促销方式等属于非常规决策。

(四) 按决策问题所处条件不同,分为确定型决策、风险型决策和非确定型决策

1. 确定型决策

确定型决策是指决策过程中提出各备选方案,在确知的客观条件下,每个方案只有一种结果,比较其结果优劣做出最优选择的决策。确定型决策是一种肯定状态下的决策。决策者对被决策问题的条件、性质、后果都有充分了解,各个备选的方案只能有一种结果。这类决策的关键在于选择肯定状态下的最佳方案。

> ☞ **知识拓展**
>
> 确定型决策方法的应用应具备四个条件:
> (1) 存在决策者期望达到的一个确定型目标。
> (2) 只存在一个确定的自然状态。
> (3) 存在可供决策者选择的两个或两个以上经营方案。
> (4) 不同经营方案在确定状态下的损益值可计算出来。

确定型决策的方法主要有量本利分析方法、投资报酬率法等。

（1）量本利分析方法。量本利分析法是通过分析产品数量（销售量）、生产成本、销售利润三者之间的关系，掌握盈亏变化的规律，指导企业选择能够以最小的成本生产出最多产品并可使企业获得最大利润的经营方案。量本利分析的前提是存在两种成本（或费用），一种是不随产品数量变化而变化的成本，叫作固定成本；另一种是随产品数量变化而变化的成本，叫作变动成本。正是由于这两种成本的存在，客观上存在产销量低于一定数量时经营会是亏损的（负利润），只有产销量大于一定数量时企业才有利润，且产销量越高利润也越大。当利润为零时的产销量称为盈亏平衡点。只有当产品的边际贡献（率）大于零时才存在盈亏平衡点。有时企业产销量达不到盈亏平衡点，企业还会继续生产，这是因为继续生产虽然不能盈利，但可以减少亏损，条件仍然是边际贡献（率）大于零。

（2）投资报酬率法。投资报酬率法是根据投资报酬率的高低来评判投资项目是否可行的方法。所谓投资报酬率，是指年投资利润总额与投资总额的比，用公式表示为：投资报酬率＝年投资利润总额/投资总额。

企业利用投资报酬率指标评价投资方案时，通常可以将其与投资者确定的期望投资报酬率相比较，投资报酬率大于或等于期望的投资报酬率时则为可行性方案。

2．风险型决策

在决策过程中提出各个备选方案，每个方案都有几种不同结果可以知道，其发生的概率也可测算的条件下的决策，就是风险型决策。例如，某企业为了增加利润，提出两个备选方案：一个方案是扩大老产品的销售；另一个方案是开发新产品。不论哪一种方案都会遇到市场需求高、市场需求一般和市场需求低几种不同可能性，它们发生的概率都可测算。若遇到市场需求低，企业就要亏损。因而在上述条件下决策，带有一定的风险性，故称为风险型决策。风险型决策之所以存在，是因为影响预测目标的各种市场因素是复杂多变的，因而每个方案的执行结果都带有很大的随机性。决策中，不论选择哪一种方案，都存在一定的风险。

> **知识拓展**
>
> 风险型决策方法主要用于人们对于未来有一定程度认识但又不能肯定的情况，但可以根据以前的资料推断各种自然状态出现的概率。
>
> 风险型决策的评价方法主要有：决策树法、矩阵汇总法、优先理论法。
>
> 决策树法是一种用树型图来描述各经营方案在未来收益的情况，从而选择正确方案的方法。其具体步骤如下：
>
> （1）根据可替换经营方案的数目和对未来市场状况的了解，绘出决策树型图。
>
> （2）计算各方案的期望值。具体讲：第一，计算各概率分枝的期望值，用方案在自然状态下的收益值分别乘以各自的概率；第二，将各概率分枝的期望值相加，并将数字记在相应的自然状态点上；第三，考虑各方案所需的投资，比较不同方案的期望收益值；第四，剪去期望值较小的分枝，将保留下来的方案作为被选的决策方案。

3．非确定型决策

在决策过程中提出各个备选方案，每个方案有几种不同的结果可以知道，但每一结果发生的概率无法知道的条件下的决策,就是未确定型的决策。它与风险型决策的区别在于:风险型决策中,每一方案产生的几种可能结果及其发生概率都知道,未确定型决策只知道每一方案产生的几种可能结果,但发生的概率并不知道。这类决策是由于人们对客观状态出现的随机性规律认识不足,就增大了决策的不确定性程度。

> **☞ 知识拓展**
>
> 非确定型决策是在决策的结果无法预料和各种自然状态的概率无法预测的条件下,只能依据经验判断并有限地结合定量分析方法做出的决策。在非确定型决策的过程中,决策者的主观意志和经验判断居于主导地位。因此,决策者采用的标准不同,决策方法就不同。

一般来说,非确定型决策的方法主要有乐观法、悲观法、后悔值法、折中法、等概率法等。

乐观法也叫大中取大法。如果决策者比较乐观,认为未来会出现最好的自然状态,所以不论采用何种经营方案均可能取得该经营方案的最好效果。这种非确定型决策方法又称冒险决策法。

悲观法也称小中取大法。即决策者对于未来比较悲观,认为未来会出现最差的自然状态,因此,企业不论采取何种经营方案,均只能取得该经营方案的最小效果值,所以在决策时首先计算和找出各经营方案在各自然状态下的最小效果值,然后通过比较,选择在各最差自然状态下仍能带来"最大效果"的经营方案。

后悔值法也叫最大最小后悔法。决策时应首先计算出各自然状态下的后悔值(即用某自然状态下的效果值减去该自然状态下该经营方案的效果值),然后找出每种经营方案的最大后悔值,并据此对不同经营方案进行比较,选择最大后悔值最小的经营方案作为决策方案。

折中法也称现实估计值法。这种方法是乐观法和悲观法的折中,因为完全持乐观的态度是不现实的,而完全从悲观的态度出发又过于保守,也不符合企业经营的思想。

等概率法是在假设自然状态出现的概率相等的情况下,选取期望值最大的经营方案为最优经营方案的方法。

四、经营管理决策的重要作用

在市场经济条件下,任何企业都要参与激烈的市场竞争。企业为了自身生存和发展,就必须对其经营活动和市场行为做出正确决策。因此,经营管理决策对于任何一个企业而言,都有十分重要的作用。

(一)经营管理决策是企业经营管理活动的核心

企业的经营管理活动是企业最重要的活动。经营管理活动包括经营和管理两个方面。人们普遍认为,管理的重心是经营,经营的重心在决策。这说明决策是经营管理活动的关键。事实上,无论是经营还是管理,都离不开决策,企业怎样经营、如何管理,都需要做出一系列决策。这是因为,从经营的角度看,企业要根据自身面临的内外条件,确定生产、经营商品范围和目标,决定生产什么,销售什么,销售多少,销售给谁;用何种办法和手段进入市场,以最少的耗费求得最快的发展;何种促销最有效;等等。这需要做经营决策。从管理角度看,管理工作有计划、组织、控制三大职能,每项职能的执行,都要以决策为前提。如企业生产销售计划如何制订得科学、合理,这就有一个决策问题;企业内部机构如何设置,职责如何划分,人员如何配备,这涉及组织职能的决策。

经营与管理是企业经济活动过程中一个事物的两个侧面,两者都离不开决策。实践中,在同样的条件下,决策水平不同会得到不同的结果。在有利条件下,由于决策错误造成失败;在不利条件下,由于决策正确,能变不利为有利,从而获得成功。

由此可见,决策贯穿于企业经营管理的整个过程,决策是企业经营管理的核心,没有正确的决策,企业就不可能有正确的经营行为和管理活动。

(二)经营管理决策正确与否,决定着企业生存和发展

随着企业市场主体地位的确立,企业将全面摆脱行政依附地位,具有独立行使生产经营的自主决策权力,与此同时,也要承担决策后果的全部责任,承担市场风险。正确的经营管理决策,使企业能采取正确的营销行动,从而使企业能够获得成功;错误的经营管理决策,会使企业实施错误的营销行动,导致企业经营失败。例如,杭州娃哈哈集团在初建时通过市场调查发现,尽管市场有几十种口服营养液,但都是老少皆宜。他们大胆决策,专门生产供儿童专用的口服营养液。投入市场后,受到广大家长的欢迎,企业由此兴旺发达起来。反之,有的企业做了错误决策,生产的商品无人问津,严重积压,最后破产。世界众多著名企业都是依靠正确的经营管理决策而发展起来的。

(三)正确的经营管理决策有助于企业提高市场竞争力,获得良好经营效果

市场经济是竞争经济,优胜劣汰是市场经济的基本规则。每一企业都在努力争夺市场机会,扩大市场销售,提高市场占有率。企业能否在竞争中取胜,关键在于是否善于抓住有利时机,发挥竞争优势,做出准确判断和果断决策。决策及时、正确,往往可以在竞争中出奇制胜,迅速扭转不利地位,变被动为主动;反之,则可能错失良机,或一着不慎,全盘皆输。

正确的经营管理决策能使企业灵活地、连续不断地针对市场竞争环境的变化做出反应,提高企业的应变能力,增强企业的竞争力。企业有竞争力,突出表现在企业产品能够占领市场,产品受到广大消费者的欢迎。由此,企业就能获得良好的经济效益。

总之,经营管理决策对每一个企业来说都是至关重要的,我们要从企业发展的战略高度,充分认识经营管理决策的重要意义。

五、经营决策科学化的基本要求

(一)决策要有明确和正确的目标

任何决策都是为了解决问题而做出的,所以,任何决策都有目标。决策目标是决策的前提,任何一项管理决策都不能无的放矢,它都要针对经营活动中某个存在的问题。解决问题都有期望实现的目标,即决策目标。能否有效地确定决策目标,关键在于对所要解决的问

题做出正确的诊断与分析,在弄清问题的性质、范围及产生原因,找出问题症结的同时,指明解决问题的要点,这样就能确定决策目标。

同时,决策目标还应当明确具体,不能笼统、抽象,不能模模糊糊。如果决策者自己都说不清决策目标是什么,那么也就无法做出有效的决策。

(二)决策方案实施的结果能实现确定的决策目标

有了正确而明确的决策目标之后,就得拟定实现该目标的办法、措施,这就是决策方案。决策方案是否有效,应看它能否实现所确定的决策目标。决策方案就其实际的效果来看,有三种情况:一种是"南辕北辙"方案,方案的执行不但达不到决策目标,反而离目标更远;另一种是既不能解决问题,也不会使问题恶化的无效方案;再一种是能解决问题,实现决策目标的有效方案。显然,最后一种决策方案才是可行的决策方案。

想一想 如何才能使决策方案实施的结果达到决策的目标?

(三)实现决策目标的代价要小

实施决策方案,实现决策目标,是要耗费人力、物力、财力的,这就是代价。决策的代价要小,这是因为:一是企业经营管理中需要决策解决的问题很多,而企业人力、物力、财力等资源总是有限的,某个问题决策方案花费过多势必减少了别的问题决策时可利用的资源,所以,每一项决策都应要求付出的人力、物力、财力要小。二是针对某一具体决策而言,在决策过程中不仅要注意方案的可行性,还要从多种可行方案中选择资源代价最小的方案,视为最佳方案。也就是说,实现决策目标的可行方案会有优劣之差别,必须从中选择最优的。从一定意义上说,没有选取代价最小的方案,就不能算是科学的决策。

(四)决策执行后产生的副作用要尽量小

事物是一分为二的。一般而言,决策方案实施后,除了实现期望的决策目标外,还可能产生其他负面影响,这种负面影响就是副作用。副作用有时是难以避免的,但我们应努力使其尽可能小些,至少不应出现严重的副作用。如果某一项决策尽管实现了决策目标,但副作用太大,也不能认为该项决策就是科学的决策。

如果我们做出的经营管理决策符合上述要求,那就可以认为是科学化的决策了。

六、实施经营管理决策科学化的途径

(一)要努力提高决策主体的素质

在世界一切事物中,人是最关键的因素,能否保证经营管理决策科学化,决策主体是关键。企业决策主体是指企业内部拥有不同经营管理权力、参与决策过程的管理人员。其中,那些担任不同职务的管理人员,尤其是企业最高层的领导者,他们的素质高低直接影响决策科学水平的高低。决策者素质的提高,既反映在其知识结构、知识水平上,也反映在他们分析判断问题的能力上,同时还反映在他们的心理状态上。决策者心理状态在决策过程中的影响主要体现在其个人对问题的认识、潜意识、进取精神、对风险的态度等方面，由此形成不同的决策风格。决策者只有不断提高自身素质，成为熟悉市场经营活动规律和经营管理规律的内行人，才能有效提高经营管理决策的科学性。

（二）要掌握决策所需的充足信息

信息是决策的前提和基础，不依据市场信息做出的经营管理决策必定是盲目的、错误的。例如，企业要做出产品方面的决策，那么，至少应掌握目前市场上对该产品需求量的大小，消费者喜欢什么品牌、款式、规格、价格的产品，同行竞争状况怎样等方面信息。只有掌握了这些市场信息，企业才有可能做出正确的经营管理决策。为此，企业要加强市场信息的日常收集、加工处理、存储、传递、输出等信息服务工作，以满足各类人员决策的信息需求。要建立企业决策信息系统，与企业外各种信息机构联网，运用现代技术手段广泛收集国内外经济的、技术的、市场的、社会环境的等方面信息，以定期或不定期、无偿或有偿、全面或专项等多种形式向决策机构或人员提供信息服务，保证他们获得及时、准确、可靠、适用的决策依据。

（三）要遵循科学的决策程序

科学的决策程序是决策科学性的一个重要保证。各种经营管理决策具体内容要求尽管不同，但在决策一般程序上的要求却是相同的。（1）第一步是确定决策目标，而确定目标又应以对经营问题的分析诊断为依据。（2）在一般情况下，应围绕决策目标，拟订多个备选方案，再从中择优作为决策方案。因此，拟订方案—论证评价—方案选择，这样的步骤既不可缺，也不能颠倒。如果没有两个以上方案供选择采用，就不符合选优原则。（3）决策方案应付诸实施，决而不行等于无用。任何经营管理决策都不能少了"执行决策"这一步骤。而且在决策方案实施中要建立检查、监控制度，注意信息反馈，不断修正、完善决策方案。科学地进行决策，就要求按照上述程序一步一步去做。

（四）要运用科学的决策方法

科学的决策方法是科学决策的有效辅助手段。运用科学的决策方法，首先要善于运用信息论、系统论、控制论等学科知识，这些学科是带有方法论性质的学科，在决策中是经常应用的。其次要善于运用各种具有实用价值的决策技术，如盈亏平衡分析、线性规划、库存模型、决策树分析等。这些实用决策技术，一方面可以比较精确地描述决策问题涉及的决策变量与状态变量、决策后果之间的关系，帮助决策者分析问题；另一方面可以提供择优选择方法，有助于达到优化决策的目的。同时，采用这些技术，使决策过程能充分利用电脑的功能，从而提高决策的精确性与时效性。

大数据时代对于企业经营决策的影响

七、经营管理决策的原则

经营管理决策是一个复杂而又具有创造性的认识和实践活动，因此，要使经营管理决策正确有效，除了要有合理的决策程序和采用科学的决策方法外，还必须遵循决策的原则。

（一）可行性原则

可行性原则是指决策目标和决策方案要有实现的可能性。具体一点说，决策目标要合理、符合实际，不能好高骛远，决策方案要能够实施。因此，在确定决策目标、选择决策行动方案时，要充分进行可行性研究，要仔细考虑主客观条件是否成熟，要考虑是否具备实现决策目标的人力、物力、财力。

（二）优化原则

优化原则是指决策的行动方案，必须是最优方案或者是满意方案。决策是要在两个以上不同的备选方案中经过分析对比，选出最佳方案。如果只有一个方案，那就不存在决策了；如果没有对比，也就无法辨别优劣。因此，对比选优是决策的主要环节，是从比较到决断的过程。对比不仅是把各种不同的方案进行比较，更重要的是把各种方案同客观实际再做一次认真的比较。要比较各种方案带来的影响和后果，考虑各方案所需的人力、物力、资金等各种必要条件。通过比较，择出最优方案。

（三）系统原则

系统原则是指把决策对象视为一个系统，从系统整体出发，对问题进行全面的比较分析，在此基础上做出决策，防止决策的片面性。贯彻系统原则，要认真考虑决策所涉及的整个系统及相关因素、企业内外条件等。对局部利益和整体利益、眼前利益和长远利益要统筹兼顾，不能顾此失彼。

（四）民主原则

经营管理决策问题涉及范围广泛，具有高度复杂性，单凭决策者个人的知识和能力很难做出有效决策。民主原则是指决策者必须充分发扬民主，善于集中和依靠集体的智慧与力量进行决策，据以弥补决策者个人知识、能力方面的不足，避免主观武断、独断专行可能造成的决策失误，保证决策的正确性和有效性。贯彻决策的民主化原则：（1）要合理划分企业各管理层次的决策权限和决策范围，调动各级决策者和各类人员参与的积极性和主动性；（2）要悉心听取广大群众的意见和建议，在群众的参与或监督下完成决策工作；（3）要重视发挥智囊参谋人员的作用，借助他们做好调查研究、咨询论证，尤其是重大问题决策，要吸收各有关方面专家的参加。

（五）效益原则

效益原则是指经营管理决策要以追求企业最大经济利益和社会利益为目的。

企业一切经济活动都必须有经济效益和社会效益，企业的市场决策就是为了提高经济活动的经济效益，促进生产力的发展，并且使经济效益和社会效益很好地结合。说到底，如果决策结果不能使企业实现利润目标（包括长期和短期目标），决策就没有意义。为了提高经济效益，企业必须考虑决策本身的经济效果和效益。事实上，决策本身就是在各种自然状态下选择经济利益最大的方案。

八、现代企业经营决策的程序

（一）市场调查

这是经营决策的基础。虽然市场调查本身还不是预测与决策，但通过调查可以掌握和积累大量的有关数据与资料，为科学地预测、决策提供可靠真实的依据。

> **知识拓展**
>
> 市场调查的方法有很多种分类。按调查的方式来说，有直接与间接两种。直接调查是走出去或请进来，访问用户，举办展销会，直接与需方见面；间接调查是通过发信函、调查表或从报刊、广告等途径取得资料。两种调查方式可同时进行。按调查的广泛性来说，应根据产品的不同类型而有所区别。如对单件小批量生产或用户面窄的专用大型设备，可以逐台逐户调查，建立用户卡片；而对量大面广的通用产品，则应采用典型调查或抽样调查的方法较为简便。至于售后跟踪服务，把产品调查与服务融为一体，也是行之有效的调查方式。

（二）经营预测

所谓预测就是在市场调查的基础上进行科学分析，研究企业生产经营发展的经济合理性。这是企业科学决策的保证。

> **知识拓展**
>
> 预测必须讲究科学的方法。预测的方法很多，一般分为定性与定量两种类型：定性预测主要依靠专家调查、分析判断等方法进行；定量预测最普遍的方法是使用时间序列移动平均数法和因果关系的直线回归法。运用上述方法进行预测，都要有历史数据资料。根据我国企业目前的条件，完全靠数学方法来预测仍有困难，采用一些简单的预测方法同样能取得一定的实效。例如，在定性预测方面，运用经济发展形势分析法来分析社会需求的发展趋势，据此来调整企业的服务对象，发展适销对路的产品。在定量预测方面采用相关预测法，研究需求的内在联系，找出其相关比例系数。有了全国的需求量，生产厂家可根据本企业的市场占有率来预测本厂的销售量。当然，预测和市场调查一样，不可能一劳永逸，要不间断地有系统地进行，为决策提供科学的依据。

（三）科学决策

如果说市场调查是基础，预测是保证，那么决策则是关键。企业的决策按类型可分为两类：一类是属于经营性的战略性决策，涉及企业的发展方向、产品品种、生产规模、投资方向等；另一类是属于管理性的战术性决策，在执行过程中对日常管理采取一定措施，保证企业目标的实现。

决策牵涉的问题较多,尤其是经营性的决策,问题较复杂,容易失误。一般来说,用集体方式决策可以集思广益,比个人做决策好。集体决策的方法有两种;一种是决策时召集人们,集体做出决定或以投票方式通过;另一种是决策前征求内行专家的意见,然后由主要负责人做出决断。国外决策的趋势是从个人决策发展到顾问团的集体决策方式。其优点是能够得到较多的情报信息,决策后大家能全心全意地去贯彻执行。必须注意的是,企业在做出决策后,往往可能由于外部情况的变化而影响决策目标的实现,因此,企业在决定自己的经营方针时,还必须同时备有应变方案,使企业立于不败之地。

案例分析

1985年,由马来西亚国营重工业公司和日本三菱汽车公司合资2.8亿美元的新款"沙格型"隆重推向市场。马来西亚政府视之为马来西亚工业的"光荣产品",产品在推出后,量很快跌低。学家们经过研究,认为"沙格型"汽车的一切配件都从日本运来,由于日元升值,使它的生产成本急涨,再加上马来西亚本身的经济不景气,所以汽车的销售量很少。此外,最重要的因素是政府在决定引进这种车型时,主要考虑到满足国内的需要,因此,技术上未达到先进国家的标准,无法出口。由于在目标市场决策中出现失误,"沙格型"汽车为马来西亚工业带来的好梦,只是昙花一现而已。

问题:"沙格型"汽车没有让马来西亚梦想成真,说明了什么?

分析提示:科学经营决策的前提是确定决策目标。它作为评价和监测整个决策行动的准则,不断地影响、调整和控制着决策活动的过程,一旦目标错了,就会导致决策失败。

导致经营决策
失误的陷阱

任务二　企业物流管理

学习目标

1. 能说出企业物流管理的含义及内容;
2. 能说出采购物流的三种形式;
3. 能结合实际分析物流采购的基本流程;
4. 能分析主要运输方式的特点;
5. 能说出库存控制的基本原理;
6. 能运用库存控制的基本方法进行实践操作。

引导案例

"最新鲜的啤酒以最快的速度、最低的成本让消费者品尝。"青岛啤酒人如是说。为了达到这一目标,青岛啤酒股份有限公司与香港招商局共同出资组建了青岛啤酒招商物流有限公司,双方开始了物流领域的全面合作。招商物流与青啤合作,仅输出管理,先后接管青啤的公路运输业务和仓储、配送业务,并无任何硬件设施的投资。自从合作以来,青岛啤酒运往外地的速度比以往提高了30%以上,山东省内300公里以内区域的消费者都能喝到当天的啤酒,300公里以外区域的消费者原来喝到青岛啤酒需要3天左右,现在也能喝到出厂一天的啤酒了。

一、企业物流管理含义

企业物流管理,是指在社会再生产过程中,根据物流的规律,应用管理的基本原理和科学方法,对物流活动进行计划、组织、指挥、协调、控制和监督,使各项物流活动实现最佳的协调与配合,以降低物流成本,提高物流效率和经济效益。

二、采购物流管理

(一)采购物流的含义

采购物流是指包括原材料等在内的一切生产物资的采购、进货运输、仓储、库存管理、用料管理和供应管理,也称为原材料采购物流。它是生产物流系统中相对独立性较强的子系统,并且和生产系统、财务系统等生产企业各部门以及企业外部的资源市场、运输部门有密切的联系。采购物流是企业为保证生产节奏,不断组织原材料、零部件、燃料、辅助材料供应的物流活动,这种活动对企业生产的正常、高效率进行发挥着保障作用。采购工作是采购物流与社会物流的衔接点,是依据生产企业生产—供应—采购计划来进行原材料外购的作业层,负责市场资源、供货厂家、市场变化等信息的采集和反馈。

(二)组织方式

企业的采购物流有三种组织方式:第一种是委托社会销售企业代理采购物流方式;第二种是委托第三方物流企业代理采购物流方式;第三种是企业自供物流方式。

1. 委托社会销售企业代理采购物流方式

企业作为用户,在买方市场条件下,利用买方的供应物流主导权力,向销售方提出对本企业进行供应服务的要求,作为向销售方面进行采购订货的前提条件。实际上,销售方在实现自己生产和经营的产品销售的同时,也实现了对用户的供应服务,以此占领市场。这种供应服务是销售方企业发展的一个战略手段。

这种方式的主要优点是,企业可以充分利用市场经济造就的买方市场优势,对销售方即物流的执行方进行选择和提出要求,有利于实现企业理想的供应物流设计。

> **想一想** 这种方式可能存在哪些主要问题?

2. 委托第三方物流企业代理采购物流方式

企业完成了采购程序之后,由销售方和本企业之外的第三方去从事物流活动。当然,这第三方从事的物流活动,应当是专业性的,而且要有非常好的服务水平。这个第三方所从事的供应物流,主要是向买方提供服务,同时也向销售方提供服务,在客观上协助销售方扩大了市场。

由第三方去从事企业供应物流的最大好处是,能够承接这一项业务的物流企业必定是专业物流企业,能够高水平、低成本、优质服务地从事物流活动。不同的专业物流公司,瞄准的物流对象不同,有自己特有的形成核心竞争能力的机器装备、设施和人才,这就使企业有广泛选择的余地,进行供应物流的优化。在网络经济时代,很多企业要构筑广域的或者全球供应链,这就要求物流企业有更强的能力和更高的水平,这是一般生产企业不可能做到的,从这个意义上来讲,必须要依靠从事物流的第三方来做这一项工作。

> ☞ **知识拓展**
>
> 第三方物流服务采购流程的五个步骤分别是:界定物流服务需求;制定物流需求建议书;选择提供商;实施第三方物流服务;管理关系和绩效评估。
>
> 界定物流服务需求。明确采购服务的范围和要求是第三方物流服务采购成功运作的前提条件。服务需求的界定主要包括以下四个方面的内容:① 职能描述界定。对需要采购的服务职能进行界定,如运输、仓储或增值服务等。② 活动描述界定。明确第三方物流服务供应流程,即怎样提供服务。③ 服务水平界定。确定物流服务水平,如交付的一致性、订货提前期、货损货差等。④ 能力界定。依据企业物流需求确定提供商的服务能力,即第三方物流企业是否具备提供运输、仓储以及增值服务等满足企业物流需求的能力。
>
> 制定物流需求建议书。根据界定的服务需求、设立的目标和选择标准,制定物流需求建议书(Request for proposal,RFP)。该建议书是详细描述企业物流服务需求,并将需求传达给服务提供商征询解决方案的文档,最终它将成为物流服务合同的一部分,可以方便每个提供商完整地了解采购方的需求。物流需求建议书一般包括企业的基本介绍,如组织结构、顾客信息传递需求、项目描述、产品流程、交易信息以及电脑系统信息等,也包括企业对物流服务需求的建议要求,如仓库位置、运输路线、运输规模等。
>
> 选择提供商。调查研究适合企业的前 10 家服务提供商,了解提供商的专长和特性。重点调查以下四个方面:① 第三方物流企业是否具有与本企业近似的价值观目标;② 是否具有适时更新的信息技术系统;③ 是否具有稳定可靠的核心管理;④ 是否具有建立长期合作关系的共同意愿。其中,合作双方企业文化以及管理理念是否接近对物流提供商的选择尤其重要,相似的企业文化和管理理念有利于合作双方的沟通与学习,提高组织技能以及运作水平。通过公开招标及交互选择进一步筛选提供商,缩小目标至 2~3 家。企业将物流需求建议书递交给这些提供商,并要求各提供商提交物流解决方案;在比较各物流解决方案的基础上,选择最合适的第三方物流服务提供商。

实施第三方物流服务。在服务实施过程中,企业应和提供商联合监督核查合同的执行,提供商也应及时反馈服务实施过程中出现的问题。如果因一些未预期因素的影响而需修订原合同条款,例如修订仓库布设、改变交付日期等,双方仍应充分沟通,协商解决问题,排除不利因素,否则在采购方看来无所谓的改变,可能会给提供方带来很大的损失;同样,提供方要求改变也会使采购方面临很大的困难。执行中的沟通可以成为联系采购企业与服务提供商的纽带,扩大双方的接触面,推进双方合作。

关系管理和绩效评估。企业应用第三方物流服务,减轻了企业物流工作的负荷,但企业仍需谨慎监控提供商的工作,以确保及时发现和解决问题,并建立信息沟通机制,共享信息,保证服务的稳定性,提高服务的可靠性和服务质量,降低运作成本,使物流的持续改进流程得以达成,双方关系得以强化。在关系管理中,建立团队式联合任务小组是有效的管理方法。在企业与提供商之间可经常进行有关成本、作业计划、质量控制信息的交流与沟通,双方的有关人员共同商讨解决供应过程中遇到的各种问题,建立良好的合作气氛,增加系统柔性和应变能力,维护和改善双方合作关系。

案例分析

冠生园集团是国内唯一一家拥有"冠生园""大白兔"两个驰名商标的老字号食品集团,集团生产的食品总计达到了2 000多个品种。市场需求增大了,但运输配送跟不上。集团拥有的货运车辆近100辆,要承担上海市3 000多家大小超市和门店的配送。由于长期计划经济体制造成运输配送效率低下,出现淡季运力空放、旺季忙不过来的现象,加上车辆的维修更新,每年维持车队运行的成本费用要上百万元。为此集团专门召开会议,研究如何改革运输体制,降低企业成本。

2002年年初,冠生园集团下属合资企业达能饼干公司率先做出探索,将公司产品配送运输全部交给第三方物流。物流外包试下来,不仅配送准时准点,而且费用要比自己做节省许多。达能公司把节约下来的资金投入开发新产品与改进包装上,使企业又上了一个新台阶。为此,集团销售部门专门组织各企业到达能公司学习,决定在集团系统推广他们的做法。经过选择比较,集团委托上海虹鑫物流有限公司作为第三方物流机构。

据统计,冠生园集团自2002年8月起委托第三方物流以来,产品的流通速度加快,而且实行的是门对门的配送服务。由于第三方物流配送及时周到、保质保量,使商品的流通速度加快,使集团的销售额有了较大增长。此外,更重要的是能使企业的领导从非生产性的后道工序,即包装、运输中解脱出来,集中精力抓好生产这个环节,开发新产品,提高质量。

问题:冠生园集团能在产品品种繁多、市场需要加大的情况下占领市场,得以迅速发展,这与集团的物流组织形式的改革密不可分。请分析其成功的原因。

分析提示:第三方物流机构能为企业节约物流成本,提高物流效率,这已被越来越多的企业所认识。作为老字号企业的冠生园集团,产品规格品种多、市场辐射面大,靠自己配送运输成本高、浪费大,为此,他们实行物流外包战略。按照供应链理论,当今企业之间的竞争实际上是供应链之间的竞争,谁的成本低、流通速度快,谁就能更快赢得市场。因此,物流外包充分利用外部资源,也是当今增强企业核心竞争力的一个有效的举措。

3. 企业自供物流方式

它是指由企业自己组织采购的物品供应的物流活动。这在卖方市场环境下,是经常采用的供应物流方式。

（三）采购作业流程

采购作业流程会因采购的来源、方式以及对象等的不同而在作业细节上有所差异,但基本流程都大同小异。采购作业流程如图 4-1 所示。

采购物流领域新的服务方式

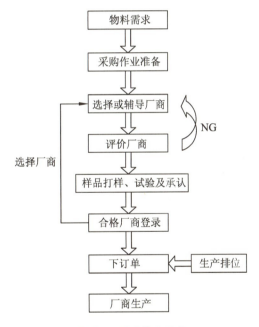

图 4-1　采购作业流程

知识链接

美国采购学者威斯汀所主张的采购的基本作业步骤。

1. 确认需求

在采购之前应先确定买哪些物料,买多少,何时买,由谁决定,等等。

2. 需求说明

确认需求之后,对需求的细节,如品质、包装、售后服务、运输及检验方式等,均应加以明确说明,以便使来源选择及价格谈判等能顺利进行。

3. 选择可能的供应来源

根据需求说明在原有供应商中选择成绩良好的厂商,通知其报价,或以登报公告等方式公开征求。在选择供应商时,企业应考虑的主要因素有:

(1)价格。物美价廉的商品是每个企业都想获得的。相对于其他因素,虽然价格并不是最重要的,但比较各个供应商提供的价格连同各种折扣是选择供应商不可或缺的一个重要指标。

(2)质量。商品质量也是选择供应商十分重要的影响因素。商品质量的选择应根据企业实际情况而定,并不是质量最好的就是最适合的,应力求用最低的价格买到最适合本企业质量要求的产品。

(3)服务。服务也是选择供应商的很重要的因素。如更换次品、指导设备使用、修理设备等这样一些服务,可能会在选择过程中起到关键作用。

(4)位置。供应商所处的位置对送货时间、运输成本、紧急订货与加急服务的回应时间都有影响。在当地购买有助于发展地区经济,易于形成社区信誉以及良好的售后服务。

(5)供应商库存政策。如果供应商的库存政策要求自己随时持有备件库存,那么拥有安全库存将有助于应对突发事件。

(6)柔性。那些愿意且能够回应需求改变、接受设计改变等要求的供应商应予以重点考虑。

4. 适宜价格的决定

决定可能的供应商后进行价格谈判。

5. 订单安排

价格谈妥后,应办理订货签约手续。订单和合约均属于具有法律效力的书面文件,对买卖双方的要求、权利及义务必须予以说明。

6. 订单追踪与稽核

签约订货后,应依据合约规定,督促厂商按规定交货,并严格验收入库。

7. 核对发票

厂商交货验收合格后,随即开具发票。要求付清货款时,对于发票的内容是否正确,应先经采购部门核对后由财务部门办理付款。

8. 不符与退货处理

凡厂商所交货品与合约规定不符而验收不合格者,应依据合约规定退货,并立即办理重购,予以结案。

9. 结案验收

合格付款,或验收不合格退货,均须办理结案手续,清查各项书面资料有无缺失、绩效好坏等,并签报高级管理层或权责部门核阅批示。

10. 记录与档案

凡经结案批示后的采购文件,应列入档案登记编号分类,予以保管,以备参阅或事后发生问题时查核。档案应具有一定保管期限的规定。

阅读资料

采购员的基本素质要求：

1. 较强的工作能力

采购是一项相当复杂，而且要求很高的工作，采购员应具备的基本工作能力也相当多样化。采购人员必须具备较高的分析能力、预测能力、表达能力和专业知识水平。

（1）分析能力。由于采购员常常面临许多不同策略的选择与制定，例如物料规格、品种的购买决策、何者为企业所能接受的价格、物料如何运输与储存、如何管理才能得到消费者的回应等，因此，采购员应具备使用分析工具的技巧，并能针对分析结果制定有效的决策。首先，采购支出是构成企业制造成本的主要部分，因此采购员必须具有成本意识，精打细算，锱铢必争，不可"大而化之"。其次，必须具有"成本效益"观念，所谓"一分钱一分货"，不可花一分冤枉钱，买品质不好或不具有使用价值的物品。随时将投入（成本）与回报（使用状况、时效、损耗、维修次数等）加以比较。此外，对报价单的内容，应有分析的技巧，不可以"总价"比较，必须在相同的基础上，逐项（包括原料、人工、工具、税费、利润、交货时间、付款条件等）加以剖析判断。

（2）预测能力。在现代动态经济环境下，物料的采购价格与供应数量是经常调整变动的。采购员应能依据各种产销资料，判断货源是否充裕；通过与供应商的接触，从其"销售"的态度，揣摩物料可能供应的情况；从物料价格的涨跌，推断采购成本受影响的幅度有多大。总之，采购员必须开阔视野，具备"察言观色"的能力，对物料将来供应的趋势能预谋对策。

（3）表达能力。采购员无论是用语言还是用文字与供应商沟通，都必须能正确、清晰地表达采购的各种条件，例如规格、数量、价格、交货期限、付款方式等，避免语意含混，滋生误解。面对忙碌的采购工作，采购人员必须具备"长话短说，言简意赅"的表达能力，以免浪费时间。"晓之以理，动之以情"来争取采购条件，更是采购人员必须锻炼的表达技巧。

2. 一定的知识与经验

采购员特别是管理人员至少应具备专科以上的学历，因为接受过专科以上教育训练的人，其所具备的专业知识与技巧较能符合采购工作的需求。除此之外，采购员最好具有商学知识，如企业管理、流通业管理、流行商品或营销等知识，并以曾进修过商品资讯、统计、营销、业务人员管理的人员尤佳。

（1）产品知识。无论是采购哪一种物料，都必须对所欲采购的标的物有基本的认识。一个学化工机械并从事多年化工机械采购的人员因工作需要转向电子元器件采购，尽管他从事采购已多年，但仍会感到有些力不从心。如果他想尽快适应新角色就必须及时补充有关电子元器件方面的知识。补充的途径很多，如自学、参加相关专业培训班等。一些采购员认为，采购员不是搞研究开发的，而且往往有本企业工程技术人员及品管人员的协助，故不需掌握太多的专业知识。持有这种观点的采购员必须认识到，那些可以支持你的工程技术人员及品管人员并不是时时刻刻在你的左右，况且有时他们因各种原因未必能帮你。对于零售企业采购员来说,对商品的了解要比其他行业的采购员还要深入,因为其必须担负起销售业绩的相关责任。以家电用品的采购员而言,必须了解产品的功能、技术层次、原料、制程、保修期限等。采购员如何才能持续性地拥有产品知识呢？有几种途径可以供采购人员参考：大学的课程,贸易性期刊,流行杂志,展览或工作参观,与供应商保持联络等。

（2）客观理智。采购员在选择商品或商品组合时绝对不能凭自我感觉,必须针对消费者的需求与市场流行趋势进行科学合理的分析,并将分析结果客观地呈现出来,选择最有利的商品,不因主观的偏见而左右了采购策略的拟定。

（3）专注投入。采购员必须投入更多的时间去了解市场趋势与发掘更多的供应商。采购员还必须协助高层主管规划采购策略。

3. 良好的品德

采购员必须具备如下良好的品德：

（1）廉洁。采购员所处理的"订单"与"钞票"并无太大的差异,因此难免被"唯利是图"的供应商所包围。无论是威迫（透过人际关系）还是利诱（回扣或红包）,采购员都必须廉洁,维持"平常心""不动心",否则以牺牲公司利益图利他人或自己,终将误人误己。"重利忘义"的人,是难以胜任采购工作的。

（2）敬业精神。"缺货或断货"实为采购人员最大的失职。采购人员应有"舍我其谁"的态度,高度负责采购所需的物料,则企业的损失将会大大减少。

（3）虚心与耐心。采购员虽然在买卖方面较占有上风,但对供应商必须公平互惠,甚至不耻下问、虚心求教,不可趾高气扬、傲慢无礼。与供应商谈判或议价的过程,可能相当艰辛与复杂,采购员更需有忍耐、等待的修养。居于劣势时,亦能忍让求全,不愠不火,克己奉公。

（4）遵守纪律。采购员的一言一行都代表着企业,他们的工作好坏不仅影响企业的效益,而且影响企业的声誉,因此,企业对采购员规定了若干纪律,采购员必须自觉遵守,严格执行。

三、运输管理

（一）运输的含义

运输是物体借助于运力在空间上产生的位移。它是"用设备和工具,将物品从一地点向另一地点运送的物流活动。其中包括集货、分配、搬运、中转、装入、卸下、分散等一系列操作"。

（二）运输的特征

（1）移动。可通过运输的速度、可靠性、可达性、安全性、频率以及特殊运输能力来反映。

（2）要使用运输设备。

（3）运输服务具有成本,包括提供基本服务的成本以及由使用者承担的附加服务费用,如取货和送货成本、包装成本、损坏和滞留成本等。

（三）运输管理原则

对运输组织管理应贯彻"及时、准确、经济、安全"的基本原则。

（1）及时：就是按照供运销等实际需要，能够及时将物品送达指定地点，尽量缩短物品在途时间。

（2）准确：就是在运输过程中，能够防止各种差错事故发生，准确无误地将物品送交指定收货人。

（3）经济：就是通过合理地选择运输方式和运输路线，有效地利用各种运输工具和设备，运用规模经济原理实施配货方案，节约人力和运力，提高运输经济效益，合理地降低运输费用。

（4）安全：就是在运输过程中，能够防止霉烂、残损及危险事故的发生，保证物品的完整无损。

案例分析

> 日本大和运输公司于1976年推出了一种全新的运输服务。这种运输服务和传统的运输服务有着明显的不同，它既完成了城市范围内的短距离运输，又实现了城市间的长距离运输。同时，它所运输的商品都是原来由邮局或铁路承担的与商流活动关系不大的小件物品。正是由于它的独特性，使得这种运输方式很快获得了巨大成功。
> 问题：这种运输方式的名称是什么？如何解释？有哪些特点？
> 分析提示：这是宅急便运输。宅急便运输是家庭到家庭、企业到企业以及企业到家庭的小件物品的道路快运服务。这种运输方式的特点有：（1）快速化：翌日送达。（2）便利化：通过电话委托取货或送到就近代办点。（3）简洁化：运费按件计算，托运不需复杂包装。（4）网络化：代办点遍布城市，24小时服务，实现了规模效益。

（四）合理运输的"五要素"

1. 运输距离

在运输过程中，运输时间、运输费用等若干技术指标都与运输距离有一定的比例关系。因此，运输距离的长短是运输是否合理的一个最基本的因素。凡不经过最短路径的绕道运输，称为迂回运输。

2. 运输环节

每增加一个运输环节，势必要增加运输的附属活动，比如装卸、包装等。因此，减少运输环节将对合理运输有一定的促进作用。

3. 运输工具

各种运输工具都有其优点和缺点。对运输工具进行优化选择，最大限度地发挥运输工具的特点和作用，是运输合理化的重要一环。

4. 运输时间

在全部的物流时间中,运输时间占绝大部分,尤其是远程运输。因此,运输时间的缩短对整个流通时间的缩短有决定性的作用。

5. 运输费用

运输费用是物流成本的最大组成部分,运费的高低在很大程度上决定整个物流行业的竞争能力,也是各种合理化措施是否行之有效的最终判断依据之一。

(五)运输方式

1. 按运输工具分类

按运输工具的不同,运输可分为公路运输、铁路运输、航空运输、水路运输和管道运输等。其中水运有沿海运输、近海运输、海洋运输和内河运输。

2. 按运输线路分类

按运输线路的不同,运输可分为干线运输、支线运输、城市内运输和厂内运输。

3. 按运输作用分类

按运输作用的不同,运输可分为集货运输和配送运输。

(六)主要运输方式的特点

1. 铁路运输的特点

优点:① 承运能力大,适合大批量低值商品及长距离运输。② 不受气候和自然条件影响,在运输的准时性上占优势。③ 可以方便地实现背驮运输、集装箱运输及多式联运。④ 轨道运输,安全系数大。⑤ 路网全国四通八达,可满足远距离运输的需要。

缺点:① 成本较高。② 运输时间较长。③ 运输中的货损率比较高。④ 不能实现"门到门"运输。

2. 公路运输的特点

优点:① 快速。② 灵活、方便。③ 项目投资小,经济效益高。④ 操作人员容易培训。⑤ 可以提供"门到门"的直达运输服务,速度快。⑥ 近距离中、小量的货物运输,运费比较便宜。⑦ 能灵活制定运营时间表,伸缩性比较大。⑧ 运输途中货物的撞击少,几乎没有中转装卸作业,因而货物包装比较简单。

缺点:① 装载量小。② 运输成本高。③ 燃料消耗大。④ 环境污染比其他运输方式严重得多。

想一想 汽车运输主要适用于怎样的运输作业?

3. 航空运输的特点

优点:① 高速直达性。② 安全性。③ 经济特性良好。④ 包装要求低。

缺点:① 受气候条件限制。② 可达性差。③ 成本高。

 阅读资料

航空物流

　　航空物流公司是中国高速成长的经济所创造的又一个奇迹——航空快递。尽管经历了"9·11"和SARS等种种冲击,中国的航空运输还是以一往无前的态势迅猛发展。随着中国成为世界制造中心的趋势渐趋明显,已经有越来越多的鲜活产品(如水果、鲜花、海鲜等)、精密机械产品(如医疗器械)、电子产品(如计算机)、商务文件、通信产品(如手机)需要通过飞机来进行运送。在苏州、无锡,有80%的IT产品都通过飞机在48小时或者72小时之内被运到世界各地。在越来越讲求速度的趋势下,书籍、药品、软件、玩具等都将逐渐成为航空物流的服务产品。

　　航空物流特点:

　　第一,收件的范围不同。航空物流的收件范围主要有文件和包裹两大类。其中文件主要是指商业文件和各种印刷品,对于包裹一般要求毛重不超过32公斤(含32公斤)或外包装单边不超过102厘米,三边相加不超过175厘米。近年来,随着航空运输行业竞争更加激烈,快递公司为吸引更多的客户,对包裹大小的要求趋于放松。而传统的航空货运业务以贸易货物为主,规定每件货物体积不得小于5×10×20厘米。邮政业务则以私人信函为主要业务对象,对包裹要求每件重量不超过20公斤,长度不超过1米。

　　第二,经营者不同。经营国际航空物流的大多为跨国公司,这些公司以独资或合资的形式使业务深入世界各地,建立起全球网络。航空快件的传送基本都是在跨国公司内部完成的。而国际邮政业务则通过万国邮政联盟的形式在世界上大多数国家的邮政机构之间取得合作,邮件通过两个以上国家邮政当局的合作完成传送。国际航空货物运输则主要采用集中托运的形式,或直接由发货人委托航空货运代理人进行,货物到达目的地后再通过发货地航空货运代理的关系人代为转交货物到收货人的手中。业务中除涉及航空公司外,还要依赖航空货运代理人的协助。

　　第三,经营者内部的组织形式不同。邮政运输的传统操作理论是接力式传送,航空物流公司则大多采用中心分拨理论或称转盘分拨理论组织起全球的网络。简单来讲就是快递公司根据自己业务的实际情况在中心地区设立分拨中心(Hub);各地收集起来的快件,按所到地区分拨完毕,装上飞机;当晚各地飞机飞到分拨中心,各自交换快件后飞回;第二天清晨,快件再由各地分公司用汽车送到收件人办公桌上。这种方式看上去似乎不太合理,但由于中心分拨理论减少了中间环节,快件的流向简单清楚,减少了错误,提高了操作效率,缩短了运送时间,事实证明是经济、有效的。

　　航空物流的运作流程:

　　第一步,快递企业由各分点收取航空快件,在规定时间运转到快递企业总运转中心。

　　第二步,总运转中心对应分检货物,确定对应机场发货总量同外包装件数。

　　第三步,快递企业向航空代理预订舱位,并将航空货物交给航空代理。

第四步，航空代理接到快递企业订舱资料，根据快递企业要求时效，对应向航空公司预订舱位。

第五步，航空公司批舱后，航空代理在对应的航班起飞前3小时交机场主单，对应起飞前2小时过完安检。

第六步，航空代理将对应机场资料(如到北京/上海/等)给快递企业。

第七步，快递企业在飞机落地后2到3小时提取货物，分拣后运到各派送点安排派送。

4. 水路运输的特点

优点：① 运输能力大。② 在运输条件良好的航道，通过能力几乎不受限制。③ 水陆运输通用性能强，既可运客，也可运货，可以运送各种货物，尤其是大件货物。④ 运输成本低。

缺点：① 受自然条件影响较大，内河航道和某些港口受季节影响较大，冬季结冰，枯水期水位变低，难以保证全年通航。② 运送速度慢，在途中的货物多，会增加货主的流动资金占有量。

案例分析

有一批商品45吨，从A地运往B地，有公路、铁路、水路三种路线可供选择，运输里程分别为300公里、420公里、550公里，运价(每吨公里)分别为0.3元、0.2元、0.1元；杂费每吨分别为1.5元、1元、2元；运输损耗情况是，公路运输为每吨2元，铁路、水路需要中转，每吨损耗为10元，中转费用均为每吨3元，港口和火车站离B地还分别有30公里和10公里的公路，汽车运输按每辆标重4吨计。

问题：请比较选择合理的运输路线。

分析提示：不同的运输路线采取不同的运输方式，甚至同一运输路线，也可采取不同的运输方式。尤其有两条以上不同的运输路线可供选择时，有的运输路线可能采用的运输方式表现为运速慢、运时长，但运费省；有的运输路线可能采用的运输方式表现为运速快、运时短，但运费高。在这样的情况下，就要从生产和市场的需要出发，结合各种运输工具的特点和具体的运输情况(运费、杂费、损耗、中转费用等)合理地做出选择。本案例中，如果采用列表方式加以分析，可得知公路、铁路、水路三种运输方式的各种费用合计分别为4 482元、4 554元、3 582元，结合"港口和火车站离B地还分别有30公里和10公里的公路"的实际情况，应该选择公路运输。

☞ 知识拓展

目前国际上采用的多式联运有下列几种：

(1) 公铁联运：最著名的和使用最广泛的多式联运系统是将卡车拖车或集装箱装在铁路平板车上的公铁联运或驮背式运输。由铁路完成城市间的长途运输，余下的城市间的运输由卡车来完成。这种运输方式非常适合城市间物品的配送，对于配送中心或供应商在另一个比较远的城市,可以采用这种运输方式,实现无中间环节的一次运输作业完成运输任务。

（2）陆海联运。陆海联运是指陆路运输（铁路、公路）与海上运输一起组成一种新的联合运输方式。这也是中国近年来采用的运输新方式。先由内地起运地把货物用火车装运至海港,然后由海港代理机构联系第二程的船舶,将货物转运到外国目的地。发运后,内地有关公司可凭联运单据就地办理结汇。

（3）陆空（海空）联运。陆空（海空）联运是一种陆（或海）路与航空两种运输方式相结合的联合运输方式。中国在1974年开始应用这种方式,而且发展速度很快。运输的商品也从单一的生丝发展到服装、药品、裘皮等多种商品。通常做法是先由内地起运地把货物用汽车装运至空港,然后从空港空运至国外的中转地,再装汽车陆运至目的地。采用陆空（海空）联运方式具有手续简便、速度快、费用少、收汇迅速等优点。

（4）大陆桥运输。大陆桥运输是指使用铁路或公路系统作为桥梁,把大陆两端的海洋运输连接起来的多式联运方式。目前世界上主要的陆桥有:西伯利亚大陆桥;远东至北美东岸和墨西哥湾陆桥;北美西海岸至欧洲陆桥;等等。西伯利亚大陆桥是以国际标准集装箱为容器,以多种运输工具进行运输,由日本经俄罗斯至欧洲、伊朗、中近东各地的多式联运方式,它具有提前结汇、手续简便、节约费用、安全可靠等优点。为适应中国对外贸易的需要,开辟和发展新亚欧大陆桥运输十分重要。新亚欧大陆桥是指以中国东部的连云港为起点,经陇海铁路运输大动脉或连云港—霍尔果斯公路主干线出中国新疆伊宁的霍尔果斯,进入哈萨克斯坦与新西伯利亚、阿拉木图铁路接轨抵达西欧,以荷兰的鹿特丹港为终点的一条大陆桥。开辟的新亚欧大陆桥通过国家、地区较多,路径较短,对发展中国对外贸易、促进内陆经济发展、缩小东西部差距是一项简便合理的方案,具有较高的社会效益和经济效益,同时对改变国际物流格局,发展国际间的经济合作也都有重大的战略意义。

四、库存管理

（一）库存管理的含义

库存管理又称库存控制,是对制造业或服务业生产、经营全过程的各种物品、产成品以及其他资源进行管理和控制,使其储备保持在经济合理的水平上。也就是指,根据外界对库存的要求和企业订购的特点,预测、计划和执行一种补充库存的行为,并对这种行为进行控制,重点在于确定如何订货、订购多少、何时订货。以下介绍商品出入库操作程序、商品库存的控制方法。

想一想 库存管理和仓库管理有何区别?

（二）商品出入库操作程序

1. 商品入库操作程序

商品的入库,是商品储存业务活动的起点。它包括商品入库的准备、入库商品接运与交接、验收、入库等过程。

（1）入库商品的接收。入库商品的接收主要有四种方式:车站码头接货;专用铁路线或码头接货;到供货方仓库提货;本库接货。

（2）入库商品的验收。入库商品的验收工作,主要包括数量验收、质量验收和包装验收三个方面。在数量和质量验收方面应分别按商品的性质、到货情况,来确定验收的标准和方法。

（3）验收发现问题的处理。验收中出现的问题,大体有如下几种情况:① 数量不符;② 质量问题;③ 包装问题;④ 单货不符或单证不全。

（4）办理商品入库手续。商品经过质量和数量验收后,由商品检查人员或保管员在商品入库凭证上盖章签收。仓库留存商品入库保管联,并注明商品存放的库房、货位,以便统计、记账。同时,将商品入库凭证的有关联迅速送回存货单位,作为正式收货的凭证。

2. 商品出库操作程序

商品的出库是仓库根据销货单将商品交付给收货人的作业过程,标志着商品储存阶段的结束。商品出库的程序主要包括:核对出库凭证、配货、复核、点交、清理、办理出库手续和发货。

（1）出库准备。要摸清商品存放的货位,检查商品完好情况,安排出库商品堆放的场所,准备有关器具,安排好劳动力,以便能准确、及时、安全地做好出库工作。

（2）核对出库凭证。审核出库凭证的合法性和真实性;核对商品的品名、型号、规格、单价、数量和提货日期等有无错误。审核无误后,方可组织商品出库,否则仓库应拒绝发货。

（3）备货。按提货单所列各项内容的要求进行备货。注意提货人员不得进入库房。

（4）复核。为了保证出库商品不出差错,备货后应立即进行复核。复核单货是否相符,主要包括品名、型号、规格、数量、单价等是否与提货单一致;外观质量和包装是否完好;等等。商品经过复核后,保管员和复核人员应在提货单上签字。

（5）编配包装,理货待运。出库商品属于自提自运的,可以与提货人当面点交,直接装运出库。属于发往外地的商品,需配合运输人员刷好唛头标志,集中到理货组配场所待运;属于拆件拼箱的商品,交包装员（组）进行组配装箱。零货包装时,要注意防止差错、混装。无论是分装、改装或拼装的商品,装箱人都要按规定填制装箱单放于箱内,以便收贷方验收。装箱单上要填明所装商品品名、品牌、规格、数量和装箱日期,并由装箱人签字或盖章,以明确责任。商品包装妥善后,即将商品移入指定地点,由理货员按商品运输方式和收货点,分单集中,填制商品启运单,并通知运输部门提货交运。

（6）办清交接,放行出库。出库商品无论是要货单位自提,还是交通运输部门发运,仓库发货人必须向提货人或运输人员按出库凭证所列逐件点交清楚,划清责任。得到提货人员认可后,仓库交货人随即在出库凭证上加盖"商品付讫"章戳,表示已办理出库手续。

（7）记账。保管员应认真审核进出库凭证,根据收、发货单登记实物明细账卡。

（三）库存控制原理

1. JIT 原理

JIT（Just in time）意为及时或准时，也有译为实时管理的。它是一种倒拉式管理，即逆着生产工序，由顾客需求开始，经订单→产成品→组件→配件→零件或原材料，最后到供应商。

具备的条件：

（1）完善的市场经济环境，信息技术发达。

（2）可靠的供应商，按时、按质、按量供应，通过电话、传真、网络即可完成采购。

（3）生产区域的合理组织，制定符合逻辑、易于产品流动的生产线。

（4）生产系统要有很强的灵活性。

（5）要求平时注重设备维修、检修和保养，使设备失灵率为零。

（6）完善的质量保证体系，无返工，次品、不合格品为零。

（7）人员生产高度集中，各类事故发生率为零。

JIT 的特点：

（1）它把物流、商流、信息流合理组织到一起，成为一个高度统一、高度集中的整体。

（2）体现了以市场为中心、以销定产、牢牢抓住市场的营销观念，而不是产品先生产出来再设法向外推销的销售观念。

（3）生产活动组织严密，平滑顺畅，没有多余的库存，也没有多余的人员。

（4）实现库存成本大幅度下降。

JIT 采购的特点：

（1）采用少的供应商，甚至单源供应。

（2）对供应商的选择需要进行综合评价。

（3）密切进行信息交流，信息高度共享。

（4）交货时间要求严格。

（5）采取小批量采购策略。

> **小案例**
>
> 作为施乐公司在美国之外的最大机构，施乐欧洲与英国兰克生产和修理中等规模的复印机设备，并在世界范围内销售。20世纪80年代，施乐欧洲公司开始实施即时制采购。作为即时制采购计划的一部分，公司还安装了自动化物料和采购信息的处理系统，同时也修正了生产流程。作为即时制采购和其他相关系统采用的结果，施乐欧洲公司取得了一系列显著的成效：① 其供应商从3 000个减少到了300个；② 入库交货的准时率高达98%，其中有79%是在需要时的1小时内送达；③ 仓库库存从3个月的供给下降到半个月；④ 整体物料成本减少了约40%；⑤ 因产品质量不佳而被拒收的水平从17%剧降到了0；⑥ 由于标准化的包装，40多个负责重新包装的职位被取消了；⑦ 入库运输配送总成本减少了40%；⑧ 仓库给生产线的物料配送准时率提高了28%。

2. 物料需求计划原理

物料需求计划是以计算机为基础的生产计划与库存控制系统。

物料需求计划系统的运行步骤：

（1）根据市场预测和客户订单，正确编制可靠的生产计划和生产作业计划，在计划中规定生产的品种、规格、数量和交货日期；同时，生产计划必须是同现有生产能力相适应的计划。

（2）正确编制产品结构图和各种物料、零件的用料明细表。

（3）正确掌握各种物料和零件的实际库存量。

（4）正确规定各种物料和零件的采购交货日期，以及订货周期和订购批量。

（5）通过 MRP 逻辑运算确定各种物料和零件的总需要量以及实际需要量。

（6）向采购部门发出采购通知单或向本企业生产车间发出生产指令。

库存管理的常见问题及解决方法

（四）库存控制方法

1. ABC 分析法

（1）ABC 分析法的含义。ABC 分析法又称巴累托分析法、ABC 分类管理法、重点管理法等。它是根据事物在技术或经济方面的主要特征，进行分类、排队，分清重点和一般，以有区别地实施管理的一种分析方法。由于它把被分析的对象分成 A、B、C 三类，所以称为 ABC 分析法。ABC 分析法的基本原理，可概括为"区别主次，分类管理"。

（2）基本操作原则。这三类物资重要程度不同，控制程度也不相同：A 类物资最重要，品种占 15% 左右，占用资金 75% 左右，是主要矛盾。对 A 类物资要重点、严格控制。对 A 类物资的采购订货，必须尽量缩短供应间隔时间，选择最优的订购批量，在库存控制中，采取重点措施加强控制。B 类物资的重要程度次之，品种占 30% 左右，占用资金 20% 左右。对 B 类物资也应引起重视，适当控制。在采购中，其订货数量可适当照顾到供应企业确定合理的生产批量以及选择合理的运输方式。C 类物资的重要程度再次之，品种占 55% 左右，占用资金 5% 左右。对 C 类物资放宽控制或进行一般控制。由于品种繁多复杂，资金占用又小，如果订货次数过于频繁，不仅工作量大，而且从经济效果上看也没有必要。

一般来说，根据供应条件，规定该物资的最大储备量和最小储备量，当储备量降到最小时，一次订货到最大储备量，以后订购量照此办理，不必重新计算。这样有利于采购部门和仓库部门集中精力抓好 A 类和 B 类物资的采购与控制。但这不是绝对的，若对 C 类物资绝对不管，有时也会造成严重损失。

（3）ABC 分类管理法的具体步骤。

① 根据每一种存货在一定时期以内（例如一年）的需求量以及价格计算出该种存货的资金占用额，并按金额从大到小的顺序进行排列。

② 按上述排定的顺序，依次计算每一种存货资金占用额占全部资金占用额的百分比及累计金额的百分比。

③ 按上述排定的顺序，依次计算累计存货品种数占全部品种数的百分比。

④ 按事先确定的标准将全部存货划分为 A、B、C 三类。

⑤ 根据 ABC 分类的结果选择相应的方法,对各类存货进行控制。

2. 经济订购批量

(1) 经济订购批量的含义。它是指通过平衡采购进货成本和保管仓储成本核算,以实现总库存成本最低的最佳订货量。经济订货批量是固定订货批量模型的一种,可以用来确定企业一次订货(外购或自制)的数量。当企业按照经济订货批量来订货时,可实现订货成本和储存成本之和最小化。

(2) 经济订购批量中的成本。主要包括:

取得成本,是指为取得某种库存物资而支出的成本,包括订货成本和购置成本。

储存成本,是指为保持库存而发生的成本,包括库存占用资金应付的利息以及使用仓库、保管货物、货物损坏变质等支出的各项费用。

缺货成本,是指由于存货供应不足造成供应中断而造成的损失,如失去销售机会的损失、停工待料的损失以及不能履行合同而缴纳的罚款等。

(3) 相关计算公式。经济批量公式:$Q^* = \sqrt{2SD/C_i}$(Q^* 为经济批量;S 为每次订货费用;D 为所需用量;C_i 为单位储存成本)

每年最佳订货次数公式:$N = D/Q^* = D/\sqrt{2SD/C_i} = \sqrt{DC_i/2S}$

最佳订货周期公式:$T = 360/N$

存货总成本公式:$TC = \sqrt{2SDC_i}$

☞ 小案例

某企业每年需要耗用 1 000 件某种物资,现已知该物资的单价为 20 元,同时已知每次的订货成本为 5 元,每件物资的年保管费率为 20%,试求经济订货批量、年订货总成本以及年保管总成本。

解:经济订货批量:

$$Q^* = \sqrt{\frac{2 \times 1\,000 \times 5}{20 \times 0.2}} = 50$$

年订货总成本:

$$C \times \frac{D}{Q^*} = 5 \times \frac{1\,000}{50} = 100(元)$$

年保管总成本:

$$\frac{Q^*}{2}(P \times H) = \frac{50}{2}(20 \times 0.2) = 100(元)$$

从计算结果可以发现,以经济订货批量订货时,年订货总成本与年保管总成本相等。

任务三 企业生产管理

学习目标

1. 能说出生产管理的含义及内容；
2. 熟知生产管理的目标及任务；
3. 学会运用厂址选择的原则和方法，对相关企业的事项加以分析；
4. 能根据生产要求合理组织生产过程，编制生产作业计划；
5. 运用生产作业控制及现场管理方法参与企业管理。

引导案例

1994年10月，密苏里州圣路易斯的南方旅游汽车公司的最高管理部门宣布，公司准备将其生产和装配业务移至密西西比州的瑞支克莱斯特（Ridgecrest）。作为小吨位野营车和野营拖车的主要生产厂家，该公司由于急速上涨的生产成本，连续5年出现利润滑坡。劳动力和原材料费用涨幅惊人，行政管理费用直线上升，税收和交通运输费用也逐步上升。该公司尽管销售量在不断扩大，仍然遭受了自1977年投产以来的第一次净亏损。

当管理部门最初考虑迁厂时，曾仔细视察了几个地区。对迁厂至关重要的影响因素有以下这些：完备的交通设施，州、市的税收结构，充足的劳动力资源，积极的社会态度，合理的选址成本和金融吸引力。曾有几个地区提供了基本相同的优越条件，该公司的最高管理部门却被密西西比能源和电力公司的努力以及密西西比州地方官员的热情所打动。密西西比能源和电力公司力图吸引"清洁、劳动力密集型"工业，州政府和地方政府官员想通过吸引生产厂家在其境内建厂来促进该州经济的发展。

直到正式公布出来两周前，南方旅游汽车的最高管理部门才将其迁厂计划最后确定下来。瑞支克莱斯特工业区的一座现有建筑被选作新厂址（该址原为一家活动房屋制造厂，因资金不足和管理不善而破产）。州就业部开始招募工人，而公司出租或拍卖其在圣路易斯的产权的工作也已着手进行。密西西比用以吸引南方旅游汽车公司在瑞支克莱斯特建厂的条件如下：①免收5年的国家和市政税收；②免费使用供水和排水系统；③在工业区再建一个装货码头（免收成本费）；④同意发行50万美元工业债券，以备未来扩展之用；⑤由公共财政资助在地方工商学院培训工人。

除这些条件以外，还有许多其他关键因素：劳动力费用远低于圣路易斯；工会组织力量也比圣路易斯弱（密西西比州禁止强行要求工人加入工会）；行政管理费用和税收也不算高。总之，南方旅游汽车公司的管理部门认为自己的决策是明智的。

10月15日，每个雇员的工资单上有总裁格莱德·奥伯安签发的通知：

南方旅游汽车公司遗憾地宣布,公司计划将在 12 月 31 日停止在圣路易斯的生产,由于生产费用的增加和工会提出的不合理要求,本公司已无法创收。我衷心地感谢你们各位在过去几年中为公司提供的优良服务,如果我能够帮助你们在其他公司找到合适的工作,请通知我,再次感谢你们的合作和过去的工作。

一、企业生产管理的含义

生产管理是指为了实现企业经营目标,有效地利用生产资源,对企业生产过程进行计划、组织、控制,生产满足市场需要的产品或提供服务的管理活动的总称。

二、生产管理的内容

(1) 生产组织工作,即选择厂址、生产过程组织等。
(2) 生产计划工作,即确定和实现生产目标所需要的各项业务等。
(3) 生产控制工作,即生产进度控制、在制品控制和生产调度等。

三、生产管理的任务

(1) 通过生产组织工作,按照企业目标的要求,设置技术上可行、经济上合算、物质技术条件和环境条件允许的生产系统。
(2) 通过生产计划工作,制订生产系统优化运行的方案。
(3) 通过生产控制工作,及时有效地调节企业生产过程内外的各种关系,使生产系统的运行符合既定生产计划的要求,实现预期生产的品种、质量、产量以及出产期限和生产成本的目标。

四、生产管理的目标

总体来说,生产管理的目标在于高效、低耗、灵活、准时地生产合格产品或提供满意服务。
高效:迅速满足用户需要,缩短订货提前期,争取用户。
低耗:人力、物力、财力消耗最少,实现低成本、低价格。
灵活:能很快适应市场变化,生产不同品种和新品种产品。
准时:在用户需要的时间,按用户需要的数量,提供所需的产品和服务。
合格产品和满意服务:是指产品和服务质量达到顾客满意水平。

五、生产组织工作

（一）厂址选择

1. 厂址选择的重要性及原则

（1）厂址选择的重要性。厂址选择是指在相当广阔的区域内选择建厂的地区，并在地区、地点范围内从几个可供考虑的厂址方案中选择最优厂址方案的分析评价过程。厂址条件选择是项目建设条件分析的核心内容。项目的厂址选择不仅关系到工业布局的落实、投资的地区分配、经济结构、生态平衡等具有全局性、长远性的重要问题，还将直接或间接地决定着项目投产后的生产经营情况，直接或间接地决定着项目投产后的经济效益。

想一想 工厂选址如何帮助客户增值？

选择好的工厂地址能够让公司为其顾客提供便利的服务。选址影响资源成本，在处理有形事务的运作中，它影响运输成本。将工厂设在那些有充足的熟练工人和良好工作道德规范的地区，会提高工作效率，提高顾客的满意度。将工厂建在雇员更可靠的地区，反过来也能够更好地满足需求的变化。

（2）厂址选择的一般原则：

① 厂址的地区布局应符合区域经济发展规划、国土开发及管理的有关规定。

② 厂区的自然条件要符合建设要求。

③ 厂址选择应按照指向原理，根据原料、市场、能源、技术、劳动力等生产要素的限度区位来综合分析确定。

④ 厂址选择要考虑交通运输和通信设施等条件。

⑤ 便于利用现有的生活福利设施、卫生医疗设施、文化教育和商业网点等设施。

⑥ 要注意保护环境和注重生态平衡。

2. 厂址区域的选择应考虑的因素

选择建厂地区要考虑的因素有自然方面的，也有社会方面的；有政治方面的，也有经济方面的。

（1）自然环境。自然环境包括气候条件和生态要求两个方面。① 气候条件。气候条件在选择建厂地区时是一个重要因素。除了直接影响项目成本以外，对环境方面的影响也很重要。在厂址选择时，应从气温、湿度、日照时间、风向、降水量等方面说明气候条件。② 生态要求。有些厂可能本身并不对环境产生不利影响，但环境条件则可能严重影响着本厂（比如食品厂）的正常运行。因为有些厂的产品加工项目明显依赖于使用的原材料，这些原材料可能由于其他因素（如被污染的水和土壤）而降低等级。

（2）社会经济因素。① 国家政策的作用；② 财政及法律问题。

（3）基础设施条件。主要包括：① 水资源和燃料动力；② 人力资源；③ 基础服务设施；④ 排污物及废物处理。

3. 厂址条件分析的基本内容

（1）生态条件。即指拟定厂址区域的土壤、植被、气候等条件。

(2) 环境影响。即指拟定厂址区域的各种限制、鼓励及要求。

(3) 社会经济条件。即指拟定厂址区域的各种政策及法规。

(4) 基础设施。即指拟定厂址区域现有的工业基础设施、经济和社会基础设施、关键性的项目投入物等。

(5) 土地费用。即指拟定厂址区域的土地使用费用。

4. 厂址选择的基本方法

(1) 统计法。把厂址的诸项条件（不论是自然条件还是技术经济条件）当作影响因素，把欲要比较的厂址进行编号，然后对每一厂号厂址的每一个影响因素逐一比较，并打上等级分值，最后把诸因素比较的等级分值进行统计，得出最佳厂号的选择结论。

(2) 方案比较法。这种方法是通过对项目不同选址方案的投资费用和经营费用的对比，做出选址决定。它是一种偏重于经济效益方面的厂址优选方法。其基本步骤是先在建厂地区内选择几个厂址，列出可比较因素，进行初步分析比较后，从中选出两三个较为合适的厂址方案，再进行详细的调查、勘察，并分别计算出各方案的建设投资和经营费用。其中，建设投资和经营费用均为最低的方案，为可取方案。

(3) 评分优选法。这种方法可分三步进行，首先，在厂址方案比较表中列出主要判断因素；其次，将主要判断因素按其重要程度给予一定的比重因子和评价值；最后，将各方案所有比重因子与对应的评价值相乘，得出指标评价分，其中评价分最高者为最佳方案。

(4) 最小运输费用法。如果项目几个选择方案中的其他因素都基本相同，只有运输费用是不同的，则可用最小运输费用法来确定厂址。最小运输费用法的基本做法是分别计算不同选址方案的运输费用，包括原材料、燃料的运进费用和产品销售的运出费用，选择其中运输费用最小的方案作为选址方案。在计算时，要全面考虑运输距离、运输方式、运输价格等因素。

（二）生产过程组织

生产过程的组织主要是指生产过程的各个阶段、各个工序在时间上、空间上的衔接与协调。

1. 生产过程的时间组织

生产过程的时间组织是指产品在生产过程各工序之间的移动方式，也就是劳动对象在各生产单位之间、各工序之间在时间上衔接和结合的方式，也称为动态组织。工业产品的生产过程，必须经历一定的时间，经历的时间越短，越有利于企业提高经济效益。因此，对产品生产过程的各个环节，在时间上应当进行合理的安排和组织，保证各个环节在时间上协调一致，实现连续性和有节奏的生产，以提高劳动生产率，缩短生产周期，减少资金占用。这主要包括零件的移动和作业的排序两个方面。

加工过程中，零件在工序之间的移动方式主要有顺序移动、平行移动和平行顺序移动三种：

(1) 顺序移动方式是指一批在制品在上道工序全部加工完，再整批地送到下道工序加工。一般适用于批量较少、工序时间较短的成批在制品生产。其优点是组织工作比较简单，设备没有停工时间；缺点是在制品在工序间有等待加工和运输时间，生产周期长，流动资金周转慢，经济效果差。

(2) 平行移动方式是指一批在制品，在上道工序加工完一个零件以后，立即转入下道工序加工，而无须等待整批加工完后，才向下道工序移动的一种组织生产方式。其优点是生产周期短，由于在制品移动快，流动资金占用也就减少；缺点是当下道工序的加工时间小于上道工序的加工时间时，有停工待料现象，而这种停工时间不好利用，还有运输工作量因相对频繁而加大。

（3）平行顺序移动方式是平行移动方式和顺序移动方式混合的组织生产的方式。采用这种移动方式，当前道工序加工时间小于或等于后道工序加工时间时，按平行移动的方式移送；当前道工序加工时间大于后道工序时间时，后道工序开始加工第一件在制品的时间，比前道工序加工完第一件制品的时间要往后移。后移时间的长短，以保证该工序能够连续加工该批制品为原则。这样，既可以防止下道工序时开时停的现象，又可以把工作地的间歇时间集中起来加以利用，使设备和工人都有较充足的负荷，但组织工作比较复杂。

上述三种零件在工序之间的移动方式的优缺点比较如表 4-1 所示。

表 4-1　三种生产过程时间组织形式的优缺点比较

生产过程时间组织形式		优　点	缺　点
1. 顺序移动方式	一批制品在前道工序上全部完工之后，才能整批地从前道工序流转到后道工序上继续加工	有利于安排生产作业计划和在制品的管理	生产周期长，在制品数量大
2. 平行移动方式	每个零件（产品）完成了前道工序之后，立即流转到下道工序继续加工。这样，任何一件或一个批量制品在投入生产后，便始终处于加工、运输或检验过程中，前后几道工序平行或同时地对一批中的若干零件进行加工	把加工的在制品减到最少，加工周期压缩到最短	增加了运输量，会出现设备等待或零件等待的情况
3. 平行顺序移动方式	在每批中的各个零件上一道工序还没有全部加工完毕以前，就将已加工好的一部分零件转至下一道工序进行加工，以恰好能使下道工序连续地全部加工完该批零件	劳动过程中断时间比顺序移动方式少，零件生产周期较短。在一定程度上消除了工人与设备的空闲时间，使工人和设备的空闲时间集中起来，便于用来做其他工作	组织安排比较复杂

单件小批生产类型及工艺专业化的生产单位宜采用顺序移动方式；

大量大批生产类型及对象专业化的生产单位，宜采用平行移动方式或平行顺序移动方式；

零件体积小、重量轻、工序劳动量小和单位加工时间短的宜采用顺序移动方式；

零件体积大、重量重和单件加工时间长的宜采用平行移动方式或平行顺序移动方式；

紧急件、关键件宜采用平行移动方式。

2. 生产过程的空间组织

生产过程的空间组织是指企业内部各生产阶段和生产单位的组织和空间布局。为了使生产过程达到连续性、协调性和节奏性的要求，必须从空间上把生产过程的各个环节合理地组织起来，使它们密切配合，协调一致。在企业内部应当具体设置多少环节，每个生产环节又设置多少生产单位，这些生产单位应当具有怎样的规模，取决于企业的专业方向和工艺特点。

根据企业的专业化方向和工艺特点，生产过程的空间组织通常有三种形式：

（1）工艺专业化形式，也叫工艺原则。它是按照生产工艺性质不同来设置生产单位的。

在工艺专业化的生产单位里，集中着同类型的工艺设备和相同工种的工人，对企业的各种产品进行相同的工艺加工。如机械加工车间的车工小组、钻工小组。

按照工艺专业化原则建立生产单位的优点：① 对产品品种变化的适应能力强，不论产品如何变化，只要加工工艺的范围不变，都有相应的加工单位对其加工，保证了产品全部加工的需要。② 工人完成工艺相同的加工任务，操作容易熟练，可以缩短操作时间。③ 相同的机器设备放在一起，工艺及设备管理较方便，比如将铸造设备、锻造设备、机械加工设备分别安装在不同的车间，比将它们混合安装在一起管理起来要方便得多。④ 生产系统的可靠性较高，某台机器出现故障或者某个工人缺勤，相同的机器或相同技能的工人可以顶替，生产单位不会因为个别原因而不能生产。

按照工艺专业化原则建立生产单位的缺点：① 工件在加工过程中要经过不同的加工车间或工段，转运次数多，运输线长。② 不同加工单位之间协作关系复杂，协调任务重。③ 由于任务经常变化，只能使用通用机床和通用工艺装备，通用设备的生产效率低。④ 运输路线长和等待加工时间多，造成在制品数量大，生产周期长。

阅读资料

麦当劳——汉堡包的流水线

很多企业常以优质的售后服务标榜自己的产品，殊不知无意间会引起消费者对产品质量的隐约怀疑，产品本身的优良品质才是顾客需求的根本因素。当顾客享受着麦当劳的喷香"巨无霸"的好味道时，其实背后隐藏着从播种、加工、制作到最后递送到顾客手中的流线般的全面控制服务。

以薯条为例：当竞争对手已经长驱直入，麦当劳却还在为选择哪里作为中国的土豆产地而孜孜不倦地做着试验。美国土豆在中国的水土不服，使得麦当劳耗费了几年时间选择在中国的土豆种植地。培育出符合麦当劳标准的大小适合，糖分、淀粉含量适中的土豆并不是一件简单的任务，必须保证适宜的气候和土壤条件。有了合乎标准的土豆，只是第一步，符合标准的薯条要经过精细的加工过程，每一步都有严格的标准，包括从筛选土豆大小、蒸汽去皮、切割、冷冻装箱到最后炸制。而七分钟的保质时间标准意味着在此期间没有卖出去就要扔掉。夹在汉堡中的牛肉饼从选料到烹制经历了标准的过程：电击、脱皮、切割去骨、煎制。于是我们在电视广告中看到了大小始终如一、色泽相同的四块牛肉饼。但很少有人知道，每块牛肉的脂肪含量也是近似的，控制在18%～20%之间。

在餐厅里，麦当劳给服务员的反应时间是60秒。接待的服务员负责为你记录点膳、收银和提供食品，三种任务由一人完成，消除了中间信息传递环节，极大地提高了服务效率。在就餐高峰，顾客排队等候人数较多时，我们常常会听到某个空闲柜台服务生向在其他收银台前排队的顾客大声说："先生女士，请到这边来。"如果排队人数更多时，便会看到有服务人员来到身边给顾客预点食品。当该顾客到达收银台前时，直接将点菜单提供给收银员即可。这一方式的运用目标无疑还是：快。不仅节省自己的时间,还巧妙地降低了顾客点餐的时间。麦当劳的菜谱通常都设计得很简单,一般只有几类食品,每类按数量品种大概分成2~3种规格,节约了顾客选择的时间。同时服务生还会推荐"套餐"或推荐其他一些食品以协助顾客尽快决策,缩短点餐的时间。另外,麦当劳有严格的规定,对一个顾客只推荐一次,从而也相应降低了推销的色彩。

当我们在麦当劳点餐时,"谢谢,××元找您××元",你是否注意到服务生的这种"唱收"方式,唱得清楚明白,可以有效地消除、减少收银过程中出现的纠纷,避免因此引发的对正常服务流程的干扰。在这个过程中,麦当劳的收银机也功不可没。比起其他快餐店,麦当劳的取食速度是相当快的。这是因为麦当劳还会根据餐馆位置及当天的日期,参考以往餐厅不同时段的供应量,制定当天不同时段的顾客购买量和购买品种,进而将每小时需用量分为几个时间段,针对不同的时间段的需要情况,提前做好下一个时间段所需要的数量。同时,规定员工在拿取食品时都应该小跑。服务高效率甚至在设备上也有所体现,饮料设备提供多个饮料出口,只需按一下按钮,就能保证定量的饮料流入杯中。麦当劳的一系列举措保证顾客点餐后30秒左右就能拿到所点的食品。

(2) 对象专业化形式,也叫对象原则。它是按照产品的不同来设置生产单位的。在对象专业化的生产单位里,集中着加工同种类产品所需要的各种机器设备和各种不同工种的工人,对同类产品进行不同工艺的加工。这种形式把一种产品的全部或大部分工序都集中到一个生产单位来完成。所以这一类生产单位又称为封闭式生产单位。如发动机车间、齿轮车间、标准件车间等。

按对象专业化原则建立生产单位的优点:① 可减少运输距离,缩短运输路线。② 协作关系简单,简化了生产管理。③ 由于对象固定,可使用专用高效设备和工艺设备。④ 在制品少,生产周期短。

按对象专业化原则建立生产单位的缺点:① 按照特定的产品对象建立的生产单位,对品种变化的适应性差。② 不同的设备构成生产系统,一台设备出故障,没有替代,生产单位的可靠性较差。③ 不同的设备安置在同一地点,造成工艺及设备管理较复杂。

(3) 模块式生产形式,也叫混合原则。它有两种具体形式:企业或车间内部某些生产单位在工艺专业化形式的基础上,局部采用对象专业化形式,如锻造厂的箱体造型工段、床身造型工段等;企业或车间内部某些生产单位在对象专业化形式的基础上,局部采用工艺专业化形式,如锅炉厂的铸造车间、锻造车间等。

按混合原则建立生产单位的优点:由于零件组在一个生产模块中用同样的机器和类似工具进行生产,批量变更所引起的调整费用减少了,降低了在制品数量,提高了劳动生产率。

按混合原则建立生产单位的缺点:为了减少零件在模块之间的传送,生产模块内会出现重复的设备。对于单件小批生产来说,生产的零件不可能全都由生产模块完成,剩下的零件加工效率就不高。混合生产方式未来很有发展潜力,混合生产可看成是单件生产和大量生产的中间阶段。

三种生产过程组织方式的特征比较如表4-2所示。

表 4-2　三种生产过程组织方式的特征比较

	工艺专业化形式	对象专业化形式	混合组织方式
产品特性	品种不稳定	标准件、品种单一	品种较稳定
生产类型	单件小批生产	大量生产	成批生产
生产流程	各产品作业流程互不相同	各产品作业流程完全相同	有典型工艺流程
生产设备	通用设备	专用设备	部分通用或专用设备，或需隔离的设备
工人技术要求	熟练的工人，适应能力强	单一的专门化工作	一定的适应能力

六、生产计划工作

（一）生产计划工作的含义

1. 生产计划的定义

生产计划是关于工业企业生产系统总体方面的计划。它所反映的并非某几个生产岗位或某一条生产线的生产活动，也并非产品生产的细节问题，以及一些具体的机器设备、人力和其他生产资源的使用安排问题，而是工业企业在计划期应达到的产品品种、质量、产量和产值等生产方面的指标以及生产进度和相应的布置，它是指导工业企业计划期生产活动的纲领性方案。

2. 生产计划工作的定义

生产计划工作是指生产计划的具体编制工作，即是指确定和实现生产目标所需要的各项业务工作。

它将通过一系列综合平衡工作，完成生产计划的确定。设计生产计划系统，就是要通过不断提高生产计划工作水平，为工业企业生产系统的运行提供一个优化的生产计划。优化的生产计划，必须具备以下三个特征：有利于充分利用销售机会，满足市场需求；有利于充分利用盈利机会，并实现生产成本最低化；有利于充分利用生产资源，最大限度地减少生产资源的浪费和限制。

（二）生产计划的主要指标

企业需要运用一套指标体系来规定生产计划内容的具体要求，生产计划的主要指标有品种、产量、质量、产值和出产期。

（1）品种指标。品种指标是企业在计划期内出产的产品的品名、型号、规格和种类数，它涉及生产什么的决策。确定品种指标是编制生产计划的首要问题。

（2）产量指标。产量指标是企业在计划期内出产的合格产品的数量，它涉及生产多少的决策，关系到企业能获得多少利润。产量可以用台、件、吨表示。对于品种、规格很多的系列产品，也可用主要技术参数计量，如拖拉机用马力、电动机用千瓦等。产品产量指标包括成品和准备出售的半成品数量。

（3）质量指标。质量指标是企业在计划期内产品质量应达到的水平，常采用统计指标来衡量,如一等品率、合格品率、废品率、优质品、返修率等。

(4) 产值指标。产值指标是用货币表示的产量指标,能综合反映企业生产经营活动成果,以便进行不同行业的比较。根据具体内容与作用不同,分为商品产值、总产值与净产值三种。

(5) 出产期。出产期是为了保证按期交货而确定的产品出产期限。正确地决定出产期很重要。出产期太紧,保证不了按期交货,会给用户带来损失,也给企业的信誉带来损失;出产期太松,不利于争取顾客,还会造成生产能力浪费。

(三) 生产作业计划的编制方法

不同生产类型的企业选择不同的编制方法,主要有在制品定额法、提前期法、生产周期法和订货点法。随着科学技术的迅速发展,各种企业生产的品种日益增多,系统分析、运筹学等原理和计算机越来越多地运用于企业管理,又出现了成组技术计划法、网络法等新的生产作业计划编制方法。

1. 在制品定额法

根据生产计划的要求将预先制定的在制品定额与预计可能结存的在制品数量做比较,使期末在制品数量保持在规定的定额水平上,并据此来规定各车间的生产任务。这种方法适用于大批量生产的企业。

某车间出产量计算公式:

某车间出产量 = 后车间的投入量 + 本车间半成品计划外销量 +(中间库半成品定额 - 中间库半成品期初预计存量)

某车间投入量计算公式:

某车间投入量 = 本车间的出产量 + 本车间计划允许废品数量 +(本车间在制品定额 - 本车间在制品期初预计存量)

2. 提前期法

提前期法又称累计编号法,是指根据生产计划的要求和预先制订的提前期来规定各车间某种产品的装配生产提前完成的产量。它通常用累计编号来表示投入出产的产量任务。这种方法通常用于多品种成批生产的企业。

累计编号,是指从年初或从开始生产这种产品起,按照产品出产的先后顺序,为每一件产品编上一个累计号码。在同一时间,产品在某一生产环节上的累计号数,同成品出产累计号数相比,相差的号数叫提前量,它的大小和提前期成正比例,累计编号法据此确定提前量的大小。

$$提前量 = 提前期 \times 平均日产量$$

3. 生产周期法

它是指根据每项订货编制的生产周期图表和交货期要求,用反工艺顺序依次确定产品或部件在各生产阶段投入和出产时间的一种计划方法。生产周期法根据产品生产周期进度表及合同规定的交货期,在生产能力综合平衡的基础上,编制出各项订货的综合产品生产周期进度表,并从中摘取各车间的投入时间和产出时间。

4. 订货点法

它是指根据仓库中在制品储量下降到订货点的时间,来确定制品投入生产时间的一种规定车间生产任务的方法。这种方法适用于安排生产产量大、品种稳定、价值低、结构简单的小型零件(见库存管理)。

七、生产控制工作

生产控制,是在生产计划执行过程中,对有关产品生产的数量和期限的控制。其主要目的是保证完成生产作业计划所规定的产品产量和交货期限指标。生产控制的主要内容包括生产进度控制、在制品控制和生产调度。

(一)生产进度控制

生产进度控制贯穿整个生产过程,从生产技术准备开始到产成品入库为止的全部生产活动都与生产进度有关。习惯上人们将生产进度等同于出产进度,这是因为客户关心的是能否按时得到成品,所以企业也就把注意力放在产成品的完工进度上,即出产进度。

生产进度控制的内容:

(1)事务进度控制:从接到客户订单后,进行销货计划的协调、生产计划的编排、物料的分析、物料的请购、物料的订购等事务的进度控制。

(2)采购进度控制:接到物料控制部门人员的请购单后,进行供应商选择、比价、议价、采购、跟催等采购进度控制(包括外发加工的进度控制)。

(3)进货检验进度控制:物料进厂后进行检验与试验,遇有异常情况在限定的时间内完成。

(4)生产进度控制:生产时间进度,由制造部门管理人员不时反馈给计划部门人员,用以适当调整进度。

常用进度控制工具:

(1)各种图表:采购方面的物料进度、生产上的进度、出货的进度等可绘制成折线图、柱状图等图表标在看板上,可随时掌握各方面的进度,加以控制。

(2)各类报表:如利用生产日报表、周报表、月报表可对日、周、月的生产进度进行掌握,以便更好地加以控制;利用采购进度控制表对采购进度加以控制,以控制好物料的进度。

(3)各种进度控制箱:如采购跟催箱,按日期分成31格,将当天要跟催的事务放入当天的格中,按日跟催,生产进度控制同样也可使用这种方法。

(4)电脑系统:如有的公司建立起MRP/ERP电脑系统,能自动绘制各类进度控制的图表,如采购进度表、生产进度表等,对于进度控制就更为方便了。

(二)在制品控制

在制品管理工作就是对在制品进行计划、协调和控制的工作。在加工装配型工业企业中,搞好在制品管理工作有着重要的意义。它是调节各个车间、工作地和各道工序之间生产,使各个生产环节之间保持平衡的一个重要杠杆。合理地控制在制品、半成品的储备量,做好保管工作,使它们不受损坏,可以保证产品质量,节约流动资金,缩短生产周期,减少和避免积压。

搞好在制品的管理工作,要求对在制品的投入、出产、领用、发出、保管、周转做到有数、有据、有手续、有制度、有秩序。有数就是在制品要计数；有据就是收发进出要有凭证；有手续就是收发进出要有核对、签署、登录手续；有制度就是对在制品要建立一套原始记录管理制度，以及及时入账、经常对账等制度；有秩序就是要把在制品管理得井井有条（地面整洁、规划合理，摆放整齐、有秩序，先进先出）。

为了有效地进行在制品和半成品管理，必须认真做好以下几方面的工作：

（1）建立和健全在制品、半成品的收发领用制度。在制品和半成品的收发领用，要有入库单、领料单等原始凭证，计量、签署、登账等要严格实行按计划限额收发在制品制度。在制品和半成品的收发应当遵循"先进先出"原则，使库存的半成品经常新旧更迭，质量常新。车间内部在制品的流转通过加工路线单等也应予以控制。发放装配用的零部件要按配套明细表规定的要求发。要建立在制品增减数字管理制度（发出、报废、代用、补发、回用等要做好账物卡的登记工作）。

（2）对在制品和半成品要正确、及时地进行记账核对。在工作地之间、工段之间、工段与车间内部仓库之间、车间之间、制造车间与中间半成品（毛坯库）之间，在制品、半成品的收发数量必须及时记账，及时结清账存，还要建立定期的对账制度，做到账实（卡、物）相符和账账相符。这样可以正确地掌握车间内部和车间之间在制品的流转情况。

妥善处理零部件的报废、代用、补发、回用是在制品管理工作中的一个重要问题。这方面管理不好，常常会造成有账无物，或有物无账。在成批生产条件下，采用累计编号计算方法，这一问题更为重要。凡是零件被报废或代用，应当在账簿和图表中减掉或去掉。凡是废品修复回用（或用于其他产品上），则应当加上。这项管理工作看来似乎简单，实际十分琐碎，稍有疏忽遗漏，就会造成生产的中断和零件的积压浪费。

（3）合理地存放和保管在制品、半成品，充分发挥库房的作用。对在制品应进行分类管理，按其价值的大小，把那些在数量上所占比重比较小，但从资金占用量来说所占比重比较大的制品，作为"A类零件"，给予重点管理；对那些无论在数量或资金上都占中等地位的在制品，可以作为"B类零件"，给予普通管理；其余那些在数量上所占的比重虽然比较大，但在资金上所占的比重比较小的在制品，则作为"C类零件"，给予一般管理。如此分类管理，对合理组织生产、控制生产资金、降低生产成本很有好处。对"A类零件"应当尽量缩小批量，严格控制投入、出产的期和量。在制品在车间工作地、仓库中存放时，要摆放整齐。库存在制品一般要按照品种、规格分类分区存放。为了避免在制品在存放保管中丢失、损坏、变质、混号，应根据每种在制品的特性建立各种保管制度，例如印号（或挂牌）、刷油防锈、通风防潮、防止曝晒，有的要注意轻拿轻放等，对一些精密的零件，更要严格保管。还应解决各种辅助装置和设施问题，例如库房建筑、料架、料柜、工位器具等。

在制品管理工作中，仓库起着十分重要的作用。在制品仓库往往是几个生产单位的联结点，各单位在生产上的联系多数要通过它。所以库房被称为企业生产管理部门的眼睛。仓库不仅要做好保管、存放、配套、发送等工作，而且要协助生产管理部门监督各生产单位执行作业（进度）计划，严格按照作业（进度）计划的规定发放和接收在制品，拒收或拒发计划外的在制品。

（4）做好在制品和半成品的清点、盘存工作。在制品和半成品在生产过程中不断流动变化，它的数量有增有减，为了确切地掌握它们的数量，除了要经常记账核对以外，还要做好清点、盘存工作。根据清点、盘存的资料，对清点中超过定额的储备应当积极地进行处理，尽量不浪费已消耗的劳动。清点、盘存工作的范围、方法和时间根据具体情况确定,全企业的清点、盘存工作可以定期(例如按季)进行。车间内部在制品的盘点工作应经常进行,例如一个月一次,以便及时发现和解决问题。

(三) 生产调度

生产调度就是组织执行生产进度计划的工作。生产调度以生产进度计划为依据,生产进度计划要通过生产调度来实现。生产调度的必要性是由工业企业生产活动的性质决定的。现代工业企业生产环节多,协作关系复杂,生产连续性强,情况变化快,某一局部发生故障,或某一措施没有按期实现,往往会波及整个生产系统的运行。因此,加强生产调度工作,对于及时了解、掌握生产进度,研究分析影响生产的各种因素,根据不同情况采取相应对策,使差距缩小或恢复正常是非常重要的。

生产调度工作一般包括以下内容:

(1) 检查、督促和协助有关部门及时做好各项生产作业准备工作。

(2) 根据生产需要合理调配劳动力,督促检查原材料、工具、动力等供应情况和厂内运输工作。

案例分析

> 某电子生产部装配线B组,由于员工王东不懂得按作业指导书规定的方法作业,造成1 200个产品为不良产品。班长陈书海把B组组长何敏叫到办公室,了解到因为人手不够,赶产量,组长何敏不得不安排刚刚进厂的王东马上上岗,她还说最近生产线晚上灯火通明,都在加班,让王东马上上岗也是无奈之举。
>
> 问题:假定你是陈班长,你将如何处理这件事?
>
> 分析提示:第一,先自我检讨,是否平时有向员工灌输质量第一的意识,是否过分看重产品完成率。第二,是否是企业没有质量管理体系,或有却未执行,质量体系中是否规定操作者需经培训合格后才能持证上岗。第三,是否生产计划在排产时超出了生产线产能。
>
> 如果以上问题确认都不是的话,需要对组长进行罚款并留职观察处理,原因是组长作为一个基层管理者,没有把好质量关,明知新员工不会操作还要安排上岗,况且对新员工上岗生产也没有培训及事后监督。最后把对组长的处理结果公布,以示警示。

(3) 检查各生产环节的零件、部件、毛坯、半成品的投入和出产进度,及时发现生产进度计划执行过程中的问题,并积极采取措施加以解决。

(4) 对轮班、昼夜、周、旬或月计划完成情况的统计资料和其他生产信息(如由于各种原因造成的工时损失记录、机器损坏造成的损失记录、生产能力的变动记录等)进行分析研究。

生产调度工作基本要求:

(1) 快速,是指对各种偏差发现快,采取措施处理快,向上级管理部门和有关单位反映情况快。

(2) 准确，是指对情况的判断准确，查找原因准确，采取对策准确。为此，就必须建立健全生产调度机构，明确各级调度工作分工，建立一套切合实际和行之有效的调度工作制度，掌握一套迅速查明偏差产生原因、采取有效对策的调度工作方法。

八、生产现场管理

（一）现场管理的含义

现场管理就是指用科学的管理制度、标准和方法对生产现场各生产要素，包括人（工人和管理人员）、机（设备、工具、工位器具）、料（原材料）、法（加工、检测方法）、环（环境）、信（信息）等进行合理有效的计划、组织、协调、控制和检测，使其处于良好的结合状态，达到优质、高效、低耗、均衡、安全、文明生产的目的。现场管理是生产第一线的综合管理，是生产管理的重要内容，也是对生产系统合理布置的补充和深入。

（二）现场管理的要求

（1）环境整洁。
（2）纪律严明；奖惩分明，杜绝"不好意思"。
（3）设备完好；定期检查。
（4）物流畅通有序。
（5）信息准确及时。
（6）生产均衡有效。
（7）提高质量。

（三）现场管理的基本内容

（1）现场实行"定置管理"，使人流、物流、信息流畅通有序，现场环境整洁，文明生产。
（2）加强工艺管理，优化工艺路线和工艺布局，提高工艺水平，严格按工艺要求组织生产，使生产处于受控状态，保证产品质量。
（3）以生产现场组织体系的合理化、高效化为目的，不断优化生产劳动组织，提高劳动效率。
（4）健全各项规章制度、技术标准、管理标准、工作标准、劳动及消耗定额、统计台账等。
（5）建立和完善管理保障体系，有效控制投入产出，提高现场管理的运行效能。
（6）搞好班组建设和民主管理，充分调动职工的积极性和创造性。

（四）现场管理的三大手法

1. 标准化

企业将各种各样的规范，如规程、规定、规则、标准、要领等，形成文字（或称标准书），而后依标准付诸行动称之为标准化。那些认为编制或改定了标准即已完成标准化的观点是错误的，只有经过指导、训练进而付之行动，才能算是实施了标准化。

管理水平的提升是没有止境的。标准化在国内许多企业有体系、制度、意识上的障碍，只有拿出"明知山有虎,偏向虎山行"的气魄,才能真正让"中国制造"成为高品质的代名词。

☞ **知识链接**

"5S"是整理(Seiri)、整顿(Seiton)、清扫(Seiso)、清洁(Seiketsu)和素养(Shitsuke)这5个词的英文缩写,因为这5个词中的第一个字母都是"S",所以简称为"5S"。开展以整理、整顿、清扫、清洁和素养为内容的活动,称为"5S"活动。"5S"活动操作要领如表4-3所示。

表4-3 "5S"活动操作要领

管理活动名称	含 义	操作要领
整理	把要与不要的人、事、物分开,再将不需要的人、事、物加以清理	① 对生产现场现实摆放和停滞的各种物品进行分类,区分什么是现场需要的,什么是现场不需要的;② 对于现场不需要的物品,诸如用剩的材料、多余的半成品、切下的料头、切屑、垃圾、废品、多余的工具、报废的设备、工人的个人生活用品等,要坚决清理出生产现场;③ 对于车间里各个工位或设备的前后、通道左右、厂房上下、工具箱内外,以及车间的各个死角,都要彻底搜寻和清理,达到现场无不用之物
整顿	把需要的人、事、物加以定量、定位,进行科学合理的布置和摆放,以便用最快的速度取得所需之物	① 物品摆放要有固定的地点和区域,以便于寻找,消除因混放而造成的差错;② 物品摆放地点要科学合理,例如,根据物品使用的频率,经常使用的东西应放得近些(如放在作业区内),偶尔使用或不常使用的东西则应放得远些(如集中放在车间某处);③ 物品摆放目视化,使定量装载的物品做到过目知数,摆放不同物品的区域采用不同的色彩和标记加以区别
清扫	把工作场所灰尘、油污、垃圾等打扫干净;设备异常时马上修理,使之恢复正常	① 自己使用的物品,如设备、工具等,要自己清扫,而不要依赖他人,不增加专门的清扫工;② 对设备的清扫,着眼于对设备的维护保养,清扫设备要同设备的点检结合起来,清扫即点检,清扫设备要同时做设备的润滑工作,清扫也是保养;③ 清扫也是为了改善,当清扫地面发现有飞屑和油水泄漏时,要查明原因,并采取措施加以改进
清洁	整理、整顿、清扫之后要认真维护,使现场保持清洁	① 车间环境不仅要整齐,而且要做到清洁卫生,保证工人身体健康,提高工人劳动热情;② 不仅物品要清洁,而且工人本身也要做到清洁,如工作服要清洁,仪表要整洁,及时理发、刮须、修指甲、洗澡等;③ 工人要做到形体上的清洁;④ 要使环境不受污染,进一步消除浑浊的空气、粉尘、噪音和污染源,消灭职业病
素养	保持严格遵守规章制度的习惯和作风	① 要有服装、仪容、识别证标准;② 自觉遵守规章制度;③ 待人要讲礼貌,要尊重别人

案例分析

甘肃某水泥生产企业的董事长、总经理、工会主席以及车间主任一行五人专程到北京学习"5S"现场管理的课程。回到企业后,他们推行了8个月的"5S"管理,效果显著,一举成为甘肃省建材行业现场管理的标杆企业。当时,建材行业协会在这家企业举行了一次现场管理创新大会,这家企业给与会代表发了一份企业推行"5S"管理的成果报告。其中,很明确的一条就是:8个月来共处理了55万元积压物品。一般人的看法是,55万元物品报废了,应该是一笔巨大的损失。但这家企业却不这么认为,他们感到从中得到了很大好处:没处理这些物品前要找出某个物品需要花费一两个小时,处理这批积压物品之后,整个车间、仓库都用区划线划分,通过标识、定点摆放等手段,找出一个物品只需要十分钟左右。因此,这家企业注重的是物品的使用价值而不是原购买价值。

问题:"5S"管理给企业带来变化的原因是什么?

分析提示:①"5S"管理是最佳推销员(Sales)——被顾客称赞为干净整洁的工厂使客户有信心,乐于下订单;会有很多人来厂参观学习;会使大家希望到这样的工厂工作。②"5S"管理是节约家(Saving)——降低不必要的材料、工具的浪费;减少寻找工具、材料等的时间;提高工作效率。③"5S"管理对安全有保障(Safety)——宽敞明亮、视野开阔的职场,遵守堆积限制,危险处一目了然;走道明确,不会造成杂乱情形而影响工作的顺畅。④"5S"管理是标准化的推动者(Standardization)——按照"三定""三要素"原则规范作业现场,大家都按照规定执行任务,程序稳定,品质稳定。⑤"5S"管理形成令人满意的职场(Satisfaction)——创造明亮、清洁的工作场所,使员工有成就感。

2. 目视管理

目视管理就是利用形象直观而又色彩适宜的各种视觉感知信息来组织现场生产活动,达到提高劳动生产率目的的一种管理手段,也是一种利用视觉进行管理的科学方法。

目视管理有三个要点:① 无论是谁都能判明是好是坏(异常);② 能迅速判断,精度高;③ 判断结果不会因人而异。

知识链接

在日常活动中,我们是通过"五感"(视觉、嗅觉、听觉、触觉、味觉)来感知事物的。其中,最常用的是视觉。据统计,人的行动的60%是从视觉感知开始的。那么,在企业管理中,采用形象直观而又色彩适宜的各种视觉感知信息来组织现场生产活动,有何意义?强调各种管理状态、管理方法清楚明了,从而容易明白、易于遵守,让员工自主地完全理解、接受、执行各项工作,这将会给管理带来极大的好处。

日常生活中,交通用的红绿灯:红灯停,绿灯行;饮水机:红色开关表示热水,蓝色开关表示冷水;排气扇上绑一根小布条,看见布条飘起即可知道正在运行。

在商品已过剩的今天,生产企业需要从各个方面满足消费者的需求,其结果使得企业不得不进行多品种、少量、短交期的生产,从而导致对现场、现物的各种管理难度增大。而目视管理作为一种管理手段,能使企业全体人员减少差错,轻松地进行各种管理工作。

国内某些企业在目视管理方面已经取得了较大进步,不仅在工作现场开始较多地应用,而且在产品上也实施了目视管理,为客户带来了方便。例如,电脑上有许多形状各异的接口,有圆的、扁的、长的、方的,其接口不仅形状各异,并且各接口是不同的颜色,各连接线的插头也是相应的颜色。这样只要看颜色就能又快又准地将连接线接好。

3. 管理看板

管理看板是管理可视化的一种表现形式,即对数据、情报等的状况一目了然地表现,主要是对于管理项目特别是情报进行的透明化管理活动。它通过各种形式如标语、现况板、图表、电子屏等把文件上、脑子里或现场等的隐藏的情报揭示出来,以便任何人都可以及时掌握管理现状和必要的情报,从而能够快速制定并实施应对措施。因此,管理看板是发现问题、解决问题的非常有效且直观的手段,是优秀的现场管理必不可少的工具之一。

☞ 知识链接

看板的使用方法

看板有若干种类,因而看板的使用方法也不尽相同。如果不周密地制定看板的使用方法,生产就无法正常进行。我们从看板的使用方法上可以进一步领会JIT生产方式的独特性。在使用看板时,每一个传送看板只对应一种零部件,每种零部件总是存放在规定的、相应的容器内。因此,每个传送看板对应的容器也是一定的。

(1) 工序内看板的使用方法。工序内看板的使用方法中最重要的一点是看板必须随实物,即与产品一起移动。后工序来领取中间品时摘下挂在产品上的工序内看板,然后挂上领取用的工序间看板。该工序然后按照看板被摘下的顺序以及这些看板所表示的数量进行生产,如果摘下的看板数量变为零,则停止生产,这样既不会延误也不会产生过量的存储。

(2) 信号看板的使用方法。信号看板挂在成批制作出的产品上面。如果该批产品的数量减少到基准数时就摘下看板,送回到生产工序,然后生产工序按照该看板的指示开始生产。没有摘牌则说明数量足够,不需要再生产。

(3) 工序间看板的使用方法。工序间看板挂在从前工序领来的零部件的箱子上,当该零部件被使用后,取下看板,放到设置在作业场地的看板回收箱内。看板回收箱中的工序间看板所表示的意思是"该零件已被使用,请补充"。现场管理人员定时来回收看板,集中起来后再分送到各个相应的前工序,以便领取需要补充的零部件。

(4) 外协看板的使用方法。外协看板的摘下和回收与工序间看板基本相同。回收以后按各协作厂家分开,等各协作厂家来送货时由他们带回去,成为该厂下次生产的指示。在这种情况下,该批产品的进货至少将会延迟一回以上。因此,需要按照延迟的回数发行相应的看板数量,这样就能够做到按照JIT进行循环。

任务四 企业质量管理

1. 能说出什么是质量,质量的重要性;
2. 能说出什么是质量管理,质量管理发展的三个主要阶段;
3. 能说出全面质量管理的含义,PDCA循环的实施步骤;
4. 能说出全面质量管理的内容和质量管理体系建设的基本步骤;
5. 能说出什么是顾客完全满意,顾客完全满意对企业发展的重要作用。

2002年"黑心棉事件"震惊全国。"再生棉"被用于制作棉衣、棉被等物品为人们生活所用,就成了百姓俗称的"黑心棉"。它粉尘大,又经过一些硫酸等化学物质的漂洗,内含的有害物质对人体会造成极大的损害。在同一年,广东、广西等地查出"毒大米"数百吨,根据"毒大米"样本检验结果,黄曲霉毒素的含量严重超标。过量食用被黄曲霉毒素污染的食品,严重者可在2至3周内出现肺水肿、昏迷等症。

2006年"地沟油"事件被曝光。"地沟油"是一种质量极差、极不卫生的非食用油,它含有多种毒素,流向江河会造成水体营养化。人畜一旦食用,会破坏白血球和消化道黏膜,引起食物中毒,甚至致癌。

在奶粉行业,2007年以前,中国奶粉市场中国产奶粉占到总市场份额的70%左右,2008年"三聚氰胺"事件以后,由于消费者对国产奶粉的质量产生恐慌,使得进口奶粉的市场份额迅速增加至50%,而2010年"皮革奶"事件爆出后,消费者对国产奶粉再度丧失信心,国产奶粉的市场占有率进一步下降。不少内地销售者甚至直接到香港、澳门等地批量采购进口奶粉,进口奶粉价格持续上涨。

一、质量的含义和基本性质

(一) 质量的含义

质量是用户对一个产品(包括相关的服务)满意程度的度量,即用户满意的程度。需要注意的是,"质量"一词并不具有绝对意义上的"最好"的一般含义,而是指"最适合于一定顾客的要求",包括产品的实际用途和产品的价格两个方面。

人们使用产品,总对产品质量提出一定的要求,而这些要求往往受到使用时间、使用地点、使用对象、社会环境和市场竞争等因素的影响,这些因素的变化,会使人们对同一产品提出不同的质量要求。因此,质量不是一个固定不变的概念,它是动态的、变化的、发展的;它随着时间、地点、使用对象的不同而不同,随着社会的发展、技术的进步而不断更新和丰富。用户对产品使用要求的满足程度,反映在对产品的性能、经济特性、服务特性、环境特性和心理特性等方面。因此,质量是一个综合的概念。它并不要求技术特性越高越好,而是追求诸如性能、成本、数量、交货期、服务等因素的最佳组合,即所谓的最适当。

 阅读资料

高质量是全球追求的目标

对质量的高度重视和关注,千方百计不遗余力地追求和创造高质量,已成为当今世界的一个显著特点。美国是质量管理理论的发源地,非常重视质量管理的规范化工作,强调质量革命,认为重振美国经济不能靠贸易保护或货币贬值,关键在于提高产品质量。在日本,质量管理被认为是日本经济振兴的基础,因此日本非常重视质量管理的教育和培训,强调全民的质量意识,在日常的生产中建立质量小组,运用各种统计方法,实现全企业的质量管理。在英国,英国内阁协商委员会成立了全国性的质量信息中心,确定国家对优质产品的奖励措施,加强标准化工作;建立产品的质量保证体系。德国也特别重视产品质量,质量管理非常严格,在一定条件下宁肯牺牲产量,也决不放松质量。

改革开放以后,我国的质量工作取得了很大的进步。技术装备水平得到了极大的改善,全民质量意识有了较大的提高,法律法规不断完善,质量工作走向了法制化轨道。但就总体而言,我国的质量状况令人担忧。质量问题严重,假冒伪劣屡禁不止,监督乏力,控制手段不足。在此情况下,1996年12月24日国务院颁布了《质量振兴纲要》(1996—2010年),提出了到2010年我国质量工作的奋斗目标和配套措施。以全面提高服务质量的国家标准,初步实现服务质量的制度化、程序化、标准化,到2010年,使服务质量基本达到国际标准。

(二) 质量的基本性质

1. 质量的社会性

企业产品质量的好坏在直接影响使用者的同时,也会由使用者将产品使用的满意程度传播给其他人,进而影响到社会对企业产品甚至企业的整体评价,特别是当产品的使用关系到生产安全、环境污染、生态平衡等问题时更是如此。质量作为一种文化和理念正渗透到社会生活的各个方面。

2. 质量的经济性

产品的质量涉及生产及服务的各个环节,因此质量需要从制造成本、价格、使用价值和消耗等几方面进行综合评价。企业在确定质量的水平或目标时,不能脱离社会的条件和需要单纯地追求技术上的先进性,还应考虑使用上的经济合理性,使质量和价格达到合理的平衡。

3. 质量的系统性

一个产品或服务的成型需要多个环节不同人员的全面合作才能达到,是一个受到设计、制造、使用等多方面因素影响的复杂系统。例如，汽车是一个复杂的机械系统，同时又是涉及道路、司机、乘客、货物、交通制度等的使用系统。产品的质量应该达到多维评价的目标。

 阅读资料

由于质量问题而产生的赔偿案例

1993年，一个名叫安德逊的美国女子驾驶一辆美国通用汽车公司生产的雪佛莱-马利布车，因尾部被另一辆汽车撞击，油箱漏油而引起爆炸。她的四个子女和一个朋友在事故中被严重烧伤。法院判决通用汽车公司向他们支付损害性赔偿1.07亿美元，惩罚性赔偿48亿美元。

1997年11月，美国加利福尼亚州法院裁定美国洛里拉德烟草公司赔偿1名吸烟受害者150万美元。

1998年，美国四大烟草企业答应赔偿6个州州政府2 060亿美元。

1999年，加州旧金山法院裁定菲利普·莫里斯公司赔偿一名因长期吸"万宝路"香烟而罹患肺癌的53岁妇女5 150万美元。

1999年，在俄勒冈州波特兰，一个州法院陪审团命令菲利普·莫里斯烟草公司，给一名吸万宝路牌香烟于1997年因肺癌死亡者的家属赔偿8 030万美元。法官于1999年5月13日把赔偿金额减为3 280万美元。

2000年，佛罗里达州数千名吸烟受害者集体索赔，该州法院裁定烟草商赔偿1 440亿美元。

2002年，美国加利福尼亚州的一个陪审团判决烟草公司菲利普·莫里斯公司向一名患肺癌的妇女支付280亿美元的惩罚性赔偿。

 有人认为，企业存在的目的就是为了最大限度地获得本企业的利益，因此，企业在生产经营过程中，只需要考虑自己的生产和销售，创造最大的利润，而不需要考虑其他问题，请问这种说法正确与否？为什么？

再想一想，是不是产品质量越高越好，质量高的产品是不是一定在市场上受欢迎？

二、质量管理的发展

☞ **知识拓展**

质量管理的含义

关于"质量管理（Quality Management, QM）"这一术语的含义有着不尽一致的表述：

ISO9000"质量管理和质量保证"标准规定："质量管理是指全部管理职能的一个方面。该管理职能负责质量方针的制定与实施。"

> ISO8402"质量管理和质量保证术语"标准中,将质量管理的含义进行了扩展:"质量管理是指确定质量方针、目标和职责,并通过质量体系中的质量策划、质量控制、质量保证和质量改进来使其实现的所有管理职能的全部活动。"并说明质量管理是各级管理者的职责,但必须由最高领导者来推动,实施中涉及单位的全体成员。在质量管理活动中,必须考虑经济因素。
>
> 由此,我们可以通俗地理解为:质量管理是指为了实现质量目标而进行的所有管理性质的活动。

(一)质量检验阶段

20世纪初,人们对质量管理的理解还只限于质量的检验。质量检验所使用的手段是各种检测设备和仪表,方式是严格把关,进行百分之百的检验。其间,美国出现了以泰罗为代表的"科学管理运动"。"科学管理"提出了在人员中进行科学分工的要求,并将计划职能与执行职能分开,中间再加一个检验环节,以便监督、检查对计划、设计、产品标准等项目的贯彻执行。这就是说,计划、设计、生产操作、检查监督各有专人负责,从而产生了一支专职检查队伍,构成了一个专职的检查部门,这样,质量检验机构就被独立出来了。起初,人们非常强调工长在保证质量方面的作用,将质量管理的责任由操作者转移到工长,故被人称为"工长的质量管理"。

后来,这一职能又由工长转移到专职检验人员,由专职检验部门实施质量检验,称为"检验员的质量管理"。

质量检验是在成品中挑出废品,以保证出厂产品质量。但这种事后的检验把关,无法在生产过程中起到预防、控制的作用。废品已成事实,很难补救。且百分之百的检验,增加了检验费用。生产规模进一步扩大,在大批量生产的情况下,其弊端就凸显出来。一些著名统计学家和质量管理专家注意到质量检验的问题,尝试运用数理统计学的原理来解决,使质量检验既经济又准确。1924年,美国的休哈特提出了控制和预防缺陷的概念,并成功地创造了"控制图",把数理统计方法引入到质量管理中,使质量管理进入新阶段。

(二)统计质量控制阶段

这一阶段的特征是数理统计方法与质量管理的结合。

1924年,美国数理统计学家W. A. 休哈特提出控制和预防缺陷的概念。他运用数理统计的原理提出在生产过程中控制产品质量的"6σ"法,绘制出第一张控制图并建立了一套统计卡片。控制图的出现,是质量管理从单纯事后检验转入检验加预防的标志,也是形成一门独立学科的开始。与此同时,美国贝尔研究所提出关于抽样检验的概念及其实施方案,成为运用数理统计理论解决质量问题的先驱,但当时并未被普遍接受。

以数理统计理论为基础的统计质量控制的推广应用始自第二次世界大战。由于战争的需要,美国军工生产急剧发展,尽管大量增加了检验人员,产品积压待检的情况还是日趋严重。有时不得不进行无科学根据的检查,结果不仅废品损失惊人,而且在战场上经常发生武器弹药的质量事故,比如炮弹炸膛事件等,对士气产生极坏的影响。在这种情况下,美国军政部门随即组织一批专家和工程技术人员,于1941—1942年间先后制定并公布了Z1.1《质量管理指南》、Z1.2《数据分析用控制图》、Z1.3《生产过程中质量管理控制图法》，强制生产武器弹药的厂商推行，并收到了显著效果。从此，统计质量管理的方法才得到广泛的应用，统计质量管理的效果也得到了广泛承认。

第二次世界大战结束后，美国许多企业扩大了生产规模，除原来生产军火的工厂继续推行质量管理的方法以外，许多民用工业也纷纷采用这一方法，美国以外的许多国家，如加拿大、法国、德国、意大利、墨西哥、日本也都陆续推行了统计质量管理，并取得了成效。但是，统计质量管理也存在着缺陷，它过分强调质量控制的统计方法，使人们误认为"质量管理就是统计方法""质量管理是统计专家的事"。这使多数人感到高不可攀、望而生畏。同时，它对质量的控制和管理只局限于制造和检验部门，忽视了其他部门的工作对质量的影响。这样，就不能充分发挥各个部门和广大员工的积极性，制约了它的推广和运用。这些问题的解决，又把质量管理推进到一个新的阶段。

（三）全面质量管理阶段

20世纪50年代以来，随着生产力的迅速发展和科学技术的日新月异，人们对产品质量从注重产品的一般性能发展为注重产品的耐用性、可靠性、安全性、维修性和经济性等。在生产技术和企业管理中要求运用系统的观点来研究质量问题。在管理理论上也有新的发展，突出重视人的因素，强调依靠企业全体人员的努力来保证质量。此外，"保护消费者利益"运动的兴起，使企业之间市场竞争越来越激烈。在这种情况下，显然仅仅依靠质量检验和运用统计方法已难以保证和提高产品质量，于是美国A.V.费根堡姆于60年代初提出全面质量管理的概念。他提出，全面质量管理是"为了能够在最经济的水平上，并考虑到充分满足顾客要求的条件下进行生产和提供服务，并把企业各部门在研制质量、维持质量和提高质量方面的活动构成为一体的一种有效体系"。到了20世纪末期，全面质量管理（TQM）已成为许多"世界级"企业的成功经验，证明是一种使企业获得核心竞争力的管理战略。质量的概念也从狭义的符合规范发展到以"顾客满意"为目标。全面质量管理不仅提高了产品与服务的质量，而且在企业文化改造与重组的层面上，对企业产生了深刻影响，使企业获得了持久的竞争能力。

另外，随着国际贸易的迅速扩大，产品和资本的流动日趋国际化，相伴而产生的是国际产品质量保证和产品责任问题。1973年在海牙国际司法会议上通过了《关于产品责任适用法律公约》，之后，欧洲理事会在丹麦斯特拉斯堡缔结了《关于造成人身伤害与死亡的产品责任欧洲公约》，同时，旨在消除非关税壁垒，经缔约国谈判通过的《技术标准守则》对商品质量检测合格评定、技术法规等方面做了详尽的规定。由于许多国家和地方性组织相继发布了一系列质量管理和质量保证标准，制定质量管理国际标准已成为一项迫切的需要。为此，经理事会成员国多年酝酿，国际标准化组织（ISO）于1979年单独建立质量管理和质量保证技术委员会（TC176），负责制定质量管理的国际标准。1987年3月正式发布ISO9000—9004质量管理和质量保证系列标准。该标准总结了各先进国家的管理经验，将之归纳、规范。发布后引起世界各国的关注，并予以贯彻，适应了国际贸易发展需要，满足了质量方面对国际标准化的需求。

模块四 企业经营管理要素认知

企业质量管理的发展历程

工业革命前,产品质量由各个工匠或手艺人自己控制。

1875年,泰勒制诞生——科学管理的开端。

最初的质量管理——检验活动与其他职能分离,出现了专职的检验员和独立的检验部门。

1925年,休哈特提出统计过程控制(SPC)理论——应用统计技术对生产过程进行监控,以减少对检验的依赖。

1930年,道奇和罗明提出统计抽样检验方法。

20世纪40年代,美国贝尔电话公司应用统计质量控制技术取得成效。

美国军方资助供应商在军需物中推进统计质量控制技术的应用。

美国军方制定了战时标准Z1.1、Z1.2、Z1.3——最初的质量管理标准。三个标准以休哈特、道奇、罗明的理论为基础。

20世纪50年代,戴明提出质量改进的观点——在休哈特之后系统和科学地提出用统计学的方法进行质量和生产力的持续改进;强调大多数质量问题是生产和经营系统的问题;强调最高管理层对质量管理的责任。此后,戴明不断完善他的理论,最终形成了对质量管理产生重大影响的"戴明十四法"。

同期提高可靠性的专门方法——可靠性工程开始形成。

1958年,美国军方制定了MIL-Q-8958A等系列军用质量管理标准——在MIL-Q-9858A中提出了"质量保证"的概念,并在西方工业社会产生影响。

20世纪60年代初,朱兰、费根堡姆提出全面质量管理的概念——他们提出,为了生产具有合理成本和较高质量的产品,以适应市场的要求,只注意个别部门的活动是不够的,需要对覆盖所有职能部门的质量活动进行策划。

戴明、朱兰、费根堡姆的全面质量管理理论在日本被普遍接受。日本企业创造了全面质量控制(TQC)的质量管理方法。各种统计技术被普遍用于质量改进。

20世纪60年代中期,北大西洋公约组织(NATO)制定了AQAP质量管理系列标准——AQAP标准以MIL-Q-9858A等质量管理标准为蓝本。所不同的是,AQAP引入了设计质量控制的要求。

20世纪70年代,TQC使日本企业的竞争力极大提高,其中,轿车、家用电器、手表、电子产品等占领了大片国际市场,因此促进了日本经济的极大发展。日本企业的成功,使全面质量管理的理论在世界范围内产生了巨大影响。

1979年,英国制定了国家质量管理标准BS5750——将军方合同环境下使用的质量保证方法引入市场环境。这标志着质量保证标准不仅对军用物资装备的生产,而且对整个工业界产生了影响。

20世纪80年代,菲利浦·克劳士比提出"零缺陷"的概念。他指出,"质量是免费的",突破了传统上认为高质量是以高成本为代价的观念。他提出高质量将给企业带来高的经济回报。

此时,质量运动在许多国家展开。中国、美国、欧洲等许多国家设立了国家质量管理奖,以激励企业通过质量管理提高生产力和竞争力。质量管理不仅被引入生产企业,而且被引入服务业,甚至医院、机关和学校。许多企业的高层领导开始关注质量管理。全面质量管理作为一种战略管理模式进入企业。

1987年,ISO9000系列国际质量管理标准问世。1987年版的ISO9000标准很大程度上基于BS5750。质量管理与质量保证开始在世界范围内对经济和贸易活动产生影响。

1994年,ISO9000系列标准改版——新的ISO9000标准更加完善,为世界绝大多数国家所采用。第三方质量认证普遍开展,有力地促进了质量管理的普及和管理水平的提高。

朱兰博士提出:"即将到来的世纪是质量的世纪。"

20世纪90年代末,全面质量管理(TQM)成为许多"世界级"企业的成功经验,证明是一种使企业获得核心竞争力的管理战略。质量的概念也从狭义的符合规范发展到以"顾客满意"为目标。全面质量管理不仅提高了产品与服务的质量,而且在企业文化改造与重组的层面上,对企业产生了深刻的影响,使企业获得了持久的竞争能力。

全面质量管理的常用工具

三、全面质量管理

(一)全面质量管理的含义

全面质量管理就是以质量为中心,全体员工和有关部门积极参与,综合运用管理技术、专业技术和科学方法,建立起产品的研究、设计、生产、服务等全过程的质量管理体系,从而有效地利用各种资源,以最经济的手段生产出顾客满意的产品的管理活动。

全面质量管理并不等同于质量管理,它是质量管理的更高境界。它不仅指产品服务质量,还包括了工作质量,是用工作质量来保证产品或服务质量,即包括了采购、设计、生产制造直至储存、销售、售后服务的全过程。全面质量管理强调一个组织以质量为中心,以全员参与为基础,通过全员的教育和培训,以控制产品质量为目的,运用多种管理方法,对全流程进行管理。简单地说,就是全员、全流程、全企业。

(1)参加管理的人员是全面的。全面质量管理要求把质量控制工作落实到每一名员工,无论是班组长还是高层管理者,无论是业务人员还是会计人员,让每一名员工都参与到质量管理活动中,关心产品质量。

(2)从纵向产品生产流程来说,全面质量管理要求对产品质量的产生、形成和实现的过程进行全面控制,必须在市场调研、产品的选型、研究试验、设计、原料采购、制造、检验、储运、销售、安装、使用和维修等各个环节中都把好质量关。其中,产品的设计过程是全面质量管理的起点,原料采购、生产、检验过程是实现产品质量的重要过程,而产品的质量最终是在市场销售、售后服务的过程中得到评判与认可的。要把所有影响质量的环节和因素控制起来，形成综合性的质量体系。它强调"好的质量是设计、制造出来的，而不是检验出来的"。

（3）从横向企业管理的成员来说，全面质量管理工作并非局限于质量管理部门，而是要求企业所属各单位、各部门都要参与质量管理工作，在管理中采取各种相关的科学管理方法和技术，从不同方面共同控制产品质量、工作质量、工程质量和服务质量。

阅读资料

国际标准化组织简介及ISO9000系列标准

国际标准化组织ISO(International Organization for Standardization)成立于1947年，是由131个国家标准化机构参加的国际组织。其宗旨是：在全世界范围内促进标准化工作的开展，扩大各国在技术、经济各方面的交流与合作。它的主要活动是制定ISO标准，协调世界范围内的标准化工作。1978年，我国成为ISO的正式成员。

1979年，ISO按专业性质设立了"质量保证技术委员会(ISO/TC176)"，负责制定有关质量保证技术和应用的国际标准。第一版的ISO9000系列标准共分为五个部分：

（1）ISO9000：质量体系——是该系列标准的选用指南，并为ISO9001、ISO9002、ISO9003、ISO9004的使用建立了准则。

（2）ISO9001：质量体系——设计、开发、生产、安装和服务的质量保证模式。其包括了企业全部活动的总标准。

（3）ISO9002：质量体系——生产、安装和服务的质量保证模式。当需要证实供方生产合格产品的过程控制能力时，应选择和使用此种模式的标准。

（4）ISO9003：质量体系——最终检验和试验的质量表征模式。当仅要求供方保证最终检验和试验符合规定要求时，应选择此种模式的标准。

（5）ISO9004：质量管理和质量体系要素指南——它是企业建立和实施全面有效的内部管理的质量体系文件。它的基本原则对于所有企业都是适用的。包括了两方面的内容：一是引言，阐述了质量管理和质量体系的目标和任务；二是正文，阐述了质量管理和质量体系及其要素的要求。

ISO9000系列标准是人们长期以来在管理活动中的经验总结，为企业的生产提供了依据。企业在生产中有两种质量不易被协调：一种是目标质量，即在未考虑生产操作条件的情况下确定的质量；另一种是标准质量，即按照设计的要求，充分考虑生产技术条件，并以现有技术在生产制造过程中应该达到的质量。质量标准会尽量向目标标准靠拢，因此制定目标标准是进行全面质量管理的首要任务，而ISO9000系列标准则为目标标准的制定提供了一个合理的依据，让企业减少了不应有的失误。从这不难看出，贯彻ISO9000系列标准是开展全面质量管理的一个有效手段。

ISO9000系列标准是对企业质量保证体系的一个基本要求，取得认证是产品进入市场的前提条件，但并不能保证产品具有市场竞争力。因此企业应该在贯彻ISO9000系列标准的情况下进一步展开全面质量管理，以市场用户需求为上，全员参与管理，进行持续的质量改进，这样企业才能在市场上具有竞争力。质量管理的本质特征是质量改进，

ISO9000 系列标准是依据标准进行质量控制,是被动式的,它只告诉你做什么,并没告诉你如何去做。达到 ISO9000 系列标准是实施全面质量管理的基础,是企业的义务。

认真贯彻 ISO9000 系列标准对强化质量体系是必要的。它为企业提供了多种质量保证模式,企业可根据供需双方对风险、成本和利益进行的全面考虑和平衡,系统地考虑产品设计的复杂性、设计成熟程度、制造复杂性以及技术性、安全性和经济性等因素,从中选择一个合适的质量保证模式,以便实现全面质量管理。它要求有完整的文件化质量体系,是对全面质量管理的规范化,是全面质量管理的基础工作,对技术和管理提供补充,是产品出口的必要条件。

综上所述,ISO9000 系列标准推动了全面质量管理在企业中的应用,为企业抢占市场打下了坚实的基础。企业只要以贯彻标准为基础,以实施全面质量管理为根本,坚持"始于教育,终于教育"的贯标思想,把贯标有效、合理地应用到全面质量管理中去,一定能够实现高效益运作。

(二)实施全面质量管理的四个阶段

1. PDCA 循环的步骤

要实施全面质量管理,一般需要经过以下四个阶段,如图 4-1 所示。

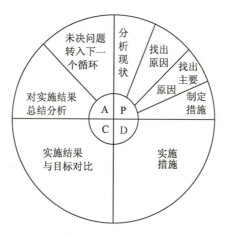

图 4-1 PDCA 循环

PDCA 管理循环是全面质量管理最基本的工作程序,即计划—执行—检查—处理(Plan、Do、Check、Action)。这是美国统计学家戴明(W. E. Deming)发明的,因此也被称为戴明循环。

(1)第一阶段为计划阶段,又叫 P 阶段(Plan)。在这一阶段,质量管理主要采取分析现状,找出产品及管理中存在的主要质量问题,分析产生问题的各种影响因素,衡量各因素所造成的影响,针对影响质量的主要因素制定措施,提出改进计划,定出质量目标。

(2)第二阶段为执行阶段,又称 D 阶段(Do)。这个阶段的步骤是实施 P 阶段所规定的内容,严格按照计划的目标和具体方法进行产品设计、试制、试验,其中包括计划执行前的人员培训。在操作中,要求将计划落实到人,每个人都明确怎样去做,达到什么标准,注意哪些问题。这一阶段使用的工具主要有控制图、调查表和走势图等。

（3）第三阶段为检查阶段，又称 C 阶段（Check）。这个阶段的步骤主要是在计划执行过程中或执行之后，检查执行情况，看是否符合计划的预期结果。

（4）最后一个阶段为处理阶段，又称 A 阶段（Action）。这一阶段主要有两个步骤：

① 对计划执行情况与前期质量目标之间出现差异的原因进行分析总结，肯定成功的经验，并转化为标准；分析失败的原因，并作为教训。

② 提出尚未解决的问题。通过检查，对效果还不显著，或者效果还不符合要求的一些措施，以及没有得到解决的质量问题，本着实事求是的精神，把其列为遗留问题，反映到下一个循环中去。

2. PDCA 循环管理的特点

（1）PDCA 循环工作程序的四个阶段，顺序进行，组成一个大圆圈。PDCA 四个阶段不是运行一次就结束，而是周而复始地进行，一个循环完解决一些问题，未解决的问题进入下一个循环，这样就形成了阶梯式上升。PCDA 循环实际上是有效进行任何一项工作的合乎逻辑的工作程序，因此也被称为企业内部质量管理的基本方法。

（2）每个部门、小组都有自己的 PDCA 循环，并都成为企业大循环中的小循环。PDCA 循环作为质量管理的基本方法，不仅适用于整个工程项目，也适用于整个企业和企业内的科室、工段、班组以至个人。各级部门根据企业的方针目标，都有自己的 PDCA 循环，层层循环，形成大环套小环，小环里面又套更小的环。大环是小环的母体和依据，小环是大环的分解和保证。各级部门的小环都围绕着企业的总目标朝着同一方向转动。通过循环把企业上下或工程项目的各项工作有机地联系起来，彼此协同，互相促进。

（3）阶梯式上升，循环前进。PDCA 循环并不是在原地周而复始地运转，而是像爬楼梯那样螺旋式上升，每一循环都有新的目标和内容，经过一次循环，解决了一批问题，生产的质量和管理的能力就会提高一步，然后再制定下一个循环，再运转、再提高，不断前进，不断提高。

案例分析

1. 有的公司员工上班随意迟到、早退（为什么？）←2. 员工对劳动纪律管理制度中的有关规定不以为然（为什么？）←3. 劳动纪律管理制度中有关的奖惩措施没有得到有效实施（为什么？）←4. 部分高层领导经常带头违反有关劳动纪律，而人力资源部不敢进行处罚，部分认真遵守劳动纪律的员工也没有得到应有奖励（为什么？）←5. 总经理默许高层领导违反有关劳动纪律，否决了对认真遵守劳动纪律员工进行奖励的费用申请。

问题：员工上下班随意迟到早退的真正原因是什么？

分析提示："总经理默许高层领导违反有关劳动纪律，否决了对认真遵守劳动纪律员工进行奖励的费用申请"就是末端原因，是导致问题产生的最终根源，是真正需要解决的对象。而前面 1 至 4 项原因都只是表面原因，解决这 4 项中的任何一项甚至全部解决，都不能有效防止问题的再次出现；只有解决了第 5 项原因，才能一劳永逸。而且，只有解决第 5 项原因才是事半功倍的。类似第 5 项的末端原因才是我们要找的原因。

阅读资料

PDCA管理法在一些企业中的应用

海尔集团纯熟地采用PDCA管理法来实施销售任务的计划、组织和控制。每年年终，集团商流、各产品本部都根据本年度的销售额完成情况，结合各产品的发展趋势及竞争对手分析等信息，制订下一年度的销售计划，然后将这一计划分解至全国的销售事业部。销售事业部部长根据各工贸部上年的完成情况、市场状况分析等信息再将销售额计划分解至其下属各工贸公司。工贸公司总经理将任务分解至各区域经理，由他们将任务下达至区域代表，区域代表将自己的销售额任务分解至其所管辖的营销网络。同时，海尔还从时间纬度上进行分解：年度计划分解至月度，月度计划分解至每日。这样，处于管理层的每位管理者都可以对下属每日的工作状况进行监督，并及时实施纠偏，最终控制每一个具体网点。海尔集团在新产品开发、新品上市等所有方面都遵循PDCA的管理方法，这种做法可以保证"人人都管事，事事有人管"，避免出现管理的真空。

上海通用汽车公司成功地把PDCA管理方法应用于自己的营销体系中，极大地改善了经销商的服务水平。在其近100家经销商中，上海通用奉行的政策是，对一些业务表现不好、不能完成上海通用的要求、不能在市场上进行有效的开拓，或者在售后服务方面不能够完全按照上海通用的理念和规范去操作的经销商，会先给他们做一个PDCA改进计划，完成了这个计划性的四部曲后，经销商的整个市场营销的管理工作应该会随之步入一个良性循环的轨道，如果还不能达标，经销商就会被淘汰掉。

想一想 我们在生活、学习中是不是也可以使用PDCA循环？怎样利用它来帮助我们的学习呢？

（三）全面质量管理的内容

1. 设计和开发过程质量管理的内容

产品设计过程的质量管理是全面质量管理的首要环节。这里所指设计过程，包括市场调查、产品设计、工艺准备、试制和鉴定等过程（即产品正式投产前的全部技术准备过程）。主要工作内容包括通过市场调查研究，根据用户要求、科技情报与企业的经营目标，制定产品质量目标；组织有销售、使用、科研、设计、工艺、制度和质管等多部门参加的审查和验证，确定适合的设计方案；保证技术文件的质量；做好标准化的审查工作；督促遵守设计试制的工作程序；等等。

2. 生产和制造过程质量管理的内容

制造过程，是指对产品直接进行加工的过程。它是产品质量形成的基础，是企业质量管理的基本环节。其基本任务是保证产品的制造质量，建立一个能够稳定生产合格品和优质品的生产系统。主要工作内容包括严格贯彻执行制造质量控制计划，按质量控制计划建立各级责任制，对影响工序质量的因素进行有效控制；用先进的控制手段，找出造成质量问题的原因，采取纠正措施，保证工序质量处于控制状态；组织质量分析，掌握质量动态；有效控制生产节拍,及时处理质量问题,确保均衡生产;等等。

3. 辅助过程质量管理的内容

辅助过程,是指为保证制造过程正常进行而提供各种物资技术条件的过程。它包括物资采购供应、动力生产、设备维修、工具制造、仓库保管、运输服务等。其主要内容有:做好物资采购供应(包括外协准备)的质量管理,保证采购质量,严格入库物资的检查验收,按质、按量、按期提供生产所需要的各种物资(包括原材料、辅助材料、燃料等);组织好设备维修工作,保持设备良好的技术状态;做好工具制造和供应的质量管理工作;等等。另一方面,企业物资采购的质量管理也将日益显得重要。

4. 使用过程质量管理的内容

使用过程是考验产品实际质量的过程,它是企业内部质量管理的继续,也是全面质量管理的出发点和落脚点。这一过程质量管理的基本任务是提高服务质量(包括售前服务和售后服务),保证产品的实际使用效果,不断促使企业研究和改进产品质量。它主要的工作内容有:开展技术服务工作;处理出厂产品质量问题;调查产品使用效果和用户要求;等等。

(四) 质量管理体系

1. 质量管理体系的含义

质量管理是在质量方面指挥和控制组织的协调活动,通常包括制定质量方针、目标以及质量策划、质量控制、质量保证和质量改进等活动。实现质量管理的方针目标,有效地开展各项质量管理活动,必须建立相应的管理体系,这个体系就叫质量管理体系。

要有效地开展质量管理,必须设计、建立、实施和保持质量管理体系。质量管理体系具有以下内涵:

(1) 质量管理体系应具有唯一性。质量管理体系的设计和建立,应结合组织的质量目标、产品类别、过程特点和实践经验。因此,不同组织的质量管理体系有不同的特点。

(2) 质量管理体系应具有系统性。质量管理体系是相互关联和作用的组合体,包括:① 组织结构——合理的组织机构和明确的职责、权限及其协调的关系;② 程序——规定到位形成文件的程序和作业指导书,是过程运行和进行活动的依据;③ 过程——质量管理体系的有效实施,是通过其所需过程的有效运行来实现的;④ 资源——必需、充分且适宜的资源包括人员、资金、设施、设备、料件、能源、技术和方法。

(3) 质量管理体系应具有全面有效性。质量管理体系的运行应是全面有效的,既能满足组织内部质量管理的要求,又能满足组织与顾客的合同要求,还能满足第二方认定、第三方认证和注册的要求。

(4) 质量管理体系应具有预防性。质量管理体系应能采用适当的预防措施,有一定的防止重大质量问题发生的能力。

(5) 质量管理体系应具有动态性。最高管理者定期批准进行内部质量管理体系审核,定期进行管理评审,以改进质量管理体系;还要支持质量职能部门(含车间)采用纠正措施和预防措施改进质量管理过程,从而完善体系。

(6) 质量管理体系应持续受控。质量管理体系所需的过程及其活动应持续受控。

(7) 质量管理体系应最佳化。组织应综合考虑利益、成本和风险,通过质量管理体系的持续有效运行使其最佳化。

2. 质量管理体系建立的步骤

建立、完善质量体系一般要经历质量体系的策划与设计、质量体系文件的编制、质量体系的试运行、质量体系审核和评审四个阶段,每个阶段又可分为若干具体步骤。

（1）质量体系的策划与设计。该阶段主要是做好各种准备工作,包括教育培训,统一认识,组织落实,拟订计划;确定质量方针,制定质量目标;现状调查和分析;调整组织结构,配备资源;等等。

① 组织落实,拟订计划。尽管质量体系建设涉及一个组织的所有部门和全体职工,但对多数单位来说,成立一个精干的工作班子可能是需要的,通常这个班子可分成三个层次。

第一层次:成立以最高管理者(厂长、总经理等)为组长,质量主管领导为副组长的质量体系建设领导小组(或委员会)。主要是对质量管理体系进行总体规划,制定质量方针和目标,并按照职能部门进行质量职能的分解。

第二层次:成立由各职能部门领导(或代表)参加的工作班子。这个工作班子一般由质量部门和计划部门的领导共同牵头,其主要任务是按照体系建设的总体规划具体组织实施。

第三层次:成立要素工作小组。根据各职能部门的分工,明确质量体系要素的责任单位。

② 确定质量方针,制定质量目标。质量方针体现了一个组织对质量的追求,对顾客的承诺,是职工质量行为的准则和质量工作的方向。制定质量方针要求与总方针相协调,须包含质量目标同时结合组织的特点并能确保各级人员都能理解和坚持执行。

③ 现状调查和分析。现状调查和分析的目的是为了合理地选择体系要素,内容包括：

体系情况分析。分析本组织的质量体系情况,以便根据所处的质量体系情况选择质量体系要素的要求。

产品特点分析。分析产品的技术密集程度、使用对象、产品安全特性等,以确定要素的采用程度。

组织结构分析。分析组织的管理机构设置是否适应质量体系的需要。应建立与质量体系相适应的组织结构并确立各机构间隶属关系、联系方法。

生产设备和检测设备能否适应质量体系的有关要求。

技术、管理和操作人员的组成、结构及水平状况的分析。

管理基础工作情况分析。即标准化、计量、质量责任制、质量教育和质量信息等工作的分析。

对以上内容可与标准中规定的质量体系要素要求进行对比性分析。

④ 调整组织结构,配备资源。在一个组织中除质量管理外,还有其他各种管理。组织机构设置由于历史沿革多数并不是按质量形成规律来设置相应的职能部门的,所以在完成落实质量体系要素并展开对应的质量活动以后,必须将活动中相应的工作职责和权限分配到各职能部门。一方面是客观展开的质量活动,一方面是人为的现有的职能部门,一般来说,一个质量职能部门可以负责或参与多个质量活动,但不要让一项质量活动由多个职能部门来负责。目前,我国企业现有职能部门对质量管理活动所承担的职责、所起的作用普遍不够理想,总的来说应该加强。在活动展开的过程中,必须涉及相应的硬件、软件和人员配备,根据需要应进行适当的调配和充实。

（2）质量体系文件的编制。质量体系文件的编制内容和要求,从质量体系的建设角度

讲,应强调以下几个问题:

①体系文件一般应在第一阶段工作完成后才正式制定,必要时也可交叉进行。如果前期工作不做,直接编制体系文件就容易产生系统性、整体性不强,以及脱离实际等弊病。

②除质量手册需统一组织制订外,其他体系文件应按分工由归口职能部门分别制定,先提出草案,再组织审核。这样做有利于今后文件的执行。

③质量体系文件的编制应结合本单位的质量职能分配进行。按所选择的质量体系要求,逐个展开为各项质量活动(包括直接质量活动和间接质量活动),将质量职能分配落实到各职能部门。质量活动项目及其分配可采用矩阵图的形式表述,质量职能矩阵图也可作为附件附于质量手册之后。

④为了使所编制的质量体系文件做到协调、统一,在编制前应制定"质量体系文件明细表",将现行的质量手册(如果已编制)、企业标准、规章制度、管理办法以及记录表式收集在一起,与质量体系要素进行比较,从而确定新编、增编或修订质量体系文件项目。

⑤为了提高质量体系文件的编制效率,减少返工,在文件编制过程中要加强文件的层次间、文件与文件间的协调。尽管如此,一套好的质量体系文件也要经过自上而下和自下而上的多次反复。

⑥编制质量体系文件的关键是讲求实效,不走形式。既要从总体上和原则上满足ISO9000族标准,又要在方法和具体做法上符合本单位的实际。

(3)质量体系的试运行。质量体系文件编制完成后,质量体系将进入试运行阶段。其目的是通过试运行,考验质量体系文件的有效性和协调性,并对暴露出的问题采取改进措施和纠正措施,以达到进一步完善质量体系文件的目的。在质量体系试运行过程中,要重点抓好以下工作:

①有针对性地宣传贯彻质量体系文件,使全体职工认识到新建立或完善的质量体系是对过去质量体系的变革,是为了同国际标准接轨,要适应这种变革就必须认真学习、贯彻质量体系文件。

②实践是检验真理的唯一标准。体系文件通过试运行必然会出现一些问题,全体职工可将发现的问题和改进意见如实反映给有关部门,以便采取纠正措施。

③对体系试运行中暴露出的问题,如体系设计不周、项目不全等要进行协调、改进。

④加强信息管理,不仅是体系试运行本身的需要,也是保证试运行成功的关键。所有与质量活动有关的人员都应按体系文件要求,做好质量信息的收集、分析、传递、反馈、处理和归档等工作。

(4)质量体系的审核与评审。质量体系审核在体系建立的初始阶段往往更加重要。在这一阶段,质量体系审核的重点,主要是验证和确认体系文件的适用性和有效性。

应当强调,质量体系是在不断改进中得以完善的,质量体系进入正常运行后,仍然要采取内部审核、管理评审等各种手段以使质量体系能够保持和不断完善。

(五)质量管理新思想——顾客完全满意

1. 让顾客满意的要点

"让顾客完全满意"就是倡导一种"以顾客为中心"的文化,企业把顾客放在经营的中心位置,让顾客需求引导企业的决策。在这一理念下,企业在制定发展战略时必须考虑以下一

些方面:

(1) 从顾客角度而言,经营企业的唯一目的是满足顾客的需要并使顾客完全满意。

(2) 企业销售的不是产品、服务,而是效用与价值。

(3) 顾客是以自己的标准来衡量事物的价值的,要想令顾客满意,就必须以顾客的眼光来看待企业提供的商品、服务,乃至整个世界。

(4) 若存在影响顾客获得所期望的价值的因素,顾客就会觉得没得到与其所付出相当的回报,企业就会有不满意的顾客。

(5) 不满意的顾客不是要解决的麻烦,而是争取事业成功的机会。

(6) 有所要求的顾客才是企业尽力争取的对象。若总能取得苛刻挑剔的顾客的满意和信任,你的事业必能得到发展并长久立于不败之地。

(7) 若决心致力于成功处理与不满的顾客间的关系,工作重心应在顾客身上,而不是销售上。

(8) 首要目标只有一个,或者是顾客满意,或者是其他可能,没有折中方案。

(9) 你怎样对待一线员工,一线员工就会怎样对待顾客。

(10) 当顾客诚恳地向你提出意见时,他是在帮你的忙,而他自己也清楚这一点。因此,要让他看到这样做是值得的。

(11) 给顾客以意外的惊喜。要想留住一位不满的顾客,必须投入额外的价值去弥补最初许诺却未能兑现的价值。

(12) 将每一位顾客都视作长久的合作伙伴,而不是暂时的顾客来对待。

(13) 为不满意的顾客提供一个下次再来的理由。

(14) 每个组织都有自己的顾客群,只有那些能持久地给予顾客满意感的组织才能真正获得生存和发展。

(15) 制造、销售产品和提供服务的全过程,必须遵循提高顾客满意度与忠诚度的原则。

2. 让顾客满意的理念对企业的影响

在那些建立"顾客完全满意"管理模式的企业当中,企业需要了解顾客及其业务,了解他们使用产品的目的、时间、方式、周期;企业需要从顾客的角度进行思考,即"用顾客的眼睛看世界"。

目前企业之间主要采取以下几种竞争策略:

商品策略——假定本企业的产品和服务与竞争对手基本相同,靠高生产率低成本竞争;

技术导向——在技术上超过竞争者,建立技术上的暂时性垄断地位;

质量导向——重视产品质量,促使消费者购买;

服务导向——通过提供服务,给产品增加额外的价值;

顾客导向——把消费者的意见带进企业内部,企业根据消费者需求制定策略、设计产品。

其中,"顾客导向"的竞争策略,要求企业全面提高质量意识,提供优质服务,这样,企业获得的将是一种长期的效果:永远留住顾客。

阅读资料

世界级质量的十二个特征

美国著名的管理专家汤姆·彼得斯(Tom Peters)在其名著《乱中取胜——管理变革手册》(Thriving on Chaos:Handbook for a Management Revolution)中用"压倒一切的质量问题""长期被忽视的事实:质量等于利润""质量必须用客户的感觉来评价"等语句来描述对质量现状的诊断,并开出了他的处方:发动一场质量革命!

他说:"一场质量革命意味着在吃饭、睡觉和休息时都念念不忘质量。"但是如果不是诚心诚意、全力以赴,即便口头上宣称"质量就是我们的一切"也无济于事;过不了一年半载,所谓"世界级质量"或"卓越绩效模式"就会演变成又一个例行公事式的"本年度计划",变成一个徒有虚名的花架子——看来,"运动式"变革也并非中国所独有呢!

他用几年的时间读遍了所能够找到的有关这个主题的材料,并仔细地研究了IBM、泰能、米利肯等公司的质量革命成果,总结出世界级质量的12个特征:

(1) 管理者着迷于质量。质量是从感情上的依恋开始的,没有"如果""那么"或"但是"可言。

(2) 有一套思想体系或思想方法作为指导。

(3) 质量是可以衡量的。

(4) 高质量要受到奖励。

(5) 每个员工都应在技术上受到培训,以便评估质量。正如日本人所说:质量,始于培训,终于培训。

(6) 利用包含跨职能部门或跨系统的团队。必须从思想认识上把我们的管理哲学从敌对转移到合作上来。

(7) 小的就是美的。

(8) 提供不断的刺激。创造无止境的"霍桑效应";质量革命是一场关注琐碎细节的战争。

(9) 建立一个致力于质量改进的平行组织结构——"影子质量组织"。

(10) 人人都发挥作用。尤其是供应商,但销售商与客户也同样必须是质量改进过程的一部分。

(11) 质量上升会导致成本下降,改进质量是降低成本的关键所在。

(12) 质量改进永无止境。每件产品或服务,每天都是相对地变好或变坏,但绝不会停滞不前。

任务五 企业营销管理

学习目标

1. 能说出市场营销的含义及功能,能阐述六种营销观念的核心思想;
2. 能简述市场的含义以及市场的类型,能说出两种营销环境的主要要素;
3. 能概述消费者市场的主要特征,能说出消费者的购买行为模式,能进行简要分析;
4. 能说出市场细分、市场定位的含义,能说出市场细分的依据及目标市场策略;
5. 能说出产品整体概念的三个层次及产品生命周期的含义;
6. 能分析企业进行产品定价的相关策略;
7. 能分析不同传统促销方式的特点及应用策略;
8. 能说出新媒体营销概念、特点,能阐述新媒体营销的方式。

引导案例

早上起床的时间到了,你的通用电气公司的报醒器是用嗡嗡的蜂鸣音还是播放你最喜欢的电台节目来叫醒你?电台播放的是摇滚乐、古典乐还是乡村音乐,或者是一则红十字的广告请你献血?你是否开始穿上李维牛仔裤、L.L.比恩的衬衣和锐步鞋,或者穿布鲁克兄弟的做客服?你的早餐是琳达公司的巴奇尔的奶酪、嘉乐士的糖霜酥饼,或是用从日本进口的松下微波炉烘制的某种特别大的鸡蛋和奥斯卡·奥梅熏肉?你喝的是去咖啡因的麦斯威尔咖啡,或是唐尼的某种速溶果汁?你是在家用餐还是与朋友约好在马里奥特经营的自助餐厅——在那里你将付酬给早餐服务员?早餐后,你是去学校还是穿着流线型溜冰鞋在卡麦运动场溜冰,或是乘坐通用汽车公司生产的公共汽车到城里去?

当你每天考虑这些问题的时候,你实际上碰到的都是营销问题,这正是整个营销体制所做的事情。营销影响着我们生活的各个方面,它经常以我们没有想到的方式影响着我们。

——[美]小威廉·D.佩罗特,尤金尼·E.麦卡锡.基础营销学[M].梅清豪,周安柱,译.上海:上海人民出版社,2000.

一、企业营销认知

(一)市场营销含义和功能

1. 市场营销的含义

市场营销是指在以顾客需要为中心的思想指导下,企业所进行的有关产品生产、流通和售后服务等与市场有关的一系列经营活动(包括市场调查和预测、产品构思和设计、产品生产、定价、分销、保销和售后服务等内容)。

☞ 知识拓展

市场营销涉及的相关概念

层次	概　念	内　涵　解　析
一	需要	没有得到基本满足的感受状态(与生俱来)
	欲望	对基本需要的特定追求
	需求	有能力购买并愿意购买具体产品的欲望
二	产品	能够满足人的需求和欲望的任何东西
三	效用费用满足	对产品满足其需要整体能力的评价,最少的费用获得最大的满足
四	交换	以提供某种东西为回报,取得所需物品
	交易	交换过程中达成协议
	关系营销	与顾客建立长期合作关系
五	市场营销者	希望从别人那里取得资源并愿意以某种有价值的东西作交换的人

2. 市场营销的功能

(1) 了解市场消费需求。在现代市场营销观念指导下的营销过程是始于市场、终于市场的。所以首先要了解顾客的需求特点和需求动向,只有从需求出发,生产的产品才能受到顾客的欢迎。企业在满足需求的同时还必须引导、激发和创造需求。

(2) 指导企业生产。通过市场营销活动,顾客的需求和市场竞争的信息可被反馈到企业决策和生产中,对生产起指导作用。企业应当设计、生产顾客需要的产品,在品种、花色、款式、服务等方面,最大程度地满足其需求。

(3) 开拓销售市场。在市场分析的基础上选择最有利于企业发展、最有利于发挥企业优势的产品进行经营。这就需要通过市场营销的活动扩大优势产品的需求,通过促销使顾客接受新产品,满足和扩大现实需求,挖掘潜在需求,增加市场销售,实现企业目标。

(4) 满足顾客需求。市场是连接生产与消费的桥梁,为了将产品尽快送到顾客手中,就要通过合理渠道,通过营销的各种努力,做好销售前后的各种服务,倾听消费者对产品的意见。

☞ 知识拓展

索尼创造市场

顾客一般是缺乏远见的。在15～20年以前,很少会有人需要蜂窝式电话、传真机和家用复印机、全天候有折扣的经纪人账务服务、多向量汽车引擎、DVD机、有导航系统的汽车、全球卫星定位接收器、自动柜员机、音乐电视或家庭购买网络。索尼的创始人盛田昭夫曾经宣称:它不是服务于市场,而是创造市场。

想一想 营销与销售有何区别？

（二）市场营销观念

1. 以企业为中心的观念

以企业为中心的市场营销观念，是以企业利益为根本取向和最高目标来处理营销问题的观念。

（1）生产观念。这是一种最古老的营销观念。生产观念认为，消费者总是喜欢那些可以随处买得到而且价格低廉的产品，企业应当集中精力提高生产效率和扩大分销范围，增加产量，降低成本。生产观念是一种重生产、轻市场营销的商业哲学，其典型表现是生产什么，就卖什么。

（2）产品观念。该观念认为消费者喜欢高质量、多功能和具有某些特色的产品，因此企业管理的中心是致力于生产优质产品，并不断加以改进。它产生于市场产品供不应求的"卖方市场"环境下。

（3）推销观念（销售观念）。推销观念认为消费者通常表现出一种购买惰性或抗衡心理，如果听其自然的话，消费者一般不会大量购买某一企业的产品，因此企业必须积极推销和大力促销，以刺激消费者大量购买。执行推销观念的企业的表现往往是我们卖什么，就让人们买什么。推销观念在现代市场经济条件下被大量用于推销那些非渴求物品，即购买者一般不会想到要去购买的产品或服务。许多企业在产品过剩时，也常常奉行推销观念。

想一想 推销观念是一种既传统又现代的观念，对吗？在现实生活中你是否见到推销观念的影子？

2. 以消费者为中心的市场营销观念

以消费者为中心的观念，又称市场营销观念。这种观念认为，企业的一切计划与策略应以消费者为中心，正确确定目标市场的需要与欲望，并且比竞争者更有效地传送目标市场所期望的物品或服务，进而比竞争者更有效地满足目标市场的需要和欲望。

市场营销观念的核心内容是：消费者需要什么，就生产什么、供应什么，消费者的需要成为生产、经营和服务的出发点。在这种观念指导下，企业营销管理的主要任务是从调查研究消费者需求和欲望出发，组织生产和营销。具体措施是调查研究、开发技术、合理定价、选择销售渠道、确定销售方式、提供售前售后服务并且重视信息反馈。

☞ **知识拓展**

海尔的市场营销理念

（1）只有淡季思想，没有淡季市场；只有疲软的思想，没有疲软的市场。
（2）紧盯市场创美誉。
（3）绝不对市场说"不"。
（4）用户的抱怨是最好的礼物。
（5）以变制变，变中求便。

3. 以社会长远为中心的市场营销观念

（1）社会市场营销观念。该观念认为,企业的任务在于确定各个目标市场的需要、欲望和利益,并以维护与增进消费者和社会福利的方式,比竞争者更有效、更有利地向目标市场提供能够满足其需要、欲望和利益的物品或服务。社会市场营销观念要求市场营销者在制订市场营销政策时,要统筹兼顾三方面的利益,即企业利润、消费者需要的满足和社会利益。

（2）绿色市场营销观念。所谓绿色市场营销,是指企业运用营销工具,以不损害人类自身及未来需要为条件,满足社会和消费者需要的经营与销售活动。

该观念的实质就是,强调企业在进行市场营销活动时,要努力把经济效益与环境效益结合起来,尽量保持人与环境的和谐,不断改善人类的生存环境。

> ☞ 知识拓展
>
> 　　进入20世纪90年代之后,竞争加剧,产品服务同质化严重,技术易被模仿,消费者难以分出优劣。在这种情况下,企业如何实现差异化？如何才能赢得更多顾客？
> 　　整合营销理论对此做出了回答。菲利普·科特勒认为,企业所有部门为服务于顾客利益而共同工作时,其结果就是整合营销。整合营销观念改变了把营销活动作为企业经营管理的一项职能的观点,而是要求将所有活动都整合协调起来,努力为顾客的利益服务。整合营销以"4C"观念为核心,强化了以消费者需求为中心的营销组合。
> 　　（1）Consumer（消费者）,是指消费者的需要和欲望。企业要把重视顾客放在第一位,提供顾客确实想买的产品。
> 　　（2）Cost（成本）,是指消费者获得满足的成本,或是消费者满足自己的需要和欲望所肯付出的成本价格。
> 　　（3）Convenience（便利）,是指购买的方便性。重视服务环节,在销售过程中强调为顾客提供便利,让顾客既购买到商品,也购买到便利。
> 　　（4）Communication（沟通）,是指与用户沟通,要着眼于加强沟通,增进相互理解,实现真正的适销对路,培养忠诚的顾客。

想一想　2007年5月以来,因太湖蓝藻暴发导致供水危机的江苏省无锡市,开展了"铁腕治污",许多家高污染的企业被陆续关闭。不想这一消息竟引来全国不少招商引资团队,近的有苏北的区县乡镇,远的则来自东北、四川、江西等地,招引对象就是那些被关闭企业。招商者说："他们这样做是为了促进当地经济快速发展,尽快摆脱落后状态。"谈谈你对这一事情的看法。

二、市场与市场营销环境

（一）市场及市场类型

1. 市场含义

传统意义上的市场,是指商品交易的场所。现代意义上的市场是指具有特定需要或欲望,而且愿意并能够通过交换来满足这种需要或欲望的全部潜在顾客。市场的大小,取决于那些有某种需要并拥有使别人感兴趣的资源,同时愿意以这种资源来换取其需要的东西的人数的多少。从作为销售者的企业角度来讲,市场是指某种产品的现实购买者与潜在购买者需求的总和。

> ☞ **知识拓展**
>
> 市场包含三个主要因素,即人口、购买力、购买欲望。
> (1) 人口,是构成市场最基本的条件。
> (2) 购买力,是消费者支付货币、购买商品或劳务的能力。有支付能力的需求才是有意义的市场。
> (3) 购买欲望,是指消费主体购买商品的动机、愿望或要求,是消费者把潜在购买力变成现实购买力的重要条件。人口再多,购买力水平再高,如果对某种商品没有需求动机,没有购买商品的欲望,也形成不了购买行为,这个商品市场实际上也就不存在。从这个意义上讲,购买欲望是决定市场容量最权威的因素。
> 市场的这三个因素是相互制约、缺一不可的,只有三者结合起来才能构成现实的市场,才能决定市场的规模和容量。

2. 市场类型

(1) 根据市场范围划分:根据市场范围可以把市场划分为区域市场、国内市场和国际市场。

(2) 根据市场客体划分:市场客体即进入市场流通的物质,它包括商品市场、技术市场和信息市场。

(3) 根据市场供求状况划分:根据市场状况,可以把市场分为买方市场和卖方市场。

(4) 根据商品流通环节划分:根据商品流通环节,可以把市场分为批发市场和零售市场。

(5) 根据竞争程度划分:根据竞争程度,可以把市场划分为完全竞争市场、完全垄断市场、寡头垄断市场和不完全垄断市场。

(二) 营销环境

营销环境是指影响和制约企业营销活动的一切力量和因素。

1. 宏观营销环境

宏观营销环境指对企业营销活动造成市场机会和环境威胁的主要社会力量,包括人口、经济、自然、技术、文化等因素。

2. 微观营销环境

企业微观营销环境主要由企业的供应商、营销中间商、顾客、竞争对手、社会公众以及企业内部参与营销决策的各部门组成。

 阅读资料

政治风云导致"米沙"的失败

1977年,洛杉矶的斯坦福·布卢姆以25万美元买下西半球公司一项专利,生产一种名叫"米沙"的小玩具熊,用作1980年莫斯科奥运会的吉祥物。此后两年里,布卢姆先生和他的伊美治体育用品公司致力于"米沙"的推销工作,并把"米沙"商标的使用权出让给58家公司。成千上万的"米沙"被制造出来,分销到全国的玩具商店和百货商店,十几家杂志上出现了这种带4种色彩的小熊形象。开始,"米沙"的销路很好,布卢姆预计这项业务的营业收入可达5 000万到1亿美元。不料在奥运会开幕前,由于苏联拒绝从阿富汗撤军,美国总统宣布不参加在莫斯科举行的奥运会。骤然间,"米沙"变成了被人深恶痛绝的象征,布卢姆的赢利计划成了泡影。

(三)环境分析与营销对策

1. 环境威胁与市场机会

环境威胁是指环境中不利于企业营销的因素的发展趋势,对企业形成挑战,对企业的市场地位构成威胁。

市场机会指对企业营销活动富有吸引力的领域。在这些领域,企业拥有竞争优势。

 案例分析

重庆有一对夫妻,发现一家企业刚刚开发生产的充水防暑降温坐垫在重庆这个"火城"中特别畅销。于是他们联想到海口市地处热带,夏日长,温度高,立即筹款20万元,在重庆托关系买了一万只垫子运到海口市,计划以30元一只的价格出售。

问题:他们的该计划能否成功,为什么?

分析提示:事实上,这批垫子三年都没有卖动。调查后才知道,海口市面临大海,尽管白天气温高达37℃,但晚上却很凉爽。海口市市民主要由两类人构成,一是本地人,二是全国各地到特区经商的人,他们要么整天在外跑生意,要么整天坐在装有空调的办公室里,都不需要这种降温商品。

2. 企业营销对策

(1)应付环境威胁的对策。

促变。即企业采取措施抑制或扭转不利因素的发展,化不利为有利,促进环境因素转变。例如,因木材资源减少,威胁到木器加工企业的生产,企业可主动与林业部门联营,实现林业生产、木材供应、木器生产一条龙。木器加工企业扶植林业生产,增加木材资源供应,就是一种促变对策。

减轻。即企业主动调整营销计划,改变经营战略,去适应市场环境变化,减轻环境威胁

的严重程度。如面临木材资源短缺的企业,可以通过改进木材加工工艺,增用辅料或代用材料,减少木材消耗;也可以通过开展综合利用,提高木材利用率,以减轻资源短缺带来的困难。

转移。即企业抽出部分资金转移到其他部门,实行多元化经营;也可以全部转产,或者全部采用新材料代替木材作原材料;等等。

(2) 把握市场机会的对策。

准确把握时机选择。如果看准了市场环境趋势,就应当机立断,尽早做出决策,不能等到停工待料时,再去寻找市场机遇。

慎重行事。美国著名市场学学者西奥多·李维特曾告诫企业家们,要小心地评价市场营销机会。他说:"这里可能有一种需要,但是没有市场;或者这里可能是一个市场,但是没有顾客;或者这里可能有一个顾客,但没有推销员。"他的告诫说明,机会决策必须准确地预测市场需要和估价企业的能力,不然,从表象出发,难免导致决策失误。

逐步到位。实施决策应分步骤,边试验、边总结,以进一步摸清市场环境,然后全面实施。

想一想 A和B同时受雇于一家超市,都从底层干起。可不久A升到部门经理,B却像被遗忘了一般。终于有一天,他向总经理提出辞呈并表示出自己的不解:"凭什么我们一同来的,现在他是经理,我还是一般职员?"总经理说:"你马上到集市上去,看看今天有什么卖的。"B很快从集市上回来说,只有一个农民拉了车土豆在卖。"一车大约有多少袋,多少斤?"总经理问。B又跑去,回来说40袋。"价格多少?"B再次跑到集市上。总经理说这就是你与A的不同。

问题:如果你是B,你能想到几步呢?

三、消费者购买行为分析

(一) 消费者市场的特点

所谓消费者市场,是指为了个人或家庭消费而购买物品或服务的个人或家庭所构成的市场。消费者市场具有以下特点:

(1) 购买次数多,一次购买量少。

(2) 需求差异大。由于影响消费者购买行为的因素有很多,决定了消费者的需求是多样化的,彼此差异较大。

(3) 需求复杂多变。随着生产技术的提高、生活质量的改善、消费水平的提高等,消费者的需求常常是变化的。

(4) 需求可诱导。企业营销人员可以用购买的好处和不购买的遗憾来诱导客户。

(5) 非盈利性。消费者市场购买的目的是个人或家庭直接消费或使用产品,为了满足个人或家庭的生活需要。

(二) 消费者购买行为模式

购买行为的7OS模式,即

消费者市场由谁构成？（Who）——购买者（Occupants）
消费者市场购买什么？（What）——购买对象（Objects）
消费者市场为何购买？（Why）——购买目的（Objectives）
消费者市场的购买活动有谁参与？（Who）——购买组织（Organizations）
消费者市场怎样购买？（How）——购买方式（Operations）
消费者市场何时购买？（When）——购买时间（Occasions）
消费者市场何地购买？（Where）——购买地点（Outlets）

> **知识链接**
>
> 所谓黑箱，是指人们不能或暂时无法分解或打开以直接观察其内部结构，或分解、打开后其结构和功能即遭到破坏的系统。消费者黑箱中有两个"东西"：一是"购买者特性"，它会影响购买者对外界刺激的反应；二是"购买者决策过程"，它会直接决定购买者的选择。

（三）影响消费者购买行为的主要因素

1. 经济因素

主要是指消费者欲以尽可能少的支出获得最大的商品效用。其中主要包括两个方面：一是追求物美价廉的商品；二是追求商品的最大效用。

2. 心理因素

心理因素主要包括需求、感觉、学习、信念和态度等心理过程，通过对这些过程的研究，可以了解购买者行为的起因。

3. 社会因素

社会因素主要包括文化、社会阶层、家庭和相关群体。

> **知识拓展**
>
> **购买心理七阶段**
>
> 顾客购买商品时，其心理有一个奇妙的变化过程，营销人员应该了解并掌握这一历程中每一阶段的特性：
>
> 注意——喔！嗳！好可爱！
> 兴趣——这东西不错呀！拿起来摸摸看！
> 欲望——好想啊！真想马上穿在身上。
> 信心——到底是哪一个好？
> 决心——就买这个吧！
> 购买——给我这个！
> 满足——买了物超所值的东西。

案例分析

杭州"狗不理"包子店是天津狗不理集团在杭州开设的分店,地处杭州商业黄金地段。正宗的"狗不理"包子以其鲜明的特色而享誉神州,如皮薄、水馅、味道鲜美、咬一口汁水横流等。但是正当杭州南方酒店日销包子万余只时,杭州的"狗不理"包子店却很少有人问津,即使将楼下三分之一的营业面积租给服装企业,依然"门庭冷落车马稀"。

问题:在天津和北方其他城市受欢迎的"狗不理"包子为什么在杭州遭到冷遇?

分析提示:首先,"狗不理"包子馅比较油腻,不符合喜爱清淡食物的杭州市民的口味;其次,"狗不理"包子不符合杭州人的生活习惯,杭州人将包子当作便捷的快餐对待,往往边走边吃,而"狗不理"包子由于皮薄、水馅,容易流汁,不能拿在手里吃,只能坐下来用筷子慢慢享用。综合分析,"狗不理"包子在杭州"失宠",并非是其自身的品质问题,而是天津狗不理集团没有充分考虑影响消费者购买行为的因素。

四、选择目标市场与市场定位

(一)市场细分

1. 市场细分的含义

所谓市场细分,又称市场细分化,即企业根据顾客的不同需求,把整体市场划分为不同的顾客群的市场分割过程。每一个顾客群就是一个细分市场,亦称"子市场""分市场"或"亚市场",各个细分市场由需要与欲望基本相同的顾客所组成。市场细分是企业目标市场选择和市场定位的基础与前提。

2. 市场细分的原则

(1)差异化。

(2)可衡量性。

(3)可进入性。

(4)效益性。

(二)目标市场选择

1. 目标市场策略

(1)无差异市场营销。无差异市场营销是指企业在市场细分之后,不考虑各子市场的特性而只注重子市场的共性,决定只推出单一产品,运用单一的市场营销组合,力求在一定程度上满足尽可能多的顾客需求的目标市场策略。采用这种策略的优点是产品的品种、规格、款式简单,有利于标准化与大规模生产,有利于降低生产、存货、运输、促销等成本费用。其主要缺点是单一产品要以同样的方式广泛销售并受到所有购买者的欢迎,这几乎是不可能的。特别是当同行业中有几家企业都实行无差异市场营销时,在较大的子市场内的竞争异常激烈,因而往往是子市场越大,利润越小。人们把这种追求最大子市场的选择叫作"多数谬误"。

（2）差异性市场营销。差异市场营销是指企业决定同时为几个子市场服务,设计不同的产品,并在渠道、促销和定价方面加以相应的改变,以适应各个子市场的目标市场策略。企业的产品种类如果同时在几个子市场都占有优势,就会提高消费者对企业的信任感,进而提高重复购买率。而且,通过多样化的产品线和多样化的渠道进行生产、销售,通常会使总销售额增加。采用差异市场营销的主要缺点是会使企业的生产成本和市场营销费用增加。有些企业曾实行了超细分策略,导致产品价格不断上涨,从而影响产销数量和利润。

（3）集中性市场营销。集中性市场营销是指企业集中所有力量,以一个或少数几个性质相似的子市场作为目标市场,以便在较少的子市场上能有较大的市场占有率的目标市场策略。实行集中市场营销的企业,一般是资源有限的中小企业,或是初次进入新市场的大企业。由于服务对象比较集中,对一个或几个特定子市场有较深的了解,而且在生产和市场营销方面实行专业化,可以比较容易地在这一特定市场取得有利地位。因此,如果子市场选择得当,企业可以获得比较高的投资收益率。但是,实行集中市场营销有较大风险,因为目标市场范围比较狭窄,一旦市场情况突然恶化,企业可能陷入困境。

案例分析

> 元旦,某高校俱乐部前,一老妇守着两大筐苹果叫卖,因为天寒,问者寥寥。一教授见此情形,上前与老妇商量几句,然后走到附近商店买来节日织花用的红彩带,并与老妇一起将苹果两个一扎,接着高声叫道:"情侣苹果！两元一对！"经过的情侣们甚觉新鲜,用红彩带扎在一起的一对苹果看起来很有情趣,因而买者甚众。不一会儿,苹果全卖光了。老妇感激不尽,赚得颇丰。
>
> 问题:为什么采用"情侣苹果"前后的销售效果不一样？
>
> 分析提示:这是一个成功进行目标市场定位营销的案例。首先分清众多细分市场之间的区别,并从中选择一个或几个细分市场,针对这几个细分市场开发产品并制定营销组合。那位教授对俱乐部前来往的人群进行的市场细分可谓别出心裁,占很大比例的成双成对的情侣给了他灵感,使其觉察到情侣们将是最大的苹果需求市场,而其对产品定位更是奇巧,用红彩带两个一扎,唤为"情侣苹果",对情侣非常具有吸引力,即使在苹果不好销的大冷天里也高价畅销了。

2. 影响目标市场策略选择的因素

（1）企业资源。如果企业资源雄厚,可以考虑实行差异市场营销;否则,最好实行无差异营销或集中市场营销。

（2）产品同质性。产品同质性是指产品在性能、特点等方面的差异性的大小。对于同质产品或需求上共性较大的产品,一般宜实行无差异市场营销策略;反之,对于异质产品,则实行差异市场营销或集中市场营销策略。

（3）市场同质性。如果市场上所有顾客在同一时期偏好相同,购买的数量相同,并且对市场营销刺激的反应相同,则可视为同质市场,宜实行无差异市场营销策略;反之,如果市场需求的差异较大,则为异质市场,宜采用差异市场营销或集中市场营销策略。

(4)产品所处的生命周期阶段。处在介绍期和成长期的新产品,市场营销重点是启发和巩固消费者的偏好,最好实行无差异市场营销或针对某一特定子市场实行集中市场营销;当产品进入成熟期后,市场竞争激烈,消费者需求日益多样化,可改用差异市场营销策略以开拓新市场,满足新需求,延长产品生命周期。

(5)竞争对手的目标市场营销策略。一般来说,企业的目标市场策略应与竞争者有所区别,或反其道而行之。如果强大的竞争对手实行的是无差异市场营销策略,则本企业应实行集中市场营销或更深一层的差异市场营销策略;如果本企业面临的是较弱的竞争者,必要时可采取与之相同的策略,凭借实力击败竞争对手。

☞ 知识拓展

麦当劳的主要目标市场决策

(1)小孩与家庭——这是麦当劳所策划的第一个目标群,是公司"欢乐餐"与特别促销活动的焦点。

(2)青少年——他们不想听人训话,而且希望别人能以坦诚的方式和他们交流,并感受到自己能被了解。所以为他们预备了一些特别的广告片,影片中演员表演的是这个年龄阶段真正喜欢的活动。

(3)青年——年龄在18~34岁之间的人。这些人正在开创他们的事业生涯,开始建立他们的家庭。麦当劳随时准备为他们服务,他们能得到的是既快又有效率的餐饮服务。

(4)少数民族——在西班牙裔有线电视网播映的西班牙广告,各部广告片都强调与西班牙裔或非美国文化有关的事物。

(5)年长者——麦当劳推销其餐饮的经济性,同时也鼓励年长者从事该餐厅工作。

(三)市场定位

1. 市场定位的含义

所谓市场定位,是指勾画或确立企业(产品)在目标顾客群中的形象和地位,其实质是取得目标市场的竞争优势,确定产品在顾客心目中的适当位置并留下深刻的印象,以便吸引更多的顾客,由此提高企业产品在顾客心目中的声誉。因此,市场定位是市场营销战略体系中的重要组成部分,它对于树立企业及产品的鲜明特色,满足顾客的需求偏好,从而提高企业竞争实力具有重要的意义。

2. 市场定位的步骤

(1)明确顾客的真正需求或顾客心目中需要的产品具有什么样的形象。

(2)研究竞争者产品的属性与特色以及在市场中的地位、市场满足程度。

(3)确定本企业产品在市场中的理想位置。

(4)采取适当的市场营销组合策略,树立本企业产品的形象,巩固和扩大市场占有率。

五、4PS 营销策略分析

（一）产品

1. 产品整体概念

营销学上的产品概念，是一个包含多层次内容的整体概念，而不单是指某种具体的、有形的东西。产品整体由三个层次构成，即核心产品、形式产品和附加产品。

（1）核心产品。核心产品是指产品提供给消费者的实际利益和效用，它回答"购买者真正要购买的是什么"这个问题。从根本上说，消费者在市场上购买的并不是物品的实体，而是需要的满足与满意，实体产品实质上只是传递利益的载体而已。例如，人们夏天购买空调不是为了获取装有某些电器零部件的物体，而是为了在炎热的夏季满足凉爽舒适的需求。因此，企业必须以向消费者提供尽量多的实际利益为出发点，来设计和开发新产品。

（2）形式产品。形式产品是核心产品所展示的外部特征，也就是核心产品借以实现的形式。主要包括产品的质量、特色、款式、品牌和包装五个方面的内容。即使是纯粹的劳务产品，也具有相类似的形式上的特点。消费者购买某种商品，除了要求该产品具备某些基本功能，能够提供某种核心利益外，还要考虑产品的质量、造型、款式、颜色等多种因素。

（3）附加产品。附加产品是指消费者购买某种产品时所获得的全部附加服务和利益，包括维修、运送、安装、保证等。在现代市场上，不同企业提供的同类产品在核心利益上越来越接近，很难有很大的差别。因此，企业要想获得竞争优势，更好地满足顾客的需求，不仅取决于生产领域的产品开发过程和流通领域的购买过程，更取决于企业能够提供给消费者多少附加利益。

> TCL 王牌彩电提出"100-1=0"的经营理念，意思是说，消费者对公司产品99%的满意，但很可能因为1%的不满意而使企业信誉毁于一旦。于是，公司逐步摒弃纯粹以价格来左右局面的营销策略，从消费者考虑，建立质量保证中心和销售服务中心。消费者购买彩电时，促销员不仅热情接待，耐心介绍，递上有关企业和产品的宣传材料，而且帮助送货、调试，讲解保养和维修事项，以赢得消费者的信赖。
>
> 问题：TCL 的经营理念给我们什么启示？
>
> 分析提示：TCL 王牌彩电提出"100-1=0"的经营理念，从消费者需要出发，进行市场营销组合，从产品、服务、价格等多方面满足消费者需要，赢得了消费者的信赖和广阔的市场前景。

2. 产品组合

（1）产品组合含义。产品组合是指一个企业向市场提供的全部产品的结构或构成，即企业的业务经营范围。它通常由若干产品线和产品项目组成。

产品线是指密切相关的一组产品项目。它可以从多方面加以理解，如满足同类需求，或出售给同类顾客,或有共同的销售渠道等。企业可根据经营管理、市场竞争、服务顾客等具体要求来划分产品线。

产品项目是指产品线中各种不同品种、档次、质量和价格的特定产品。

(2)产品组合决策。

① 扩大产品组合。扩大产品组合包括扩大产品组合的宽度和增加产品组合的长度。前者是在原产品组合中增加一个或几个产品大类,扩大经营产品范围;后者是在原有产品大类内增加新的产品项目。一般而言,扩大产品组合,可使企业充分利用人、财、物资源,分散风险,增强竞争能力。

② 缩减产品组合。当市场不景气或原料、能源供给紧张时,缩减产品组合反而可能使总利润上升。

③ 产品延伸。产品延伸是全部或部分改变现有产品的市场定位。具体的做法有向下延伸、向上延伸、双向延伸。

阅读资料

通用CT产品线向下扩展

通用电气公司医疗系统部是CT扫描仪的市场领导者,这些昂贵的诊断仪器主要在医院中使用。通用公司了解到一家日本公司打算进攻其市场。他们猜测日本公司的产品更小、电子化程度更高,而且更便宜。通用电气公司最好的防御策略是在日本公司进入市场前就引进一种相似的机器。公司有些经理认为这种低价的产品会损害大型CT扫描仪的高额利润。但公司的一位经理通过提出一个观点就打消了这种担心:与其与外面的日本人竞争,不如我们内部先竞争一下为好。

(二)产品生命周期

1. 产品生命周期含义

产品生命周期不是指产品的使用寿命,而是指产品的市场寿命、经济寿命,是指产品从进入市场到退出市场所经历的时间历程。一般的产品生命周期主要经历四个阶段,即导入期、成长期、成熟期和衰退期。产品生命周期的长短由众多影响因素决定,其中包括:产品本身的性质、特点;市场竞争的激烈程度;科学技术的发展速度;消费需求的变化速度;企业营销的努力程度;等等。从总的趋势看,产品生命周期正在日益缩短。

2. 产品生命周期各阶段的特征及营销策略(表4-2)

表4-2

阶段		导入期	成长期	成熟期	衰退期
特征	销售	销售量低	销售量剧增	销售量最大	销售衰退
	成本	单位顾客成本高	单位顾客成本一般	单位顾客成本低	单位顾客成本低
	利润	亏本	利润增长	利润高	利润降下
	顾客	创新者	早期使用者	中期大众	落后者
	竞争者	很少	增多	人数稳中有降	下降

续表

阶段		导入期	成长期	成熟期	衰退期
营销目标		创造产品知名度,提高试用率	市场份额最大化	保护市场份额,争取最大利润	压缩开支,榨取品牌价值
策略	产品	提供基本产品	扩大服务保证	品牌和型号多样化	逐步撤出衰退产品
	价格	用成本加成法	渗透市场市价法	竞争定价	降价
	分销	建立选择性分销	密集分销	建立更密集分销	有选择地减少无利润渠道出口
	广告	在早期使用者和经销商中建立知名度	在大众市场建立知名度,激发兴趣	强调品牌差异和利益	降低至维持绝对忠诚的水平
	促销	加强促销,引诱试用	减少促销,利用使用者的要求	加强促销,鼓励转换品牌	降低到最低标准

☞ **知识拓展**

品牌资产

在市场上,有些品牌的知晓程度很高,有些品牌的接受程度高,有些品牌的顾客偏好程度高,有些品牌的忠诚度很高。不同的品牌在市场上的实力和价值不一样。品牌在市场上的实力和价值实质上是品牌所具有的资产。品牌资产属于无形资产和长期资产。

品牌资产与下列因素有关:忠诚顾客的数量,品牌名字的知晓度,认知的品牌质量,强烈的精神和感情联系,其他资产,如专利、商标和渠道关系等。

六、产品定价

(一)影响定价的主要因素

1. 定价目标

(1)维持生存。如果企业产量过剩,或面临激烈竞争,或试图改变消费者需求,则需要把维持生存作为主要目标。为了确保工厂继续开工和使存货出手,企业必须制定较低的价格,并希望市场是价格敏感型的。利润比起生存来要次要得多。许多企业通过大规模的价格折扣来保持企业活力。只要其销售收入能弥补可变成本和一些固定成本,企业的生存便可得以维持。一般来说,只有在社会产能大量过剩、竞争十分激烈的情况下,企业才会选择这一定价目标。

(2)当期利润最大化。当企业的产品在市场上处于绝对有利地位时,企业总是希望制订一个能使当期利润最大化的价格。他们估计需求和成本,并据此选择一种价格,使之能产生最大的当期利润、现金流量或投资报酬率。应当明确,最大利润并不必然导致高价,在竞争性的市场上,任何企业都难以长期维持不合理的高价,高价既难以为市场所接受,又会过早地引起剧烈的竞争，故不宜轻易采用。

（3）市场占有率最大化。有些企业想通过定价来取得控制市场的地位，即使市场占有率最大化。因为，企业确信在赢得高市场占有率之后，能产生规模经济效益并获得较高的长期利润，同时低价位还可以有效地排斥竞争对手，所以制定尽可能低的价格来追求市场占有率领先地位。企业也可能追求某一特定的市场占有率。

（4）产品质量最优化。企业也可以考虑产品质量领先这样的目标，并在生产和市场营销过程中始终贯彻产品质量最优化的指导思想。这就要求用高价格来弥补高质量和研究开发的高成本。产品优质优价的同时，还应辅以相应的优质服务。

2. 产品成本

商品的价格由成本、税金和盈利构成。如果说某种产品的最高价格取决于市场需求，则最低价格取决于这种产品的成本费用。从长远看，任何产品的销售价格必须高于成本费用，才能以销售收入来抵偿生产成本和经营费用，否则就无法经营。因此，企业制定价格时必须估算成本。

3. 市场需求

市场需求也对企业定价有着重要影响，而需求又受价格和收入变动的影响。因价格或收入等因素而引起的需求的相应变动率，就叫作需求弹性。需求的价格弹性反映需求量对价格的敏感程度。在以下条件下，需求可能缺乏弹性：市场上没有替代品或者没有竞争者；购买者对较高价格不在意；购买者改变购买习惯较慢，也不积极寻找较便宜的东西；购买者认为产品质量有所提高，或者认为存在通货膨胀等，价格较高是应该的。

4. 竞争者的产品和价格

在竞争性市场上，几乎每种产品都有或多或少的竞争品。竞争的强度取决于产品制作的难易、供求形势与竞争格局。企业必须采取适当方式，了解竞争者所提供的产品质量和价格以及主要竞争对手的实力如何。企业获得这方面的信息后，就可以与竞争产品比质比价，更准确地制定本企业的产品价格。如果两者质量大体一致，则两者价格也应大体一样，否则本企业产品可能卖不出去；如果本企业产品质量较高，则产品价格也可以定得较高；如果本企业产品质量较低，那么，产品价格就应定得低一些。还应看到，竞争者也可能随机应变，针对企业的产品价格而调整其价格；也可能不调整价格，而调整市场营销组合的其他变量，与本企业争夺顾客。当然，对竞争者价格的变动，企业要及时掌握有关信息，并做出明智的反应。

（二）定价策略

1. 折扣定价策略

（1）现金折扣。它是对按约定日期付款或提前付款的顾客给予的一定的折扣。这有利于加速资金周转，减少坏账损失。

（2）数量折扣。它是指按购买数量的多少，分别给予不同的折扣，购买数量愈多，折扣愈大。鼓励顾客购买更多的物品，因为大量购买能使企业降低生产、销售、储运、记账等环节的成本费用。

（3）功能折扣，又叫贸易折扣。它是制造商给某些批发商或零售商的一种额外折扣，促使它们执行某种市场营销任务（如推销、储存、服务）。

（4）价格折让。它是根据价目表给顾客以价格折扣的另一种类型，是减价的一种形式。例如，新产品试销折让，如商品标价115元，去掉零头，减价5元，顾客只付110元。"以旧换新"也是价格折让的形式之一。

 阅读资料

沃尔玛的折价销售

沃尔玛能够迅速发展，除了正确的战略定位以外，也得益于其首创的"折价销售"策略。每家沃尔玛商店都贴有"天天平价"的大标语。同一种商品在沃尔玛比其他商店要便宜。沃尔玛提倡的是低成本、低费用结构、低价格的经营思想，主张把更多的利益让给消费者，"为顾客节省每一美元"是他们的目标。沃尔玛的利润率通常在30%左右，而其他零售商的利润率则在45%左右。公司每星期六早上举行经理人员会议，分店虽报告某商品在其他商店比沃尔玛低，可立即决定降价。低廉的价格、可靠的质量都是沃尔玛的竞争优势，吸引了一批又一批顾客。

2．地区定价策略

地区性定价策略，就是企业要决定：对于卖给不同地区顾客的某种产品，是分别制定不同的价格，还是制定相同的价格。也就是说，企业要决定是否制定地区差价。

3．心理定价策略

（1）声望定价。声望定价是指企业利用消费者仰慕名品名店声望的心理采用的一种定价方法。

（2）尾数定价。所谓尾数定价，是指利用消费者数字认知的某种心理，尽可能在价格数字上不进位，而保留零头，使消费者产生价格低廉和卖主经过认真的成本核算才定价的感觉，从而使消费者对企业产品及其定价产生信任感。

想一想 在日常生活中，有哪些尾数定价的现象？

（3）招徕定价。所谓招徕定价，是指零售商利用部分顾客求廉的心理，特意将某几种商品的价格定得较低以吸引顾客。

4．差别定价策略

（1）顾客差别定价，即企业按照不同的价格把同一种产品或服务卖给不同的顾客。

（2）产品形式差别定价，即企业对不同型号或形式的产品分别制定不同的价格，但是，不同型号或形式产品的价格之间的差额和成本费用之间的差额并不成比例。

（3）产品部位差别定价，即企业对于处在不同位置的产品或服务分别制定不同的价格，即使这些产品或服务的成本费用没有任何差异。

（4）销售时间差别定价，即企业对于不同季节、不同时期甚至不同钟点的产品或服务分别制定不同的价格。

5．新产品定价策略

（1）撇脂定价，是指在产品生命周期的最初阶段，把产品的价格定得很高，以获取最大利润,有如从鲜奶中撇取奶油。企业所以能这样做,是因为有些购买者主观认为某些商品具有很高的价值。

想一想 具有哪些特点(特征)的新产品适合采用撇脂定价策略?

(2)渗透定价,是指企业把其创新产品的价格定得相对较低,以吸引大量顾客,提高市场占有率。

七、促销的应用

(一)促销及其组合

1. 促销含义

促销或促进销售,是企业通过人员和非人员的方式,把企业的产品及提供的服务信息传递给顾客,激发顾客的购买欲望,从而促使消费者购买的活动。

2. 促销组合

促销组合是指企业有计划、有目的地把人员推销、广告、公共关系、营业推广等促销形式进行适当的配合和综合运用,形成一个完整的销售促进系统。促销组合是市场营销组合的第二个层次。促销方式分为人员推销、广告、公共关系及营业推广等,四种方式或手段各有长处和短处,促销的重点在不同时期、不同商品上也有区别。

确定促销组合策略,应考虑的主要因素有:促销目标、产品性质、产品市场生命周期、市场性质和促销预算等。

☞ **知识拓展**

不同时期采取不同的促销方式

产品生命周期	促销重点目标	促销主要方式
导入期	使消费者认识了解产品	各种介绍性广告、人员推销、导入 CIS 策略
成长期	提高产品的知名度	改变广告形式(如形象广告)
成熟期	增加产品的信誉度	
衰退期	维持信任、偏爱	以营业推广为主,辅以提醒性广告、减价等
市场生命周期各阶段	消除顾客的不满意感	改变广告内容,利用公共关系

(二)人员推销策略

1. 人员推销的特点

人员推销是指通过推销人员深入中间商或消费者进行直接的宣传介绍活动,使其采取购买行为的促销方式。人员推销的特点是具有直接性、灵活性、针对性、完整性、情感性等。

2. 人员推销的过程

（1）寻找并识别目标顾客。推销人员在推销之前，首先必须弄清一个问题，顾客在哪里？自己要向哪种类型的人推销产品？准确寻找和识别顾客应当是推销人员的基本功。

（2）前期调查。对于已确定的目标顾客，推销人员应当首先收集他们的有关资料，包括需求状况、顾客的经济来源和经济实力、拥有购买决策权对象、购买方式，以便制订推销方案。

（3）试探式接触。推销员要根据掌握的目标顾客的资料，从目标顾客感兴趣的问题入手，打开话题，再了解顾客并根据顾客的反应，逐步引入推销产品的话题。

（4）介绍和示范。在对目标顾客已有充分了解的基础上，推销人员可以直接向目标顾客进行产品介绍，甚至主动地进行一些产品的使用示范，以增强目标顾客对产品的信心。

（5）应付异议。在推销过程中，推销员经常遇到顾客的异议。顾客的异议是成效的障碍，但它也表明了顾客已经对推销员的讲解给予了关注，对产品产生了兴趣，只要克服了异议，就能够达成交易。应付异议的有效办法是把握产生异议的原因，对症下药。

（6）达成交易。成交是推销的目标，当各种异议被排除之后，要密切注视顾客发出的成交信号，即通过顾客的言语动作、表情等表露出的购买意向，并抓住这一成交的良好机会及时达成交易。

（7）后续工作。交易达成后，并不意味着推销工作的结束，而应看作新的推销工作的开始，因此，各种后续工作必须及时跟上，如备货、送货、配套服务即售后服务等。这些工作的妥善处理，不仅有利于企业同目标顾客建立长期稳固的购销关系，而且可以吸引新的顾客。

（三）广告决策程序

1. 确定广告目标

这取决于企业的整个营销目标。在企业实现其整体目标的每个阶段，广告都起着不同的作用，归纳起来有三种：

（1）以告知为目标，即只向目标顾客说明产品，使顾客对产品产生初步的认识和了解。

（2）以说服为目标，即强调特定品牌的产品与竞争产品的差异，突出该产品的优点和特色，目的是使顾客形成品牌偏好。

（3）以提醒为目标，有两种情况：一方面是在成熟期对已经畅销的产品做广告，目的是为了加深消费者的印象，提醒其购买；另一方面是对季节性商品在过季或淡季时做广告，起到提示作用。

2. 编制广告预算

这时可以采用量力支出、销售额比例法、竞争对等法或目标任务法等。此外，还要考虑几个因素，即产品生命周期、市场份额、竞争的激烈程度、广告的频度等。

3. 决策广告信息

广告的创造力远比广告费更为重要，因为有创意的广告能带来注意和兴趣，并最终产生销量。

☞ **知识拓展**

成功广告的十大法则

(1) 简单、易懂。
(2) 不是在推销产品,而是在推销产品的好处。
(3) 适当时机来点助兴。
(4) 运用名人。
(5) 慎选广告配色,人的目光永远会被夸张、耀眼和靓丽的色彩吸引。
(6) 表现要顺畅。
(7) 广告忌讳暧昧不明。
(8) 画面大小、黑白对比要强烈。
(9) 广告中使用儿童和动物。
(10) 不要让文案内容太过于拥挤。

4. 选择广告媒体

广告所运用的媒体,有报纸、杂志、广播、电视、电影、幻灯片、户外张贴、广告牌、样本、传单、书刊和包装纸等,其中最常用的四大媒体是报纸、杂志、广播、电视。同时,作为一种新兴的广告媒体的网络广告,在营销传播中正扮演着越来越重要的角色。

想一想 选择广告媒体时,应考虑哪些因素?

5. 评估广告效果

要研究广告传播的效果,常用的预测方法有直接评分、组合测试、实验室测试三种方法。

案例分析

　　世界著名的利普顿茶叶公司为了使自己的产品迅速打入市场,在开业伊始便别出心裁地举办了一次精彩的表演。他们买来几头小猪,用缎带给它们精心打扮,并插上"我要去利普顿市场"字样的小旗,然后赶着它们穿过闹市,引起众人的注意,达到了让商品家喻户晓的目的。

　　问题:利普顿茶叶公司的产品为什么能迅速打入市场?

　　分析提示:做广告若能匠心独运,就能四两拨千斤,用最少的钱让广告有声有色。茶叶公司与猪,风马牛不相及,经公关人员策划、牵线搭桥,小猪成了促销功臣,企业也借此腾飞。

(四) 营业推广

1. 确定促销目标

营业推广的具体目标一定要根据目标市场类型和促销的目的来定。

就消费者而言,目标包括鼓励消费者更多地使用商品和促其大批量购买,争取未使用者试用,吸引竞争者品牌的使用者。

就零售商而言,目标包括吸引零售商经营新的商品品目和维持较高水平的存货,鼓励他们购买过季商品,鼓励贮存相关品目,抵消竞争性的促销影响,建立零售商的品牌忠诚和获得进入新的零售网点的机会。

就销售队伍而言,目标包括鼓励他们支持一种新产品或新型号,激励他们寻找更多的潜在顾客和刺激他们推销过季商品。

2. 选择促销工具

选择促销工具要考虑市场的类型、促销目标、竞争条件,以及每一种促销工具的成本效益。根据面对的对象不同,营业推广的工具分为三类:消费者促销工具、交易促销工具、业务和销售队伍促销工具。

(1) 面向消费者的促销工具,主要有样品、优惠券、现金折扣、特价包、赠品、奖品、免费试用、捆绑促销等。

(2) 面向中间商的交易促销工具,主要有价格折扣、补贴或津贴、免费商品等。

(3) 面向业务和销售队伍的促销工具,主要有贸易展览会和集会、销售竞赛、纪念品广告等。

3. 制订营业推广方案

(1) 刺激大小。对促销对象的刺激规模,要根据费用与效果的最优比例来确定。

(2) 刺激对象。必须确定方案是面向每一个人还是有选择的部分人,并且要明确这种选择的正确与否会直接影响到促销销售的最终效果。

(3) 刺激期限。任何促销方式,在实行时都必须规定一定的期限,不宜过长或过短。

(4) 送达方式。企业要根据激励对象,以及每一种渠道方法的成本和效率来选择送达方式。

(5) 时机选择。促销时机的选择应根据消费需求时间的特点结合总的市场营销战略来定,日程的安排应注意与生产、分销、促销时机和日程协调一致,并与战略匹配。

(6) 预算及分配。既可以通过自下而上的方法,由营销人员根据选择的促销方法来估计它们的总费用,也可以按照比例习惯来确定各项营业推广预算的比率。

4. 评价营业推广结果

每一次营业推广的结果都应该进行细致科学的评价,为后来的活动提供参考。制造商可用三种方法对促销的效果进行衡量:销售数据、消费者调查和经验。

(五) 公共关系

1. 公共关系含义

公共关系是指一个组织为改善与社会公众的联系状况,增进公众对组织的认识、理解与支持,树立良好的组织形象而进行的一系列活动。企业公共关系是一种特殊的促销形式。

2. 公关促销的方式

(1) 创造和利用新闻。

(2) 举行各种会议。

(3) 参与社会活动。

(4) 建设企业文化。

八、新媒体营销策略

（一）新媒体营销的概念

新媒体，即新型互联网媒体。"新型"是相对于报刊、户外、广播、电视四大"传统"媒体而言的，所以新媒体也被形象地称为"第五媒体"。新媒体包括手机、平板电脑、电脑、IPTV（交互式网络电视）等。

新媒体平台是具有新媒体多对多、交互式特点的平台，主要包括微信、微博、搜索引擎、知乎、自媒体平台（百度百家、搜狐媒体平台、今日头条）等。

新媒体营销是以新媒体平台为传播和购买渠道，把相关产品的功能、价值等信息传送给目标群体，以便形成记忆和喜欢，从而实现品牌宣传、产品销售目的的营销活动。

（二）新媒体营销的特点

（1）目标客户精准定位。

（2）与客户距离拉近。

（3）企业宣传成本降低。

（三）新媒体营销方式

1. 微信营销

微信营销是网络经济时代企业营销模式的一种创新，是伴随着微信的火热而兴起的一种网络营销方式。微信不存在距离的限制，用户注册微信后，可与周围同样注册的"朋友"形成一种联系。用户订阅自己所需的信息，商家通过提供用户需要的信息，推广自己的产品，从而实现点对点的营销，比较突出的如体验式微营销。

2. 微博营销

微博营销是指通过微博平台为商家、个人等创造价值而实行的一种营销方式，也是指商家或个人通过微博平台发现并满足用户的各类需求的商业行为方式。

3. 视频营销

以创意视频的方式，将产品信息移入视频短片中，被大众所吸收。它不会造成太大的用户群体排斥性，也容易被用户群体所接受。

4. 软文营销

软文广告，顾名思义是相对于硬性广告而言，由企业的市场策划人员或广告公司的文案人员来负责撰写的"文字广告"。

5. 病毒式营销

病毒营销模式来自网络营销，利用用户口碑相传的原理，是通过用户之间自发进行的，是费用较低的营销手段。

6. 博客营销

博客营销是建立企业博客或个人博客，用于企业与用户之间的互动交流以及传播企业文化，一般以诸如行业评论、工作感想、心情随笔和专业技术等作为企业博客内容，使用户更加信赖企业，深化品牌影响力。

阅读资料

做好新媒体运营的七个技巧

从两点来讲,一点就是人(灵魂人物),另一点就是思想(转变观念)。

1. 打造灵魂人物

我们可以发现一个现象,现在很多企业官方微博都已死,可是那些行业里的意见领袖们的微博却玩得风生水起。其实关键就是人,企业官微对于粉丝来讲是一群人,而对于意见领袖来说,粉丝面对的是一个活生生的人,你可以跟他进行沟通、互动、交流,也就是灵魂人物。

2. 平台思维

要想吸引更多的粉丝关注,就必须能够提供更多粉丝所需要的价值,就像一家电视台一样,要想提高电视台的收视率,就必须引进更多的优质电视剧,这样才能获得更多的观众。同样,一个优秀的公众平台,必须拥有更优质的作者提供内容,才能吸引粉丝关注。

3. 资源运作

随着粉丝越来越多,最终这些粉丝都会变成资源。当然是资源就可以拿来交换、变现,如果拥有的平台资源只供自己使用,那么这个平台发挥的影响力会很小,如果这个平台的资源可以为平台里面的粉丝所有,那么这个平台就更有价值,可据此打造粉丝跟平台利益的共同体。

4. 把读者当作顾客

请问什么是读者?读者就是读完这一篇文章或者一本书的人,读完以后作者跟读者不需要保持任何关系。

请问什么是顾客?购买产品以后,商家必须保持跟顾客的关系,并且必须对卖出的产品负责任。

5. 打造多个媒体传播渠道

要想获得更多的粉丝,必须拥有多个价值输出的渠道,这样才能保证新媒体的活跃度。运营过新媒体的人会发现,刚开始关注的粉丝往往很活跃,可是随着时间的推移,很多粉丝的活跃度就会下降,一个新的平台只有每一天都有源源不断的粉丝增加才可以保持平台的活跃度,所以一定要为自己的平台准备多个价值的输出渠道,以保持平台的活跃度。

6. 重视人脉关系链的传播

新媒体当中人脉链传播改变了传统媒体的传播模式,把每一个粉丝都变成了传播的载体,粉丝是观众同时也是内容的传播者,这样的传播想象力可以无限放大。如果分享你内容的观众是一位拥有10万粉丝的行业领袖,那么这一次传播所产生的影响力,将会是原来的10倍甚至100倍。因为你永远不知道分享内容的粉丝拥有的粉丝人数。同时,通过人脉关系链的传播,可以在不增加任何成本的情况下,为平台获取更多的粉丝,增加平台的影响力。

任务六　企业人力资源管理

1. 能说出人力资源的定义与特点，分清现代人力资源管理与传统人事管理的主要区别；
2. 能说出人力资源规划的含义、内容和步骤，人力资源规划的影响因素；
3. 能说出绩效考评方法的优缺点和使用范围，绩效考评方案的设计要求和设计内容；
4. 能说出薪酬规划的内容及步骤，薪酬管理的影响因素；
5. 能明白员工在不同职业发展阶段的情况及员工职业发展设计流程。

2010年，对富士康来说是极具考验的一年，从1月份到5月份，相继有13起员工跳楼事件震惊全国。虽然随后富士康采取了集体加薪、加强心理疏导和安保防范、将工厂向内地转移等措施，但到2010年年底，又有一名员工在富士康深圳园区跳楼自杀。这不仅让富士康对其自身的人力资源管理机制进行反省和改革，也引发了全国对人力资源管理的思考。

我国是"生产大国"，也是"劳动力大国"，但近年来用工荒不断困扰着企业的发展，虽然每年员工的福利、待遇有所提高，但招工难的问题依然没有解决。为了能招到足够的工人，现在很多工厂都搬迁至内地。

一、人力资源管理的概念

（一）人力资源的定义

人力资源（Human Resources，HR）是一个国家或者一个地区从事智力劳动和体力劳动，具有或者将要具有推动整个经济和社会发展能力的人口的总和。

想一想　人力资源这一概念，与人口资源、劳动力资源和人才资源是否一致？各有什么不同呢？

（二）人力资源管理的定义

人力资源管理（Human Resource Management，HRM）是对人力资源进行有效开发、合理配置、充分利用和科学管理的制度、程序、法令与方法的总和。

人力资源管理可分为宏观和微观两个层次。宏观人力资源管理是指对一个国家或地区的人力资源进行管理,主要侧重于从整体上对人力资源的形成、开发和利用的管理。微观上则是围绕着组织的发展战略和目标,对组织的人力资源进行目标规划和管理,承担对人力资源的招、用、留和激励等各个环节的管理任务,保证组织及时得到需要的人力资源,努力对人力资源进行最佳的配置和最好的激励,并做好组织未来发展所需人才的储备和开发。

人力资源管理是企业的基本管理职能之一,其目标就是把企业所需人力资源吸引到企业中来,将他们安置在企业适合其自身发展的岗位上,调动他们的工作积极性,开发他们的潜能,以充分发挥他们的作用,为实现企业目标服务。

  阅读资料

古今中外著名人物对人力资源的重视

间于天地之间,莫贵于人。　　　　　　　　　　　　　　　　——孙膑

为政之要,唯在得人。凡事皆须务本,国以人为本。　　　　　——李世民

所谓企业管理,最终就是人事管理。人事管理,就是企业管理的代名词。
　　　　　　　　　　　　　　　　　　　　　　　　　　　——德鲁克(美)

我最大的成就就是发现人才,发现一大批人才。他们比绝大多数的首席执行官都要优秀。这些一流的人物在 GE 如鱼得水。
　　　　　　　　　　　　　　　　　　——通用电气公司首席执行官韦尔奇(美)

将我所有的工厂、设备、市场、资金全夺去,但只要保留我的组织、人员,四年以后,我仍将是一个钢铁大王。　　　　　　　　　　　——美国钢铁大王卡内基

你可以接管我的工厂,烧掉我的厂房,但只要留下我的那些人,我就可以重建 IBM 公司。　　　　　　　　　　　　　　　　　——美国 IBM 公司创建人沃森

二、人力资源规划

人力资源规划是人力资源管理的重要组成部分。它主要是预测未来的组织任务和环境对组织的要求以及为了完成这些任务和满足这些要求而设计的提供人力资源的过程。现代社会竞争日趋激烈,人力资源的供求关系在不断变化,这就要求组织对内外部环境的变化及时做出预测,制订计划,采取相应的措施进行应对,这就是人力资源规划的过程。

(一)人力资源规划的含义与作用

1. 人力资源规划的含义

人力资源规划是充分利用人力资源的一项重要措施。所谓人力资源规划,就是指为了使企业在不断变化的环境中能够稳定地拥有一定质量和必要数量的人力资源,以实现包括个人利益在内的组织目标而拟定的必要的政策和措施,从而确保人员需求量和人员拥有量之间在组织未来发展过程中的相互匹配。它包括四层含义:

(1)人力资源规划要适应环境的变化,对变化进行合理的预测,使组织的人力资源管理

处于主动地位。

（2）从组织的目标和任务出发，要求企业人力资源的数量、质量和结构符合特定的生产资料和生产技术条件的需求。

（3）在实现组织目标的同时，要满足个人利益。

（4）人力资源规划是组织文化的具体体现，员工只有处于良好的整体环境（企业文化）之中，组织才能吸引到满意的人才，实现组织长期利益的最大化目标。

2. 人力资源规划的作用

（1）人力资源规划有利于组织战略目标的制定和实现。

（2）人力资源规划可以确保企业在生存发展过程中对人力资源的需求。

（3）人力资源规划有利于控制人力资源成本。

（4）人力资源规划有利于调动员工的积极性和创造性。

（二）人力资源规划的内容及影响因素

1. 人力资源规划的内容及步骤

人力资源规划可分为总体规划和业务规划。

人力资源总体规划是指组织在规划期内人力资源开发和利用的战略目标、政策的总体筹划安排。总体规划落实到具体业务上就成为人力资源业务规划。它包括人员晋升规划、人员补充规划、人员培训开发规划、人员配备规划、人员工资激励规划、人员职业生涯规划等，每一项业务规划都是由目标、任务、政策、步骤及预算等部分构成的，这些业务规划的结果都能保证人力资源总体规划目标的实现。

制定人力资源规划的原则

要实现规划的内容，一般采取以下步骤：

（1）组织目标与战略分析。组织的战略规划先于人力资源规划，人力资源规划应该与企业的组织战略相吻合，将战略规划的要求转化为定量和定性的人力资源计划。例如，在制定出扩大生产、提高综合生产率的战略规划之后，相应的人力资源规划就应考虑增加人员、提高人员素质、进行相应的培训等问题。由此看来，在制定人力资源规划的准备工作中首先是对组织的战略目标进行分析和调研，没有确定发展战略的组织不可能确定人力资源规划。

（2）提供人力资源信息。任何一项规划要想做好，都必须充分地占有相关的信息。信息的质量决定着人力资源规划的质量。由于影响组织人力资源供给和需求的因素很多，为了能够比较准确地做出预测，就需要通过环境分析系统与员工信息系统收集和调查与之有关的各种信息。组织的人力资源系统包括的信息内容很多，主要有：人员调整状况，人员的经验、能力、知识、技能的要求，工资名单上的人员情况，员工的培训、教育情况等。这些信息一方面来源于组织的人力资源信息系统，另一方面来源于职务分析工作。

（3）人力资源预测。人力资源规划好比是一座桥梁，连接着企业目前的状况与未来的发展。这座桥梁不是对未来发展一厢情愿的设计，而是顺应与尊重现实的因势利导。在人力资源规划中最关键性的一环是对人力资源需求与供给的预测，预测的质量决定着人力资源规划的价值。在预测过程中，选择做预测的人是十分关键的，因为预测的准确与否和预测者对影响人力资源规划各方面信息的掌握及其管理判断能力关系重大。从逻辑上讲，人力资源的需要是产量、销售量、税收等商业要素的函数。但并不是说产量增加，劳动力也随之成比例地增加。

员工人数还会受到改善技术、改进工作方法、改进管理等非商业因素的影响。特别是对不同组织而言,同一因素产生的影响程度并不相同,所以预测者需要具备丰富的知识和清醒的头脑。

人力资源
预测方法

(4) 将人力资源的供给与需求情况进行匹配。将数量、组合、技能和技术等方面的人员供需情况进行对比,确定供需缺口。在这一环节中重要的是确定匹配不当的问题发生在哪些环节。一般需要考虑如下问题:

① 在所预测的人力资源供需之间是否存在不平衡?
② 现有生产率发展趋势和薪酬水平对劳动力的水平和成本有什么影响?
③ 在某些工作岗位和年龄层是否存在人员流动的问题?
④ 是否具有一批符合未来需要的、具有足够潜力的管理者?
⑤ 是否存在关键能力短缺问题?

通过上述分析,企业才能制定出相应的人力资源规划,如晋升规划、补充规划、继任规划等。

(5) 执行计划与实施监控。在确定相应的人力资源计划后,应采取各种具体行动,如开始招聘、培训、调任、提拔,以及重新培训等,从而将方案转化为目标日期、时间进度安排和资源投入等可操作的项目,并具体实施计划,同时对计划实施情况进行监控。

(6) 评估人力资源规划。人力资源规划的评估包括事前的结果预期及实施后的效果评价。

① 事前的结果预期。虽然人力需求的结果只有过了预测期限才能得到最终检验,但为了给企业人力资源规划提供正确决策的可靠依据,有必要事先对预测结果进行初步评估。通常由专家及企业有关部门的主管人员组成评估组来完成评估工作。评估时应对人力资源规划的效果、成本效益、可行性、不足以及可改进的方面进行评价。

② 实施后的效果评价。实施后的效果评价包括对规划制定过程的评价和规划效果的评价。

在评价规划制定过程时需要考虑的问题有:人力资源规划者熟悉人事问题的程度以及这些人员在组织中被重视的程度;规划者与提供数据和使用人力资源规划的人事、财务、业务等其他部门的工作关系如何;有关各部门之间信息交流的难易程度;决策者对人力资源规划中提出的预测结果、行动方案和建议的利用程度;人力资源规划在决策者心目中的价值。

对人力资源规划效果的评价主要包括以下几点:实际招聘人数与预测的人员需求量的比较;劳动生产率的实际水平与预测水平的比较;实际的与预测的人员流动率的比较;实际执行的行动方案与规划的行动方案的比较;实施行动方案后的实际结果与预测结果的比较;劳动力和行动方案的成本与预算额的比较;行动方案的收益与成本的比较。

在对人力资源规划进行评估时,一要客观、公正和正确;二要进行成本—效益的分析,经济上没有效益的规划是失败的;三要征求部门领导和基层领导的意见,因为他们是规划的直接受益者,只有多数人赞同的规划才是好规划。

2. 影响人力资源规划的因素

(1) 外部环境因素。

① 经济因素。市场的繁荣与萧条对人力资源规划会产生显著影响。经济增长、利率调整、通货膨胀等因素决定了人力资源的可获得性,对工资高低、是否加班以及雇用、裁员等决

策都有直接的影响。例如,在有着2%失业率的劳动力市场和有着8%失业率的劳动力市场招聘员工的难度是绝不相同的。在2%失业率的市场中进行招聘,几乎不可能为任何岗位聘用到合适的员工,因为文化水平高、技能比较高,或者愿意工作的人大都已找到合适位置。只有当失业率上升时,寻找工作的具备相当水平的员工数量才会增加,企业的招聘工作相对才能容易些。

② 政府影响因素。政府部门是影响劳动力供给的主要因素之一,例如,政府的贸易政策及限制、税收水平、社会保障法案等都将影响到组织所雇用劳动力的来源、员工的薪酬结构等。所以,在制定人力资源规划时必须对政府政策、规章和立法等详加考虑。

③ 地理环境和竞争因素。地区的净人口流入、当地其他企业的雇用需求、竞争对手的招聘策略、该地区受国际竞争的影响程度,这些因素对人力资源规划都将产生影响。

④ 人口统计趋势。人口统计因素的不断变化已经形成了更具有差别性的劳动力群体,例如,在当今美国,1/3 的从业人员是兼职者、临时工或自由职业者,这些发展趋势对员工的招募、选拔、训练、薪酬与激励的政策与实践都将产生影响。

(2) 内部环境因素。① 技术与设备条件;② 企业规模;③ 企业经营方向;④ 组织文化。

三、工作分析

(一) 工作分析的内容及常用术语

工作分析又称职务分析、岗位研究,是指对某特定的职务做出明确规定,从而使其他人了解该职位的工作性质、责任、任务及从事该工作的工作人员所应具备的条件,是一项重要的人力资源管理技术。一般来说,工作分析所研究的事项,可以概括为 6 个 W 和 1 个 H:What,职务的具体内容;Who,谁来完成这些工作;When,工作的时间;Where,工作在哪里进行;Why,从事该工作的目的;Whom,工作的服务对象;How,如何进行这些工作。

通常在出现以下三种情况时,需要做工作分析:

(1) 新组织建立时,工作分析被正式应用;

(2) 工作由于新技术、新方法、新系统的产生而发生重要变化,尤其是工作性质发生变化时;

(3) 新的职位产生时,工作分析可帮助新职位的员工了解该岗位的一系列内容。

工作分析的内容基本分为两大部分,即工作描述和工作说明书。

(1) 工作描述主要是具体说明职位的工作内容、特点及工作环境等,包括职位的名称、工作的职责、工作的要求、工作的场所、工作的时间要求以及工作条件等。

(2) 工作说明书主要是根据工作描述的内容,指出从事该工作的人员必须具备的各项要求。主要包括:一般要求,指从事该工作所需要的年龄、性别、学历、工作经历等;生理要求,指该工作对工作人员的身体状况和身体素质方面的要求;心理要求,指工作中所应具备的知识、技艺、能力等个人特征,包括观察力、判断力、记忆力、语言表达能力和决策能力等。

在做工作分析的时候,通常会使用以下术语:

职责:组织要求的在特定岗位上需要完成的任务。

任务:为达到某一明确目的所从事的一系列活动。

职位：即岗位，是组织要求个体完成的一项或多项责任以及为此赋予个体的权利的总和。

职务：即工作，是按规定担任的工作或为实现某一目的而从事的明确的工作行为，由一组主要职责相似的职位所组成。

职业：由不同时间内不同组织中的相似工作组成。

职组：工作性质相近的若干职系综合而成为职组。

职级：工作内容、难易程度、责任大小、所需资格皆很相似的职位。

职系：由两个或两个以上有相似特点的工作组成。

职等：工作性质不同或主要职务不同，但其困难程度、职责大小、工作所需资格等条件充分相同的职级为同一职等。

（二）工作分析的步骤

工作分析是一项技术性很强的工作，也是一个全面的评价过程，需要具有与组织人事管理活动相匹配的科学的、合理的操作程序。该过程可分为准备阶段、调查阶段、分析阶段、描述阶段、运用阶段和控制评估阶段六个阶段，它们之间是相互联系、相互影响的关系。

（1）准备阶段。这是工作分析的第一阶段，主要任务是确定工作分析的目的、确定工作分析的信息收集类型和范围、建立工作分析计划、成立工作小组、对工作分析人员进行培训、做好其他必要的准备。

（2）调查阶段。这是工作分析的第二阶段，主要任务是对整个工作过程、工作环节、工作内容和工作人员等方面做一个全面调查。具体工作如下：

① 编制调查问卷和调查提纲。

② 到工作场地进行现场调查，观察工作流程，记录关键时间，调查工作必需的工具与设备，考察工作的物理环境和社会环境。

③ 对主管人员、在职人员广泛进行问卷调查，并与主管人员、员工代表进行面谈，收集有关工作的特征和需要的各种信息，征求改进意见，同时注意做好面谈记录。

④ 若有必要，工作分析人员可直接参与调查工作，或通过实验的方法分析各因素对工作的影响。

（3）分析阶段。这是工作分析的第三阶段，主要任务是对前一阶段收集到的材料进行分析。

① 对收集的材料进行整理。

② 对整理好的材料进行审查。

③ 按照要求对有效的材料进行分析。

（4）描述阶段。这是分析工作的第四阶段。仅研究和分析一组工作，并未完成工作分析，分析人员必须将获得的信息予以整理并写出报告。通常工作分析所获得的信息以下列方式整理：

① 文字说明。

② 工作列表及问卷。

③ 活动分析。

④ 决定因素法。

（5）运用阶段。该阶段是对工作分析的验证，只有通过实践的检验，工作分析才具有可行性和有效性，才能不断适应外部环境的变化，从而不断完善工作分析的运行程序。该阶段的工作主要有两部分：

① 培训工作分析的运用人员。

② 制定各种具体的应用文件。

（6）控制、评估阶段。

（三）工作分析信息的收集方法

（1）工作实践法。工作实践法是工作分析人员亲自从事所要研究的工作，从而细致深入地体验、了解、分析工作的特点和要求以达到工作分析的目的的方法。

（2）观察法。观察法指工作分析人员观察所需要分析的工作过程，以文字或图表的形式详细记录各个环节的内容、原因和方法，可以系统收集一种工作的任务、责任和工作环境等方面的信息。

（3）访谈法。访谈法是一种通过分析者与任职者之间面对面地交谈获得工作信息从而达到工作分析的目的的方法。

（4）问卷法。问卷法是工作分析中最常见的一种方法，采用问卷或调查表的形式获取工作分析中的信息，实现工作分析的目的。

（5）关键事件记录法。关键事件记录法又称典型事例法，是通过某职位的职工或了解该职位的人员对该职位半年到一年内能观察到的一系列关键事件的描述来获取信息的方法，通常对典型事例发生的频率、重要程度、工作特征和任职要求，通过积累、汇总和分类，得到实际工作对员工的要求。

（6）工作日志法。工作日志法是指由任职人员将每天的工作情况以日记的形式记录下来，并记录相关的责任、权利、人际关系、工作负荷及感受等，在此基础上进行综合。

（7）功能性工作分析法。这一分析法的核心是要对每一项工作按照承担此工作的员工与信息、人以及物之间的关系来进行等级划分。

（8）管理岗位描述问卷法。分析管理岗位应使用调查问卷法，包括从行为角度分析的管理行为调查问卷和从任务角度分析的管理任务调查问卷。

> ☞ **知识拓展**
>
> **职务说明书范例**
>
> 基本资料：
>
> （1）职务名称。
>
> （2）直接上级职位。
>
> （3）所属部门。
>
> （4）工资等级。
>
> （5）工资水平。
>
> （6）所辖人员。
>
> （7）定员人数。
>
> （8）工作性质。

工作描述：

（1）工作概要。

（2）工作活动内容：活动内容、时间百分比、权限等。

（3）工作职责。

（4）工作结果。

（5）工作关系：受谁监督，监督谁，可晋升、可转换的职位及可升迁至此的职位，与哪些职位有联系。

（6）工作人员运用设备和信息说明。

任职资格说明：

（1）最低学历。

（2）所需培训的时间和科目。

（3）从事本职工作和其他相关工作的年限和经验。

（4）一般能力。

（5）兴趣爱好。

（6）个性特征。

（7）性别、年龄特征。

（8）体能要求：工作姿势，对视觉、听觉、嗅觉有何特殊要求，精神紧张程度，体力消耗大小。

工作环境：

（1）工作场所。

（2）工作环境的危险性。

（3）职业病。

（4）工作时间特征。

（5）工作的均衡性。

（6）工作环境的舒适程度。

按照所学的内容写一份某一任课老师的职务说明书。

四、员工招聘与录用

员工招聘是根据组织的人力资源规划所确定的人员需求，通过多种渠道，利用多种手段，广泛吸引具备相应资格的人员向本组织求职的过程。这个过程直接影响组织在人力资源配置方面的成本效益，直接影响人员征选录用工作的难度、工作量和成效。

（一）员工招聘的渠道与程序

1. 员工招聘的渠道

通过何种渠道以及采用什么方式吸引并招聘到组织所需要的员工是总体招聘战略的一个重要内容，它在很大程度上影响到组织能够吸引到的应聘者的数量及质量。员工招聘的渠道有两个，即内部招聘和外部招聘。每个组织在招聘时都要根据人事政策、招聘人员的类型、招聘人员的市场供给状况和招聘成本等因素，选择相应的招聘渠道。

（1）内部招聘。内部招聘主要是从组织内部招聘相关的人员，招聘的方式包括布告招标、主管推荐以及利用已有的员工档案信息进行筛选。

（2）外部招聘。外部招聘主要从组织外部招聘相关的人员，招聘的方式包括广告招聘、内部员工推荐、职业中介机构推荐、参加招聘会、网络招聘以及通过猎头公司招聘等。

2. 员工招聘的一般程序

人员招聘作为人力资源管理工作的一个部分，不仅与其他人力资源管理工作如人力资源规划、组织的激励机制、薪酬政策等有密切关系，而且还受诸多因素的影响。因此，一个有效的招聘活动应该经过认真筹划。

（1）确定招聘需求；

（2）选择招聘渠道；

（3）制订招聘计划；

（4）选择招聘来源和方法；

（5）回收应聘资料；

（6）评估招聘效果。对招聘结果进行评估，可以帮助企业发现招聘过程中存在的问题，对招聘计划及招聘方法和来源进行优化，提高以后招聘的效果。招聘效果主要从招聘时间、招聘成本、应聘比率和录用比率等方面进行评估。

（二）员工录用

员工录用过程就是不断收集信息、进行筛选、做出取舍的过程，包括一系列具体步骤和程序。

（1）通过审查求职申请表进行筛选。

（2）有目标的选拔面谈。

（3）考试和测试。

招聘测试是人员聘用过程中最关键的一步，通常分为笔试和测试。其中笔试是一种与面试相对应的测试，是考核应聘者学识水平的重要方式。这种方法可以有效地测试应聘者的基本知识、专业知识、管理知识、综合分析能力和文字表达能力。测试则是多方面的，主要考察应聘者专业知识以外的能力，如人格和兴趣测试、能力倾向测试、工作样本测试、情商测试等。

（4）品行能力调查。

（5）最后面试。

（6）录用决定。

在决定录用应聘者以后，首先通知应聘者与公司签订劳动合同，并安排新员工及拟定试用期限,在试用期通过后正式录用。

五、绩效考评

(一)绩效考评的含义

绩效考评又称绩效评估,是指考评主体对照工作目标或绩效标准,采用科学的考评方法,评定员工的工作任务完成情况、员工的工作职责履行程度和员工的发展情况,并将上述评定结果反馈给员工的过程。

绩效考评是人力资源管理的中心环节,为各项人事决策提供客观依据,同时能加强组织的团队建设、提高管理效率。对组织而言,绩效考评是提高组织绩效及改进工作的重要手段;对员工而言,绩效考评是员工改善工作及谋求发展的重要途径;另外,绩效考评的结果为人力资源计划、薪酬设立、培训、职业发展、人事决策等提供了重要的参考和依据。

(二)绩效考评的基本内容与方法

1. 绩效考评的基本内容

组织主要从以下几个方面对员工进行考评:

(1)德:指人的政治思想素质、道德素质和心理素质。德是一个人的灵魂,它决定了一个人的行为方向和行为的强弱以及行为的方式等。德的标准并不抽象,随着不同时代、不同行业、不同层级而有所变化。在目前情况下,德的一般标准是其价值观、使命感、责任心和进取心、遵守职业道德、遵纪守法等。

(2)能:指人的能力素质,即认识世界和改造世界的本领。能力不能抽象、孤立地存在,因此,对能的考核应以素质为依据,结合在工作中的种种具体表现来判断。能包括一个人的动手操作能力、认识能力、思维能力、研究能力、创新能力、表达能力、组织指挥能力、协调能力、决策能力等。对不同的职位,其能的要求也有不同的侧重。

(3)勤:指勤奋敬业的精神,主要指员工的工作积极性、创造性、主动性、纪律性和出勤率。需要说明的是,不能简单地把勤理解为出勤率。出勤率高虽然是勤的一种表现,但并非是一个人的内在表现,真正的勤,更重要的是以强烈的责任感和事业心,在工作中投入全部的体力和智力,并且投入全部的情感。因此,人力资源管理的考勤工作应将形式上的考勤与实质的工作评价相结合,重点考察其敬业精神。

(4)绩:指员工的工作绩效,包括完成工作的数量和质量、经济效益和社会效益。数量和质量、经济效益和社会效益之间,是对立统一、辩证的关系。对不同职位,考核的侧重点有所不同,但效益应处于中心地位,不仅要考核员工的工作数量、质量,更要考核其在工作中满足社会需要所带来的经济效益和社会效益,即工作的社会价值。

2. 绩效考评的方法

绩效考评的方法可分为四类:

(1)结果导向型的绩效考评方法:这类方法考核的重点在于产出和贡献,如比较法、强制分布法、量表评定法等。

(2)行为导向型绩效考评方法:这类方法考核的重点在于甄别和评价员工在工作中的行为表现,即工作是如何完成的,如关键事件法、行为观察量表法、行为锚定评价法等。

（3）品质特征导向型绩效考评方法：这类方法主要适用于考核员工的个性特征，如混合标准尺度法、评语法等。

（4）战略导向型绩效考评方法：这类考核方法主要着眼于企业的整体发展战略，如平衡计分卡等。

3. 确定绩效考评方法中应遵循的基本原则

一般来说，确定一种考评方法应遵循以下原则：

（1）最能体现组织目标和考评目的；

（2）对员工的工作起到正面引导和激励的作用；

（3）考评方法相对比较节约成本；

（4）考评方法实用性强，易于执行；

（5）能比较客观地评价员工工作。

☞ **知识拓展**

主要考评方法的简介与范例

比较法：

比较法分为简单排列法和配对比较法，其中后者使用较多，是将多个比较对象按照相同的纬度进行比较，从而得出比较结论的方法。示例如下：

比较项目	工作业绩					工作态度					工作能力					合计	排序
比较对象	A	B	C	D	E	A	B	C	D	E	A	B	C	D	E		
A		+	+	+	+		+			+		+	+	+	+	10	1
B															+	1	5
C		+		+	+	+		+		+		+			+	8	3
D		+	+		+	+	+			+		+	+		+	9	2
E		+						+								2	4

强制分布法：

强制分布法是按照事物"两头小、中间大"的正态分布规律，先确定好各绩效等级人数在被考核总人数中所占的比例，然后按照每个被考核者绩效的相对优劣程度，将其强制分配到其中的相应等级。使用这种方法，重点在于要提前确定应该按照一种什么样的比例将被考核者分别分布到每一个工作绩效等级上去。示例如下：

考核项目	品德言行	对现职所具备的知识技能	领导才能与团队士气	协调沟通	任务交付的信任度	目标达成	实际效果	各项分数总计：（注：考核等级分配比率：优10%；良25%；中50%；较差10%；差5%）此次考核等级：
评估标准								
考核分数								

目标考核法：

目标考核法也叫目标管理法，指由主管人员和下属共同讨论和制定员工在一定时期内需达到的绩效目标以及检验目标的标准；经过贯彻执行后，到规定期末，主管人员和下属双方共同对照既定目标，以及原定的检验目标的标准，测评下属的实际绩效，找出成绩和不足；然后双方本着合作互利、发扬优点、克服缺点的原则，制定下一阶段的绩效目标。

实施目标管理法的关键是目标制定，即分别为组织、组织内的各部门、各部门的主管人员以及每一个员工制定具体的工作目标。这些目标必须是可以衡量和可以观测的，因此在目标制定时要符合SMART原则。

(1) S(Specific Results)，表示规定一个具体的目标。

(2) M(Measurable)，表示目标可以用数量、质量和影响来衡量。

(3) A(Accepted)，表示设定的目标应该能被管理人员和员工双方接受，这意味着目标水平不能过高或过低。换言之，这一目标应该对员工既有挑战性，又是可以通过努力来实现的。

(4) R(Relevant)，表示设定的目标应该与工作单位的需要和员工的发展相关。

(5) T(Time)，表示目标中包含一个合理的时间约束，预计届时可以出现相应的结果。

该方法的示例如下：

目标	期末完成程度	权数A(%)	评分B	加权得分C = A × B
起草考核制度		30		
制定招聘制度		30		
制订企业成立10周年庆典活动方案		10		
减少部门管理费用20%		10		
主办企业文化课程培训		20		
合计		100		

关键事件法：

关键事件法是通过对员工在工作中极为成功或极为失败的事件的观察和分析来判断该员工在类似事件中的行为和表现。这一方法的优点是时间跨度大，以事实为根据，可以较为客观、全面地评价；缺点则是费时费力，且只能定性不能定量，不能区分工作行为的重要程度，难以在员工之间进行比较。

平衡计分卡：

平衡积分卡以企业的发展战略为出发点，通过财务、顾客、内部业务及创新与学习四个角度设置绩效考核指标，并根据这些指标对员工进行引导。由于该考评方法主要针对企业组织的绩效，因此在设置这些指标时需考虑以下因素：

在财务方面需考虑：对股东来说哪些财务目标是最重要的？哪些财务目标最符合组织的战略并能取得成功？常用的指标包括利润率、现金流量、收入增长、项目收益、毛利率、回款率、税后利润率、净现值等。

在顾客角度方面需考虑：我们对目标市场提供的价值定位是什么？哪些目标最清楚地反应我们对客户的承诺？常用的指标包括市场份额、用户排名调查、新客户的增加、客户的保有率、客户满意度、品牌形象识别、服务差错率等。

在内部业务方面需考虑：我们要在哪些流程上表现优异才能成功实施组织战略？我们要在哪些流程上表现优异才能实现关键的财务和客户目标？常用的指标包括产品(服务)质量、产品开发与创新、事故回应速度、安全与环境影响、劳动生产率、设计开发周期、生产周期、生产计划、预测准确率、项目完成指标、关键员工流失率等。

在学习方面则主要考虑：我们的员工要提高哪些关键能力才能改进核心流程，达到客户和财务目标从而成功执行组织战略？我们如何通过改善业务流程和提高员工团队合作、解决问题能力和工作主动性，来提供员工的流动性和建立有效的组织文化，从而成功地执行组织战略？常用的指标包括提供新服务收入的比例、员工满意度、改善提高效率指标、关键技能的发展、继任计划、领导能力的发展、员工建议数、新产品上市的时间、新产品收入所占比例等。

六、员工薪酬管理

员工薪酬管理是企业人力资源管理工作的重要组成部分。员工薪酬是指员工从事企业所需要的劳动而得到的，以货币形式和非货币形式所表现的补偿，是企业支付给员工的劳动报酬，主要包括基本工资、激励薪酬、各种津贴、员工福利及可变薪酬等内容。

（一）薪酬管理的作用及薪酬系统影响因素

1. 薪酬的定义

所谓薪酬，是指企业组织对员工为企业所做贡献（包括他们实现的绩效，付出的努力、时间、学识、技能、经验与创造等）的一种回报。一方面，现代企业薪酬是企业从人力资本投资和激励机制的角度出发为员工提供的有形与无形的酬劳的总和；另一方面，从员工角度讲，薪酬就是企业员工从企业获得物质或精神回报的过程。

薪酬的构成包括外在和内在的报酬两部分。外在报酬主要包括货币形式的直接薪酬（基本工资、绩效工资、短期奖励、津贴）和非货币形式的间接薪酬（劳动保护、服务和福利）。内在报酬主要包括职业安全感、挑战性的工作、学习机会、认可和地位等。

2. 薪酬管理的作用

在宏观层面，薪酬管理是人力资源管理的重要手段，决定了人力资源的合理配置与使用情况，同时也直接决定了员工的劳动效率，甚至可以直接关系到社会的稳定。

而在微观层面，薪酬管理对员工起到了心理激励作用和经济保障作用，通过有意识地对薪酬制度的调整，可以有效地控制经营成本和经营绩效，从而达到塑造企业文化的作用，甚至为企业的变革提供动力。

3. 影响薪酬系统的因素

影响企业薪酬系统的因素很多，但大致可分为企业外部因素、企业内部因素和员工个人因素三个方面。

（1）企业外部因素主要包括国家的法律法规、地区与行业的薪酬水平、当地的物价水平以及产品的市场竞争能力等。

（2）企业内部因素主要包括企业目前所处的战略与发展阶段、企业当前的经营与财政状况、工会在企业中发挥的作用以及企业理念和企业文化的影响等。

（3）员工个人因素主要包括员工所处的职位、员工的绩效表现以及员工的工作年限等。

（二）薪酬规划

薪酬规划是指企业在经营战略发展规划的指导下，综合考虑内外部各种因素的影响，确定自身的薪酬水平、薪酬结构和薪酬形式，并进行薪酬调整和薪酬控制的整个过程。

1. 薪酬规划的内容

在制定员工薪酬规划时，必须考虑以下内容：

（1）规划员工薪酬水平。即考虑组织内、外部各方面的影响因素，遵照企业的发展战略，设定员工薪酬的整体幅度。

（2）规划员工薪酬体系。在设定了员工薪酬的整体幅度之后，需选择合适的方式提供员工的薪酬。目前主要有以年资为基础的薪酬体系、以职位为基础的薪酬体系、以能力为基础的薪酬体系、以技术为基础的薪酬体系和以绩效为基础的薪酬体系五种方式。在设计具体的薪酬体系时，需根据企业的性质和发展现状以及不同工作岗位选择不同的薪酬体系。

（3）规划薪酬结构，即设计员工薪酬的组成。一般来说，岗位性质不同，薪酬结构也需要随之变化。根据工作内容、工作性质的不同，薪酬结构可分为以下五类：

① 管理序列的薪酬结构可设计为：年总收入＝年基本收入＋年其他收入＝（月固定工资＋月绩效工资＋年度延迟支付工资）＋（企业业绩分享＋工龄工资＋各类补贴或补助）。

② 职能序列薪酬结构可设计为：年总收入＝年基本收入＋年其他收入＝（月固定工资＋月绩效工资＋年度延迟支付工资）＋（企业业绩分享＋工龄工资＋各类补贴或补助）。

③ 技术序列薪酬结构可设计为：年总收入＝年基本收入＋年其他收入＝（月固定工资＋月绩效工资＋项目奖金＋年度延迟支付工资）＋（企业业绩分享＋工龄工资＋各类补贴或补助）。

④ 销售序列薪酬结构可设计为：年总收入＝年基本收入＋年其他收入＝（月固定工资＋佣金＋销售奖金＋年度延迟支付工资）＋（工龄工资＋各类补贴或补助）。

⑤ 操作序列薪酬结构可设计为：年总收入＝年基本收入＋年其他收入＝（月固定工资＋计件工资＋年度延迟支付工资）＋（工龄工资＋各类补贴或补助）。

（4）规划薪酬支付形式，即设计在何时、以何种方式发放员工的薪酬。同样的，不同的岗位性质在薪酬的支付形式上也有所区别。

想一想 假设你是一家贸易型企业的老总，你将如何设计你手下员工的薪酬？如果你是生产型企业的老总，你的员工薪酬规划需要如何改变？

2. 员工薪酬规划的步骤

一般来说，规划员工的薪酬主要遵循以下六个步骤：

（1）制定组织的薪酬原则和策略，即明确企业的总体战略。主要包括对员工本性的认识，对员工价值观的评价，对管理骨干及高级专业人才所起作用的估计等，以及由此衍生的有关薪酬分配的政策和策略,如薪酬等级间差异的大小等。

(2) 职务分析。职务分析又称工作分析,基本步骤包括结合企业经营目标,在业务分析和人员分析的基础上,明确部门职能和职位关系,然后进行岗位责任调查分析,最后由岗位员工、部门主管和人力资源管理部门共同完成职务说明书的编写。

(3) 职务评价。职务评价主要是确定薪酬因素、选择评价方法。职务评价重在解决薪酬对企业内部的公平性问题。它有两个目的,一是比较企业内部各个职位的相对重要性,得出职位等级序列;二是建立统一的职位评估标准,使不同职位之间具有可比性,为确保工资的公平性奠定基础。职务评价是职务分析的自然结果,同时又以职务说明书为依据。

进行职务评价的方法有很多,大致可分为非量化的评价方法,如排序法和分类法等,和量化的评价方法,如要素比较法和计点法等。

(4) 薪酬调查。这项活动主要是对本地区及本行业特别是主要竞争对手的薪酬情况进行了解,并以此为基础对企业组织内部的薪酬体系进行调整,以保证企业薪酬制度的外在公平性。

(5) 工资分级和定薪。在前面几项的基础上,企业将众多类型的职务薪酬归并组合成若干等级,形成一个薪酬等级。通过这一步骤,就可以确定企业内每一个职务的具体薪酬范围,保证员工个人的公平性。

(6) 薪酬结构设计。按照行业、岗位等方面的要求制定不同的薪酬结构,使得企业内所有的工作都可以按照统一的贡献度定薪,从而保证企业薪酬制度的内在公平性。

(7) 薪酬规划的实施。

(8) 薪酬规划的调整。在薪酬规划实施以后,经过一段时间的运行,对现有的薪酬制度应不断进行调整,以满足企业不断发展的需要。但需注意,世界上不存在绝对公平的薪酬制度,只存在员工是否满意的薪酬制度。因此,多沟通、多交流才能保证公司的正常运行。

案例分析

>   ××公司目前是中国最重要的中央空调和机房空调产品的生产销售厂商之一。目前有员工300余人,大部分是技术工人,包括普通工人、熟练工人、技工、技师、工程师、生产厂长和总工程师;其余均为管理人员,包括文员、班组长、车间主任、业务主管、副经理、部门经理、副总经理、董事长和总经理。在全国有17个办事处。
>   问题:请按照上面的内容试着替他们做一份薪酬设计。

七、员工职业发展

(一) 员工职业发展的含义与作用

1. 员工职业发展的含义

员工职业发展也称职业生涯或职业管理,是人力资源管理中的一个新职能,它是指一个人一生的工作经历,特别是职业、职位的变迁及工作理想的实现过程。

一般来说,员工职业发展的定位归纳起来可分为五类,即技术型、管理型、创造型、自由独立型和安全型。

2. 职业发展的作用

在企业内部强调员工的职业发展,对企业来说有以下几点好处:

(1) 有利于开发员工的潜能,促进员工的成长和发展。

(2) 有助于增加员工的满意度和成就感,鼓舞士气,提高劳动生产率,从而使企业变得更加有效率。

(3) 有助于企业在目前和将来对人力资源的需要能得到及时的补充。

(4) 有助于企业和个人更加清楚企业中潜在的职业方向。

(5) 通过协调和统一人力资源管理中的人员选择、工作安排和能力开发等活动,使现有的人力资源计划最充分地发挥作用。

针对员工的职业发展问题,企业该做什么

(二) 员工职业生涯设计的流程

1. 自我评估

自我评估指员工通过各种信息来确定自己的职业兴趣、价值观、性格倾向和行为倾向。因为只有让员工正确地认识自我,才有可能使他们对自己的未来职业发展做出正确的分析和选择,确定适合自己发展的职业生涯路线。

在自我评估中,一般采用心理测试或调查问卷等方式,如个性特征问卷、多项人格特质测验、职业兴趣六边形测验等。

2. 实际检验

实际检验是指雇员从企业获得信息,了解企业如何评价其技能和知识,及他们该怎样去适应企业的发展战略,以获得与企业成长同步的发展机会。检验的方式包括对社会环境的分析以及对组织内部环境的分析。

3. 目标设置

目标设置指员工形成长、短期职业生涯目标的过程。员工通过对个人特征和内外环境的分析,一方面认识了自己,另一方面了解了内外环境中的职业发展机会,从而根据自身的特点和环境条件为自己选择职业目标。

4. 行动规划

在确定了职业生涯发展目标之后,为了达到目标,就需要制定行动规划,即员工为了达到长、短期的职业生涯目标所采取的措施。

5. 动态调整

确定年度目标中哪些目标已按计划完成,哪些目标未完成,未完成目标的原因是什么,寻找相应对策,依据评估结果对下年的计划进行动态调整。同时,也可根据实际对职业目标和路线进行修正。

想一想 你是个什么样的人?你擅长什么?有哪些不足之处?有什么值得自豪的事?希望在哪些方面有所提高?以后准备做什么工作?试着对自己做一次自我评估,并设计自己的职业发展规划。

 案例分析

实例一：一个大型的高档购物商城在其成立十周年之际，与很多员工解除了劳动关系，为了消除其行为可能造成的影响，在一些媒体上，公司大力宣传如何为不同员工提供职业生涯培训，使得被终止劳动合同的员工提高了求职能力，而不会因本企业与其终止劳动关系长期处于失业状态。但从人力资源使用上分析，在该企业工作了十年的员工，其经验资本价值是比较高的，同时，降低价值的因素比较少，所以说，该企业的这一行为，对企业造成的损失是巨大的。那么该企业为什么还要与这么多员工不再续签劳动合同呢？只有一个理由，就是怕与这些员工签订无固定期劳动合同，再辞退员工时，将给予更多的补偿。

实例二：一家跨国公司有着极其丰富的企业管理和人力资源管理经验，并以能为员工设计职业生涯规划，同时又提供相应的培训而自居。在这个企业的技术研发部门，有一位技术水平较高的工程师，是公司的技术骨干。从工作上来讲，他只是热衷于技术开发工作，没有丝毫想从事管理的意识。因此公司组织的有关提高管理技能的培训，对这位工程师来讲失去了意义。他自身没有参加的要求，公司也就没有考虑给他安排这类培训。两年以后，这位工程师开始感觉不平衡了。其他工程技术人员，享受着公司为其提高管理及技术水平所要支付的培训费用，同时还占用上班时间。经过思考后，这位工程师向公司的培训部门提出了培训需求，因其喜欢绘画，要求公司在该方面为其提供相应的培训机会。公司负责培训的部门在拿到该员工培训需求后陷入了尴尬的境地。

思考：企业与员工的职业生涯规划到底是一种什么关系呢？

模块五

企业经营战略管理认知

任务一　企业经营战略的要素与内容

学习目标

1. 能说出企业经营战略的含义；
2. 能根据企业经营战略的要素对企业进行分析；
3. 能运用企业经营战略的内容对企业的战略进行分析判断。

引导案例

联想集团总裁柳传志的创业哲学

联想集团总裁柳传志在其母校西安电子科技大学为师弟师妹们密授创业绝招时，关于企业经营战略讲了以下一段话："我们常把制定战略比喻为找路。当前面草地、泥潭和道路混成一片无法区分的时候，我们要反反复复细心观察，然后小心翼翼地、轻手轻脚地去踩、去试。当踩过三步、五步、十步、二十步，证实了脚下踩的确实是坚实的黄土路的时候，则毫不犹豫，撒腿就跑。这个去观察、去踩、去试的过程是谨慎地制定战略的过程，而撒腿就跑则是坚决执行的过程。"

一、企业经营战略的含义

企业经营战略是企业在分析外部环境和内部条件的现状及其变化趋势的基础上，为求得企业的长期生存与稳定发展，实现其经营目标而制定的整体性、全局性、长远性的谋划及其相应的对策，它包括战略指导思想、战略目标、战略步骤、战略重点和战略措施等内容。

战略名言

175

阅读资料

"战略"一词原是军事术语，意指克敌制胜的艺术和谋略，是根据对战争全局的分析判断确定一定时期内战争攻击的主要方向、兵力的总体部署和所要达到的基本目标的安排。后来，"战略"一词被广泛地应用到社会、经济、政治、文化、教育和科技等领域，出现了诸如社会发展战略，经济发展战略，政治发展战略，文化、教育、科技发展战略以及社会总体发展战略等术语，其含义泛指对于有关领域未来发展所进行的全局性的、长期性的谋略和规划。

"战略"一词出现在经济领域，是在20世纪50年代。第二次世界大战后，经济空前高速发展，社会产品供给量剧增，整个市场也由原来的卖方市场转变为以购买者为主的买方市场，众多生产企业开始面临残酷的市场竞争。剧烈的市场变化促使企业家和理论研究者认识到，生产企业要谋求生存和发展，如果没有正确的指导思想，并据以全面规划自己的长远发展目标以及实施步骤与措施，是难以做到的。因此，一些学者又将战略应用于企业经营之中，开始了企业经营战略的研究。

二、企业经营战略的要素

（一）经营范围

经营范围是指企业从事生产经营活动的领域，它反映出企业与其外部环境相互作用的程度，也反映出企业计划与外部环境发生作用的要求。企业应根据自己所处的行业、产品和市场来确定自己的经营范围。

> **知识拓展**
>
> 《民法通则》规定："企业法人应当在核准登记的经营范围内从事经营。"这就从法律上规定了企业法人经营活动的范围。经营范围一经核准登记，企业就具有了在这个范围内的权利和能力，企业同时承担不得超越范围经营的义务，一旦超越，不仅不受法律保护，而且要受到处罚。核定的企业经营范围是区分企业合法经营与非法经营的法律界限。
>
> 根据《公司法》的规定，对公司的经营范围有以下要求：(1) 公司的经营范围由公司的章程规定，公司不能超越章程规定的经营范围申请登记注册。(2) 公司的经营范围必须进行依法登记，也就是说，公司的经营范围以登记注册机关核准的为准。公司应当在登记机关核准的经营范围内从事经营活动。(3) 公司的经营范围中属于法律、行政法规限制的项目，在进行登记之前，必须依法经过批准。

（二）战略目标

战略目标是指企业在其经营领域里所期望达到的成果水平。衡量企业的成果水平有两类指标：一类是绝对数，如销售收入或利润等。另一类是相对数指标，这类指标通常有两个：一是企业在行业中所占的名次，如行业第一、第二或处于中间地位等；二是企业的市场占有率。在这两个指标中，最重要的是企业的市场占有率，因为它是衡量企业实力强弱的主要标准。

> ☞ 知识链接
>
> 战略目标规划报告通常包括下述内容：
> （1）公司发展宏图及5年发展目标。
> （2）宏观经济环境及行业分析对公司的影响。
> （3）公司现状分析。
> （4）公司未来5年战略目标及业务重组。
> （5）公司财务目标预测（趋势与5年）。
> （6）主要资源需求预测。
> （7）与上年战略/目标差异比较及总结。

（三）战略行动

战略行动是指企业为实现战略目标所采取的重大战略措施。如一个企业要把自己的销售收入从1亿元增长到2亿元，它可能会增加生产线，或者引进更先进的机器设备等，这些就是企业的战略行动。

想一想 战略措施与日常的经营管理措施有何不同？

（四）资源配置

资源配置是指企业过去、目前的资源和技能配置的模式。资源配置的效率直接影响企业实现目标的程度。当企业根据外部环境的变化采取战略行动时，一般应对其现有的资源配置模式加以调整，以支持其战略实施。

案例分析

蒙牛牛根生的资源整合

现在这个时代，靠一个企业独立经营，单打独斗，力量是十分有限的，一定要整合配置各方面的资源才能把一个企业做大。

蒙牛牛根生是这方面的牛人。牛根生刚开始只是伊利的一个洗碗工，凭着自己的勤奋和聪明做到生产部门的总经理。后来被伊利以各种原因辞退了，但是他那个时候都40多岁了,去北京找工作,人家嫌弃他年纪大。没有办法又回到呼和浩特,邀请原来伊利的几个同事,一起出来创业。人有了,但是现在面对的是没有奶源、没有工厂、没有品牌,每一项都是致命的。

牛根生开始资源整合了。通过人脉关系找到哈尔滨一家乳制品公司,这家公司的设备都是新的,但是生产的乳制品质量有问题,同时营销渠道这一块没有打通,所以产品一直滞销。牛根生马上找到这家公司的老板说:"你来帮我们生产,我们这边都是伊利技术高层,帮忙技术把关,牛奶的销售铺货我们也承包了。"这位老板一听,马上答应下来。而且他们几个一起出来创业的伙伴也有落脚的地方,解决了生存的问题。

第二个问题,没有品牌怎么办?在乳制品这个行业,没有品牌很难销售,因为品牌代表着安全可靠。借势,整合,打出口号:"蒙牛甘居第二,向老大哥伊利学习。"口号一出,让伊利情何以堪,却又哭笑不得。一个不知名的名牌马上挤进全国前列。牛根生不只是盯着伊利,而是把自己和内蒙古的几个知名品牌联系起来,他说:"伊利,鄂尔多斯,宁城老窖,蒙牛为内蒙古喝彩!"因为前三个都是内蒙古的驰名商标,自己放在最后,给人感觉就是内蒙古的第四品牌。牛根生整合品牌资源迅速,蒙牛没有花一分钱,让自己的品牌成为知名品牌。

第三个问题,没有奶源怎么解决?自己去买牛去养,一则牛很贵,二则也没有那么多人员去照顾。蒙牛整合了三方面的资源,第一个是农户,第二个是农村信用社,第三个是奶站的资源。用信用社的钱借给奶农,蒙牛担保,而且蒙牛承诺包销路。蒙牛又找到奶站,由奶站接收奶牛生产出来的奶。蒙牛定时把信用社的钱还了,把利润又给了奶农,趁机喊出一个口号:"一年养10头牛,过的日子比蒙牛的老板还牛。"

我们能做的事情,不是自己能做就能做好,而且会花费太多的人力物力。这个时候,我们就要整合资源,发挥自己的长处,整合别人的优势,用更少的成本创业,或者说零成本创业都有可能。

(五)竞争优势

竞争优势是指企业通过其资源配置模式与经营范围的决策,在市场上所形成的不同于其竞争对手的竞争地位。竞争优势既可以来自企业在产品和市场上的地位,也可以来自企业对特殊资源的正确运用。

> **知识拓展**
>
> 竞争优势理论,由哈佛大学商学研究院迈克尔·波特提出。波特的国际竞争优势模型(又称钻石模型)包括四种本国的决定因素(Country Specific Determinants)和两种外部力量。四种本国的决定因素包括要素条件,需求条件,相关及支持产业,公司的战略、组织以及竞争。两种外部力量是随机事件和政府。

(六)协同作用

协同作用是指企业从资源配置和经营范围的决策中所能获得的综合效果。一般来讲,

企业的协同作用可以分为四类:

（1）投资协同作用。这种作用来源于企业各经营单位联合利用企业的设备、原材料储备、研发投资以及专用工具和专有技术。

（2）作业协同作用。这种作用产生于充分利用现有的人员和设备,共享由经验造成的优势等。

（3）销售协同作用。这种作用产生于企业共同的销售渠道、销售机构、促销手段和产品品牌等。

（4）管理协同作用。这种作用来源于管理过程中的经验积累以及规模效益等。如对企业的新业务,管理人员可以利用过去积累的经验减少管理成本。

探讨战略的构成要素具有重要意义:一方面它可以帮助企业理解构成要素对其效能和效率的影响;另一方面它可以使管理人员认识到这六个构成要素存在于不同的战略层次之中,而且在不同的战略层次中,各要素的相对重要性也不同。

阅读资料

联想的企业战略构成

一、经营范围

集团的主要业务为在中国、美国、欧洲、中东、非洲和亚太区销售及制造个人电脑,以及相关信息科技产品、移动手机,并提供先进的资讯服务。

二、战略目标

战略目标是在2010年之前以一个高技术企业的形象进入世界500强。为此将分三步走:第一阶段是到2000年,完成30亿美元的经营额,利润1亿美元,进入世界计算机行业百强60名以内;第二步是到2005年左右,完成100亿美元的经营额;第三步是进入世界500强之列。

三、战略行动

联想将重启多元化发展战略,其大致思路是围绕PC开展多元化经营,进军服务器、工作站等业务。

四、资源配置

联想有其独特的全球资源配置业务模式,即不设集团总部,而是建立行政分权架构。

五、竞争优势

1. 企业定位

(1) 联想从事开发、制造及销售最可靠的、安全易用的技术产品。

(2) 成功源自不懈地帮助客户提高生产力,提升生活品质。

2. 使命:为客户利益而努力创新

(1) 创造世界最优秀、最具创新性的产品。

(2) 像对待技术创新一样致力于成本创新。

(3) 让更多的人获得更新、更好的技术。
(4) 最低的总体拥有成本(TCO)，更高的工作效率。
3. 核心价值观
(1) 成就客户——致力于客户的满意与成功。
(2) 创业创新——追求速度和效率，专注于对客户和公司有影响的创新。
(3) 精准求实——基于事实的决策与业务管理。
(4) 诚信正直——建立信任与负责任的人际关系。
六、协同作用
在人才配置与战略投资上的互相配合被视作联想控股发挥协同作用的重要方面。

三、企业经营战略的内容

（一）战略思想

战略思想是指导经营战略制定和实施的基本思想，是企业领导者和职工对在生产经营中发生的各种重大关系和重大问题的认识和态度的总和，对企业的生产经营活动起着统率作用和导向作用。

> **知识拓展**
> 一个高明的管理者应具有的战略思想包括以下五点：(1) 变革观念；(2) 创业观念；(3) 市场观念；(4) 竞争观念；(5) 效益观念。

（二）战略目标

它是指企业以战略思想为指导，根据对主客观条件的分析，在战略期内要达到的总水平，是经营战略的实质性内容，是构成战略的核心。正确的战略目标是评价和选择经营战略方案的基本依据。

> **知识链接**
> 德鲁克在《管理实践》一书中提出了八个关键领域的目标：
> (1) 市场方面的目标：应表明本公司希望达到的市场占有率或在竞争中达到的地位。
> (2) 技术改进和发展方面的目标：对改进和发展新产品，提供新型服务内容的认知及措施。
> (3) 提高生产力方面的目标：有效地利用原材料，最大限度地提高产品的数量和质量。
> (4) 物资和金融资源方面的目标：获得物质和金融资源的渠道及其有效利用。

(5) 利润方面的目标：用一个或几个经济目标表明希望达到的利润率。
(6) 人力资源方面的目标：人力资源的获得、培训和发展，管理人员的培养及其个人才能的发挥。
(7) 职工积极性发挥方面的目标：对职工的激励、报酬等措施。
(8) 社会责任方面的目标：注意公司对社会产生的影响。

（三）战略重点

它是指那些对于实现战略目标具有关键性作用而又具有发展优势或自身需要加强的方面，是企业资金、劳动和技术投入的重点，是决策人员实行战略指导的重点。

（四）战略方针

它是指企业为贯彻战略思想和战略目标、战略重点，所确定的生产经营活动应遵循的基本原则、指导规范和行动方略。战略方针起着指导作用、指针作用和准则作用，包括综合性方针和单项性方针、目的性方针和手段性方针。

（五）战略阶段

它是根据战略目标的要求，在规定的战略期内所划分的若干阶段，以便分期去实现总的战略目标的要求。

> ☞ **知识拓展**
>
> **企业战略的三个重要阶段**
>
> 从一个企业的发展过程来看，可以把它分为三个阶段：
>
> 第一阶段：资金积累阶段。在这个阶段，企业组织人员比较少，企业组织的共同价值观以老板的思想为核心。企业组织的员工大多数都是老板的跟随者，企业组织的共同价值观的建立以情感为基础，企业组织存在的管理危机是资金危机。企业组织的人才标准是听话、好用、待遇要求不高。在这一阶段，企业组织的战略管理重在以员工的第一需求为理念来引导员工，与企业形成合力共同赚钱，使企业组织得到生存与发展。
>
> 第二阶段：人才资源积累阶段。企业组织进入人才资源积累阶段，对人才的需求层次越来越高，在这个时候企业组织共同价值观不能再以老板的思想为核心，它必须以行业龙头企业管理理念与模式来建立企业自己的价值观。在这个阶段企业虽然需求人才，可是企业要满足人才的各个层级需求的条件还不完全具备。这时，企业组织留人的战略应该是：将企业作为人才实践的场所、发展的平台，不要害怕人才超越老板自我。
>
> 第三阶段：成熟阶段。企业组织发展到成熟阶段的时候，企业组织人力资源、市场资源大部分都在企业可控范围内，这个时候企业管理的危机是高层管理者的官僚主义。

想一想 企业发展的某个阶段可以逾越吗？

（六）战略策略

战略策略又称经营策略，是指为实现战略目标而采取的重要措施和重要手段，具有阶段性、针对性、灵活性、具体性、多重性等特点。

战略策略关键要素及战略管理体系的职能

红罐王老吉的战略对策

红罐王老吉面对下列现实的难题：(1) 广东、浙南消费者对红罐王老吉认知混乱；(2) 红罐王老吉无法走出广东、浙南；(3) 推广概念模糊。在研究了一个多月后，根据存在的难题做出战略对策，首先明确红罐王老吉是在"饮料"行业中竞争，竞争对手应是其他饮料；其品牌定位——"预防上火的饮料"，独特的价值在于——喝红罐王老吉能预防上火，让消费者无忧地尽情享受生活：吃煎炸、香辣美食、烧烤、通宵达旦看足球……这样定位红罐王老吉，是从现实格局通盘考虑的，主要益处有四：(1) 利于红罐王老吉走出广东、浙南；(2) 避免红罐王老吉与国内外饮料巨头直接竞争，形成独特区隔；(3) 成功地将红罐王老吉产品的劣势转化为优势；(4) 利于加多宝企业与国内王老吉药业合作。正由于加多宝的红罐王老吉定位在功能饮料，区别于王老吉药业的"药品"，因此能更好地促成两家合作共建"王老吉"品牌。通过品牌的推广，锁定覆盖全国的中央电视台，疾风暴雨式的广告投放，保证了红罐王老吉在短期内迅速进入人们的头脑，给人们一个深刻的印象，并迅速红遍大江南北。

问题：王老吉的战略对策对你有怎样的启发？

分析提示：（略）。

任务二　企业经营战略管理特征与类型

1. 能说出企业经营战略管理特征；
2. 能说出企业经营战略的类型。

海尔的"自杀重生"

每个员工都是销售人员。在互联网时代，海尔改变了过去传统的设计—研发—生产—

销售的模式,变为并联式的,每一个人或者一个小团队都是销售人员,过去单纯负责研发生产设计的人员,必须要以客户为导向,以销售为目标,不是单纯地生产出来然后由销售推销出去,而是在整个流程里都要考虑到,这是不是客户需求的,怎样带给客户更好的体验以提高销售额。

"官兵互选"的企业文化。在海尔内部一直采取"官兵互选"的企业文化,即一个领导在组建一个团队的时候,可以自己选择团队成员,不仅如此,员工也可以选择领导,是一个双向选择,如果没有人选择你,无论你是员工还是领导,都会被淘汰。

可见,每个企业的成功之路千差万别,但是正确的企业经营战略无疑是成功的保证,有时候企业发展到一定阶段后,企业战略也需要及时调整,这就涉及企业经营战略管理。如何制定适合自己的企业战略,如何在恰当的时机点调整企业战略,是每一个企业负责人必须要面对的问题。

一、企业经营战略管理特征

(一)全局性

企业的经营是一个包括生产、销售、财务、人事等多种活动的综合过程,而企业经营战略则将各个方面的活动结合为一个彼此紧密配合、有机联系的整体,发挥战略的整体优化效应,达到预期的目标。企业经营战略是立足于企业的长远利益,以企业全局为对象,根据企业总体发展的需要而制定的。它所规定的是企业的总体行动,追求企业的总体效果,它是指导企业一切活动的总谋划。

> ☞ 知识拓展
>
> 要想使企业战略具有全局性,则应努力做到以下几点:
> (1)必须与世界的经济技术发展趋势一致,即要有全球视野。
> (2)必须与国家的发展趋势相一致(如长远发展规划,产业、技术、资源和环保政策等)。
> (3)必须与行业的发展趋势相一致。
> (4)必须与本企业的实际状况和发展趋势相一致。

想一想 通过了解"十三五"规划,你认为我们国家的发展趋势是什么?

(二)长远性

经营战略与战术不同,它既是企业谋取长远发展和长期利益的反映,又是企业对未来较长时期(5年以上)内如何生存和发展的通盘筹划。凡是为适应环境条件的变化所确定的长期基本不变的行动目标和实现目标的行动方案,都属于战略的范畴。那些只针对当前形势,适应短期变化,解决局部问题的方法,则属于战术的范畴。短期利益的追求应是为了长期能获得最大的利益,因此,企业战术应服从于企业战略。

伊利企业:责任植入战略

 阅读资料

广百集团：创效盈利与社会责任的长远一致性

作为华南地区商业流通龙头企业，广百集团审时度势，从 2005 年开始主动采取了先导性的社会责任战略，率先制订了《企业责任五年计划》，把社会责任奉为统揽企业改革发展的总体战略，开始了社会理论的思考和行动。2010 年 10 月，发布了国内流通行业首部企业社会责任蓝皮书——《广百集团社会责任蓝皮书》，受到社会及专家的广泛关注。

社会责任战略的长远性所催生的硕果累累，对广百来说如虎添翼，实现了企业的大踏步快速健康发展。集团主业百货零售业务，经营面积由 2005 年的 15 万平方米增长为 2010 年的 50 万平方米，增长率为 334%。2005 年至 2009 年，集团经营规模增长 29.6%，年复合增长率 6.7%，利润总额增长 179.52%，年复合增长率 30%。五年的实践证明，企业承担社会责任与企业的经营绩效呈正比关系，广百集团董事长、广州商业总会会长荀振英发自肺腑地称，社会责任促进了广百的发展。

（三）竞争性

在激烈竞争的市场条件下，企业研究并制定经营战略就是为了取得优势地位，战胜对手，保证自己的生存和发展。企业战略与那些不考虑竞争因素，只是为了改善企业现状、提高管理水平的行动方案不同，它是从长期的、全局的角度来把握内外环境条件，提出整体性的方针、政策和策略。

（四）稳定性和灵敏性

按照科学程序制定的经营战略，应在一定时期内具有稳定性。战略决策是一个长期酝酿的过程，一经决定就具有很高的权威性。同时，经营战略还应具有灵敏性。由于企业的生产经营活动和经营效果受环境的影响很大，当环境发生变化时，企业应不失时机地做出反应，提出新战略和相应的对策措施，实行战略目标的转移。当然，对于战略实施过程中出现的多种不确定因素，一般应通过具体的战术或策略来调整，这种调整与企业战略的稳定性并不矛盾。

柯达的衰败

想一想 如果企业战略的变动过于频繁，对企业生产经营活动将会产生怎样的结果？

（五）可行性

企业制定经营战略是为了实现其价值目标，而不是建立在空想和虚幻目标基础上的，所以它应该是切实的、可行的，只有这样才能对企业的管理者和企业员工产生号召力，激发其工作潜能和热情，力争战略目标的实现。

四川长城特种钢厂为什么刚上市就被兼并

四川长城特种钢厂改组为上市股份有限公司后,于1997年年初从证券市场募集了5亿元的资金。在没有这5亿元之前,企业还可以勉强生存,但在有了这5亿元之后,不到一年时间,企业就亏损破产,被兼并。原因何在?原因就出在这5亿元的资金用途上。在这个重大战略问题上有两种意见:一是主张走内涵扩张的道路,更新设备,采用新工艺,盘活存量资产,使企业焕发新的生机;二是主张走外延扩张道路,开辟新厂区,另建新厂房,引进新设备。第二种意见是企业决策者最终的决策结果。1997年每天亏损300万元,不到年底就亏损了4.97亿元。于是,四川省政府不得不宣布其破产。最后,不但新的厂区没建起来,而且也使"一股就灵"的迷信破灭。

问题:用企业经营战略管理特征来分析四川长城特种钢厂为什么刚上市就被兼并。

分析提示:(略)。

(六)风险性

战略和现实之间的差异,就是风险。企业经营战略是对未来发展的规划,而环境总是处于不确定的、变幻莫测的发展过程中,因此,任何企业经营战略都存在一定的决策风险。

具体来说,企业战略决策将面对两大风险:一是资源输入的失误,如信息误导、人财物的不足与偏差等;二是加工后的资源输出的失误,主要是产品不适合市场需要,或由于策略不当导致成本过高等。

 既然有风险,为什么还要制定企业经营战略呢?

二、企业经营战略管理类型

(一)总体战略

总体战略,即对企业未来发展方向所做出的具有长期性和全局性的谋略和规划。它是企业高层管理者指导和控制企业生产经营行为的最高行动纲领。总体战略是战略体系的主体,起着统帅全局的作用,规定着企业总的行动方向。企业经营的总体战略一般包括以下几种类型:

1. 按照竞争战略的态势可以划分为进攻战略、防御战略和紧缩型战略

(1)进攻战略。又称发展战略或扩张型战略。它是现有企业依靠自身力量或同其他企业联合,扩大原有主要经营领域的规模,或向新的经营领域开拓,以促进企业经营不断发展的战略。其核心是通过加强企业竞争优势,谋求企业的发展和壮大。

进攻型战略主要有以下三种类型:

① 单一产品进攻战略:即把单一产品或服务作为企业的主攻方向,集中企业的所有财

力、物力，增加产品或服务的市场销售额，扩大企业的市场占有率。

② 多样化进攻战略：即企业利用原经营范围之外的市场机会，新增与现有产品业务有一定联系或毫无联系的产品业务，通过跨行业的多样化经营以实现企业的增长。

 阅读资料

> 中国家电业经过20多年的发展，许多企业在单项业务发展上已经相对成熟，其成长和扩张弹性已经非常小，成长环境也随着市场的相对饱和而越发艰难。这个时候，企业转向多元化发展似乎是水到渠成的必然选择，一是可以规避企业竞争带来的风险；二是可以使产品形成互补，使效用发挥到最大。TCL 应该说是单一产业向多元化转型中相对成功的企业。

③ 一体化进攻战略：是企业把自己的经营活动延伸到供、产、销不同环节，或者把两个及两个以上的原本分散的企业联合起来，组成一个统一的经济组织。这种联合并不是企业间简单的联合，而是在生产过程中或市场上有一定联系的企业之间的联合。

> ☞ **知识拓展**
> 一般来说，一体化战略主要指以下三种典型的一体化方式：
> 后向一体化。企业向后控制供应商，使供应和生产一体化，实现供产结合，这是一种按销、产、供为序实现一体化经营而获得增长的战略。
> 前向一体化。企业向前控制分销系统（批发商、代理商或零售商），使生产和销售一体化，实现产销结合，这是一种按供、产、销为序实现一体化经营使企业得以发展的战略。
> 水平（横向）一体化。它是指为了扩大企业的实力，提高企业的竞争能力，通过收购、兼并或控制经营同类产品的企业，或在国内、国外与其他同类企业合资经营或者运用自身力量扩大经营规模，来寻求市场机会，以达到自我增长的一体化增长战略。它是企业兼并和集团化的一种组织形式。

 一家零售花店商向批发商方向发展，实行批零兼营属于哪种一体化战略？

2. 防御战略

防御战略又称维持战略，是指限于经营环境和内部条件，在一定时期内企业期望其资源分配和经营状况基本保持在目前状况和水平上或是稍有增长的战略。

3. 紧缩型战略

这是一种当企业在经营领域处于不利地位，又无法改变这种情况时，逐渐缩小甚至退出原有经营领域，收回资金，另找出路的一种战略。其核心是通过紧缩来摆脱当前或将要出现的困境，改善财务状况，以求将来的发展。

☞ **知识链接**

1. 紧缩型战略包括转向或改组战略、撤退战略和清算战略

（1）转向（改组）战略。转向战略是当企业现有的经营趋向衰退，现存的经营领域已不能维持现存的产销规模和市场份额，而采取缩小产销规模和降低市场占有率的行动；或者企业面临新的更好的发展机遇时，收缩原有经营领域的经营活动，对现存的经营领域压缩投资、控制成本，以改善现金流量，为转移到新的经营领域创造条件所采取的战略。

（2）撤退战略。又称抽资战略，指企业通过转让或出售的方式停止某一个经营单位或经营领域的经营活动，将资源集中于其他有发展前途的经营领域，或保存企业实力寻求更大的发展机会。

（3）清算战略。清算战略即为了减少投资者的进一步损失，通过出售、转让企业的全部资产，以偿还债务，而停止整个企业的运行。

2. 按战略中心不同来划分，可分为差别化战略、低成本战略、重点战略

（1）差别化战略。差别化战略指企业通过对产品进行一些改进，向用户提供与众不同的产品或服务，使之与竞争对手的产品存在一定差异，在同行业中独树一帜，从而有效满足消费者不同的需求，稳定吸引一些顾客，达到提高企业市场占有率目的的战略。

（2）低成本战略。低成本战略是指企业通过改进生产过程、扩大企业生产规模和降低各种生产要素的消耗，以降低成本，用低成本来击败竞争对手，达到发展目的的战略。

（3）重点战略。重点战略是指企业把全部力量都集中在某一特定的市场或产品上，或把力量集中于整个市场的某一部分的战略。在这个特定的领域内，全力投入特定市场或产品就可以形成集中的优势，建立自己在产品功能上或生产成本上的差异，并取得优势地位。

（二）企业职能战略

1. 产品战略

产品战略是指企业为实现战略目标，根据市场需求变化和企业实力，对不同类别的产品发展方向所做的总体谋划。

☞ **知识拓展**

要形成产品战略必须从以下几方面考虑：

（1）老产品整顿战略。如何通过对老产品的整顿，延长老产品的寿命，形成新的竞争优势。

（2）新产品开发战略。利用什么方式，朝着什么方向进行新产品的开发。一般来说，企业研究开发出新产品，最容易获得竞争优势。

（3）产品质量战略。企业如何有计划有步骤地提高产品的质量，形成质量上的差别优势直至成为名牌产品。

（4）产品品种战略。企业应根据市场需要和企业盈利的需要安排产品品种结构和产品结构的发展方向，使之既符合市场需求，又能带来最高利润。

想一想 TCL 实行了哪些产品战略？

2. 市场战略

产品战略和市场战略是企业经营战略的两个车轮，推动着企业经营战略的顺利运行。市场战略是指企业依据对市场环境变化及其发展趋势的分析，为保证企业经营战略目标的实现，对有关市场长期开发方向、开发重点和发展途径等问题的总体谋划。

3. 投资战略

企业投资是企业生存与发展的基本保证，又是实现企业总体战略的重要手段。在一定时期内，相对于投资的机会而言，企业可以用于投资的资金是有限的，需要根据企业的战略目标来评价、比较、选择投资方案和项目以提高投资效果。

4. 资源战略

资源战略是指企业依据总体战略的要求，对资源的开发、筹措和利用方面所做的总体谋划。它是为实施企业总体经营战略而制定的掌握和利用企业所需战略资源的战略。

5. 科技发展战略

科技发展战略是指企业根据总体经营战略的要求，在科技发展预测和环境分析的基础上，对有关企业的科学研究和技术发展的方向、重点，发展目标和实施手段等方面的总体谋划。

☞ **知识拓展**

科技发展战略的具体内容包括如下四项：

（1）技术结构战略。企业一开始的技术水平不一定很高，中间技术和初级技术占有很大的比重，企业可以通过不断增加高级技术在企业技术成分中的含量来实现技术进步，技术结构战略就是对这一过程进行谋划。

（2）技术改造战略。企业技术的进步不可能完全依赖对新技术的投入，更主要的是对现有技术的改造，这一过程需要技术改造战略来谋划。

（3）技术创新战略。企业要想达到技术领先的地位，必须集中企业的技术力量，加大技术投入，不断创造出新的技术。

（4）技术引进战略。一个企业无论是时间还是资金的投入都是有限的，不可能也不需要所有技术都由自己创造。技术资源是可以共享的，把别人创造的新技术及时引入企业中来，也是企业技术进步的重要手段。一些技术力量不强的企业更是需要有计划、有步骤地通过技术引进来提高自己的技术。

6. 国际化经营战略

国际化经营战略是指企业为进入国际市场，在国外直接投资，积极参与国际分工与国际竞争，以出口为导向而做出的较长时期的总体性谋划。

7. 企业文化战略

企业文化战略是指依据企业的总体战略，而对企业文化发展方向与目标等方面所制定的基本谋划和活动纲领。

此外，还有企业的供应战略、生产战略、成本战略、公关战略、企业形象战略等。

想一想 日本富士通公司主要运用了哪些企业职能战略？

任务三 企业经营战略层次结构与过程管理

1. 能说出企业经营战略层次结构；
2. 能运用所学知识对现有企业的经营层次结构进行分析；
3. 能说出企业的过程管理，并对成功的企业进行过程管理分析。

海尔的发展战略

名牌战略阶段（1984—1991）

特征：只做冰箱一个产品，探索并积累了企业管理的经验，为今后的发展奠定了坚实的基础，总结出一套可移植的管理模式。

多元化战略阶段（1992—1998）

特征：从一个产品向多个产品发展（1984年只有冰箱，1998年时已有几十种产品），从白色家电进入黑色家电领域，以"吃休克鱼"的方式进行资本运营，以无形资产盘活有形资产，在最短的时间里以最低的成本把规模做大，把企业做强。

国际化战略阶段（1998—2005）

特征：产品批量销往全球主要经济区域市场，有自己的海外经销商网络与售后服务网络，Haier品牌已经有了一定知名度、信誉度与美誉度。

全球化品牌战略阶段（2005—2012）

特征：海尔整合全球的研发、制造、营销资源，创全球化品牌。国际化战略和全球化品牌战略有很多类似的地方，但是又有本质的不同：国际化战略是以中国为基地向全世界辐射；全球化品牌战略是在当地的国家形成自己的品牌。国际化战略阶段主要是出口，但现在是通过本土化创造自己的品牌。

网络化战略发展阶段（2012—2019）

特征：海尔网络化企业发展战略的实施路径主要体现在三个方面：企业无边界、管理无领导、供应链无尺度,即大规模定制、按需设计、按需制造、按需配送。

从 1984 年创业至今,海尔集团经过了名牌战略发展阶段、多元化战略发展阶段、国际化战略发展阶段、全球化品牌战略发展阶段四个发展阶段,2012 年 12 月,海尔集团宣布进入第五个发展阶段,即网络化战略阶段。海尔集团是世界 500 强企业,其发展经验值得借鉴。

一、企业经营战略层次结构

一般来讲,企业经营战略分为三个重要层次:企业总体战略、经营单位战略、职能部门战略(图5-1)。

(一)公司战略

公司战略也称为总体战略,是企业战略的总纲,是公司层面的战略,它是指针对企业整体的、由最高管理层制定的、用于指导企业一切行为的纲领。公司战略是由公司层管理者制定的战略。公司层管理者包括公司总经理、其他高层管理者、董事会,以及有关的专业人员。公司董事会是公司战略的设计者,承担总体战略成效的终极责任。

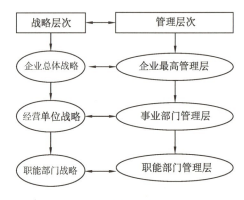

图 5-1 企业战略结构层次

英特尔公司的企业战略

阅读资料

TCL 公司所拥有的资源和机会及战略

美国最大的有线电视供应商通信公司 TCL 曾提出了以下的战略展望:在其有限特许经营权领域内,为所有的客户提供有线电视、电话、互联网以及各种未来派的数据和信息服务。

公司的首席执行官约翰·马龙是一位被人们认为是关于新的信息技术将如何改变媒体和通信最有影响力的权威。

多年来,马龙和通信公司一起致力于推崇这样一个观点,在同电话公司进行的激烈竞争中将最新发现的通信技术应用于公司现有的有线网络之上,提供各种各样的信息和通信产品服务,将有很大的潜力。新一代扩展的服务于 1996 年至 1997 年推出,这项服务是:将一个数据电缆盒安装在居民的电视机上,然后就可以接受 500 个频道,并且有屏幕浏览指导,声音和图像的质量也要好。然而这种数据电缆盒的生产商遇到了一些问题,只能提供少量的供货,同时由于公司对提供这种扩展服务的基础设施进行了积极的投资,公司的现金流很紧张,从而使得一些证券的信用评价机构将其列入观察行列,并且可能将信用等级下调。而且 1996 制定的《通信方案》使得当地电话公司和长话公司纷纷采取一系列战略行动,进入全国范围内的电话业务和信息高速业务领域,这意味着有线公司面前突然出现了一群资源丰富的竞争对手。通信公司新制定的更窄的战略展望其用意是要把资源更加集中于有线电视业务(这项业务正在受到两个方面的攻击:利用卫星技术的替代厂商,安装了光缆电话),把信息高速公路和多媒体方面的规划放到次要地位。公司的收缩战略包括延缓推进数据电缆盒,继续测试电话服务市场,减少双向电信能力的投资——直到公司负债降低,现金流能力增强,直到这项新技术具有明显的成本优势和竞争性后,才考虑这项投资,通信公司逐步剥离其一些业务。

想一想 通信公司 TCL 的公司战略是什么?

(二) 业务单位战略

业务单位战略又称事业部战略,关注的是在特定市场、行业或产品中的竞争力。在大型和分散化企业中,首席执行官很难适当控制所有部门,需要设立战略业务单元,赋予战略业务部门在公司整体战略指导下做出相应决策的权力,包括对特定产品、市场和客户等做出决策。业务单位战略在总体战略指导下进行,也称为竞争战略。

案例分析

古井酒厂:实施 PPSP 战略

PPSP 战略是古井酒厂根据我国白酒市场发展态势和本企业的实际情况提出的一种长期战略,其主要由产品、生产、销售和宣传四大战略组合而成。它们既各自独立,又相辅相成,为企业的发展奠定了良好的基础。产品战略是核心,生产战略是基础,销售战略是关键,宣传战略是推动力,通过实施 PPSP 战略,古井酒厂在同行业中取得了令人骄傲的成绩。

问题:PPSP 战略属于哪一种战略?

分析提示:(略)。

(三) 职能战略

职能战略,是为贯彻、实施和支持总体战略与业务单位战略而在企业特定职能管理领域内制定的战略,包括人力资源战略、财务战略、信息战略和技术战略等。

案例分析

某企业成立于 1997 年,是从事主食生产和销售的连锁型企业,2001 开始涉足熟食和京味传统小吃,2003 年开始着手进入餐饮业,员工有 500 余人,以超市专柜和专卖店为主要销售方式。企业的发展是与 90 年代后期超市连锁产业在北京的蓬勃发展紧密联系的,企业先后与京城几家大型超市连锁企业沃尔玛、超市发、易初莲花、京客隆、万客隆等建立长期合作关系,销售网点迅速在京城铺开并实现了快速扩张,2003年的网点达到132家,销售区域覆盖了包括北京全部城区以及大兴、通州、昌平等地区。企业连续3年被北京市商委评为优秀中小企业,连续5年取得了50%以上的增长速度。但是随着企业的扩张,企业领导越来越感觉企业难以控制,外部客户投诉增多,质量问题频发,几次被报纸点名曝光,内部部门协调困难,经常出现部分网点断货问题,人员流动率上升,在公司服务3年以上员工不到10%,50%以上员工服务不到1年。管理成本上升迅速,虽然公司营业额比3年前增长了2倍,单品的毛利也没有下降,但是公司的盈利还不如3年前。

问题:该企业为什么会出现难以挽回的局面呢?

分析提示:职能战略由职能管理的负责人制定,应与总体战略和业务单位战略保持一致。职能战略在促进公司战略成功方面具有关键作用。由于各部门可能只关注自己的目标和行为,从而引起利益冲突降低整个公司业绩。如市场部门偏好创新产品推广市场,生产部门更希望产品线能长期稳定运行。公司战略作用是确保各部门和职能之间协调运转、减少冲突,整合各部门的工作。不同的战略层次对应于不同的管理层次。

二、企业经营战略过程管理

战略的过程管理一般包括环境分析、战略设计与选择、制定政策、调整组织结构、指导战略实施五个重要阶段。

(一)战略环境分析

战略环境分析的目的是展望企业的未来,这是制定战略的基础,战略是根据环境制定的,是为了使企业的发展目标与环境变化和企业能力实现动态平衡。企业环境包括外部环境和内部条件。外部环境分析是为了适时地寻找和发现有利于企业发展的机会和动机,并有针对性地改善内部条件,扫除存在的威胁,以适应外部环境的变化。企业内部条件分析是为了扬长避短,发挥优势,有效地利用自己的各种资源。

就影响企业环境的外部因素来说,不仅是不可控的,而且是极其错综复杂的,很难全部掌握其动态。一个去粗取精、去伪存真的办法,就是把环境分析的重点放到行业分析上来。这里所说的行业可能是该公司的同行,也可能是公司未来准备进入的竞争圈。行业分析不仅能为企业预测出利润增长等行业吸引力的大小,而且能为企业测定出竞争优势的大小。

想一想 试举例你比较熟悉的行业,说明它们的战略环境如何。

(二)设计与选择战略

这一阶段的任务就是在环境的制约下确定企业能够做些什么和采取什么措施去完成既定的目标。

模块五　企业经营战略管理认知

> ☞ **知识拓展**
>
> 具体来说,设计与选择战略要通过以下四个方面来完成:
>
> (1) 确定企业的经营领域。要根据企业经营环境特别是市场引力(包括市场容量、销售增长率、资金利润率、产品在国民经济中的作用)及企业实力(市场占有率、生产能力、技术能力、原材料的供应状况)等因素的综合分析,选择市场潜力大、盈利丰厚的经营领域。
>
> (2) 寻找企业在竞争领域里的优势。寻找优势旨在扬长避短发挥优势。优势与劣势都是与同行业竞争对手相比较而言的,任何企业都不可能占尽一切优势。因此,优势既是现实存在的,也是可以创造的。
>
> (3) 决定企业实现既定目标的战略方案。战略方案要从客观环境和创造性出发,达到发展优势、保持优势和弥补劣势的目的,以保证战略目标得以实现。
>
> (4) 设立评价战略方案的标准。这些标准可以是市场占有率、投资报酬率、企业成长率等。通过这些标准去判断各种替代方案的优劣。

(三) 制定政策

企业的经营战略集中于解决企业经营的基本问题,如战略目标、基本方针和综合规划。而战略的全部含义要由指导战略实施的详细政策来进一步阐明。政策可视为指导人们实施战略的细则。

> ☞ **知识拓展**
>
> 政策的作用表现在两个方面:
>
> (1) 通过政策的制定和可行性分析来审议战略的各基本环节是否正确,这对战略的实施是一项重要的保证措施。
>
> (2) 确保战略的意义被正确理解并变成公司各部门和各层次的行动纲领。政策不仅是用来解释战略的,它还渗透于企业的日常经营活动,以帮助建立正常可控的行为模式。

(四) 调整组织结构

企业的经营战略必须通过组织去贯彻执行,因此说组织是战略实施的基础。所谓组织就是为了实现一定的目标,把一群人互相协调起来的活动。而组织运行的框架结构就是组织结构。

对于一个特定的企业来说,究竟建立什么样的组织结构最为有效,这要看企业的内部条件和外部环境,以及在此基础上形成的经营战略。

> ☞ **知识链接**
>
> 组织结构一般具有三个方面的基本问题:① 组织的集权化问题。这是指企业领导层所拥有的决策权的大小。② 组织的专业化问题。这是指组织活动职能化的程

度。③组织的刚性问题。这是指组织的软硬程度。有的组织结构较为死板,有的则较为灵活。

想一想 企业的组织结构与企业的内、外环境有关系吗?

(五)战略实施

战略实施是为了贯彻执行已制定的经营战略所采取的一系列措施和活动。一个企业的经营战略能否成功,最终将取决于战略实施的有效性。

宝洁"联系+发展"战略

(六)战略控制

企业战略控制是指企业通过科学的绩效考核,将战略目标与战略活动进行对比,检查企业战略实施过程中存在的问题,发现偏差,分析原因,纠正偏差,实现内外环境与战略目标的统一,保证企业健康发展。战略控制主要包括设定绩效标准、偏差分析、设计纠偏措施、监控外部环境、激励控制主体等内容。

阅读资料

蓝光公司在开发和生产激光设备方面处于国内领先地位,该公司主要生产两类光电产品:电子数字计算器和激光器。在蓝光,几乎从上到下,一致反映缺乏有效的监控保障,CEO 称难以及时监控;销售总监抱怨几天后才知道销售现状如何;CIO 则指出财务与业务没有实现一体化。在这种情况下,蓝光通过先进的管理监控工具,实时对比实际关键绩效指标与计划关键绩效指标的差异,便于采取相应措施,保证部门、个人的执行与公司的整体战略目标一致。

任务四 企业经营战略的制定与选择

学习目标

1. 能说出企业经营战略制定的步骤;
2. 能说出企业经营战略的范围与重点;
3. 能说出战略方案评价的原则;
4. 能说出战略方案评价的方法。

 引导案例

吉利公司主动进攻自我

最好的防御战略是进攻自我的勇气。吉利公司是一个例子,它的产品"蓝吉利"刀片及随后的"超级蓝吉利"占据了剃须刀市场。吉利先后通过生产"特拉克"Ⅱ型双刃剃须刀及"阿特华""好消息""皮沃特"等剃须刀,一次次地主动进攻自我,不断挑战自我,逐渐击败竞争对手,扩大了在市场上的份额。今天,吉利已经拥有了剃须刀市场65%的份额。

一、企业经营战略的制定

经营战略的制定是一项创造性的活动,对企业未来发展起着决定性作用。它需要企业的高层决策者高瞻远瞩、富有智慧和开拓精神,善于从复杂的因素及现象中把握事物的本质,并能科学地预见未来。

为保证经营战略的科学性,制定经营战略必须遵循一定的程序,一般分为以下几个步骤(图5-2)。

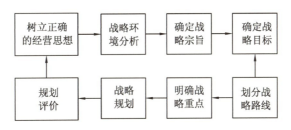

图5-2 企业战略制定全过程

(一)树立正确的经营思想

企业的经营战略思想,是指企业的经营者为使企业在复杂多变的经营环境中求得生存和长期稳定发展的指导思想。企业经营战略是对企业经营发展的全局性、关键性、长远性问题的谋划。

> **知识拓展**
>
> 一个高明的管理者应具有的战略思想包括以下五点:
>
> (1)变革观念。事物是不停地运动和变化的,若企业一直沿用以往成功的策略和经验,忽视环境和条件的变化,因循守旧,企业将必败无疑。
>
> (2)创业观念。企业的经营者应是创业者。企业的生存和发展应建立在自立图强、艰苦奋斗的基础上,以鲜明的个性、不断进取的精神,在激烈的市场竞争中,始终保持良好的竞技状态。
>
> (3)市场观念。企业的生产经营必须满足社会生产的需求和消费的需求,这些需

要都是通过市场反映出来的。在市场经济条件下,企业经营方向是否正确、劳动消耗是否合理、产品是否适销对路,都要通过市场来检验。

(4) 竞争观念。竞争是指商品经营者在商品生产和商品交换过程中,为争取生产和销售的有利地位而进行的斗争。

(5) 效益观念。提高经济效益是一切经济工作的根本出发点,也是企业经营活动的内在动力。

(二)战略环境分析

战略环境分析包括外部环境的调查和内部条件的分析。企业经营战略本身就是依据企业经营环境的变化而制定的;同时,企业经营管理的目标,就是实现企业外部环境、企业内部条件与企业经营目标在动态上保持综合平衡,以提高企业对环境的适应能力和竞争能力。所以,企业经营环境的变化决定着企业的发展方向及采取的措施。

(三)确定战略宗旨

企业的经营宗旨应指出企业在相当长的时期内要明确服务于哪些顾客(市场),企业的基本使命和任务是什么。也就是说,应明确企业现在和将来应从事什么事业,成为什么性质的企业。企业战略宗旨反映了企业与顾客的关系,顾客决定企业,满足顾客的需求才是企业的宗旨。

阅读资料

> 在 1905 年至 1915 年间,美国电报电话公司对自己的业务进行了仔细研究后发现,按原样发展下去有被收归国有的危险,同时认识到该公司必须得到大众支持才能得以生存,于是提出了"我们的企业是服务"的宗旨,引起了该企业的大变革。

(四)确定战略目标

企业战略目标是企业经营活动在一定时期内要达到的标准,也就是企业期望达到的某种理想,它指明的是企业的努力方向,是企业使命和宗旨的具体化和定量化,是企业的奋斗纲领,是衡量企业一切工作是否实现企业使命的标准,是企业经营战略的核心。其他有关战略问题,如企业战略重点、战略阶段、战略对策都是以战略目标为中心展开的。

> ☞ **知识拓展**
>
> 战略目标是企业全局的目标,它的实现要靠企业各个层次、各个子系统的协调、配合,因而,必须实现三个方面的配套:①层次目标的配套,即要有总战略目标、分战略目标和必要的指标体系。②职能目标的配套,是指为了实现总目标,需要为各项管理职能确立目标,如经济效益、技术进步、产品质量、管理水平、人才、市场等目标。③时间上

的配套,即把企业目标划分为长期、中期、近期目标(即各分阶段目标),使其在时间上实现衔接和协调。

(五) 划分战略阶段

为了实现战略目标,必须分阶段实施,循序渐进。每个阶段都要根据企业当时的条件,确定其战略任务,通过完成一个又一个阶段的战略任务,来实现企业最终的战略目标和任务。

☞ 知识拓展

一般来讲,企业战略阶段大致分为以下三个时期:

(1) 准备阶段。为实现企业战略目标做准备的时期,在这个时期对发展速度要求不高,主要着眼于技术上的准备、组织结构的调整、人才的选拔和培训。

(2) 发展阶段。在准备阶段取得成就的基础上,为实现战略目标而使企业实施战略任务,在这一阶段强调企业的发展速度并注重质量和效益。

(3) 完善阶段。它是实现战略目标的最后阶段,在上一阶段强调了发展速度之后,战略全局的平衡、经济效益等问题就凸显出来了,需要进行平衡调整,使发展速度、系统比例、经济效益相互协调,使企业发展的各方面得到综合平衡,使战略目标更加完善。

(六) 明确战略重点

在合理划分战略阶段之后就应根据企业所面临的具体情况确定战略重点,使企业在实施战略过程中能集中优势力量解决关键性问题,促进整个局面的发展。所谓战略重点,是指那些对于实现战略目标具有关键作用而又有发展优势或自身发展薄弱环节需要着重加强的方面、环节、部分或项目。战略重点是人、财、物投入的重点,也是战略决策人员实行战略的工作重点。

(七) 制定经营战略步骤和措施

经营战略步骤和措施是指为实现战略目标而采取的重要措施和手段,具体来说包括以下几个方面:(1) 制订行动计划;(2) 列出所需的资源及其来源;(3) 制订财务预算,进行可行性论证;(4) 制订应变计划。

(八) 规划评价

规划评价即对战略规划做进一步的可行性论证。

在制定经营战略的过程中,要采取自上而下、再自下而上的方法,经广泛讨论,并通过层层分解落实,成为全体职工的具体行动规范。

二、企业经营战略的选择

（一）确定企业的经营范围

经营范围，是指在一定时期内，企业根据自己的技术特点、人才优势和资金实力等所确定的从事生产产品的种类或服务的领域。经营范围是否合理，经营方向是否稳定，都会直接影响企业经营战略选择的正确性和实施的效果。

> **知识链接**
>
> 在实践中，企业的经营范围一般是由以下因素决定的：
>
> （1）公司的初始战略。当一个企业计划筹建时，企业高层决策者就已选择了企业的服务对象、经营规模等，企业的经营范围就基本确定下来了。
>
> （2）产品多元化的发展方向。在同行业企业之间竞争日益激烈，市场对产品的品种、花色、款式等需求不断增加的情况下，企业不会抱残守缺墨守成规，必将努力开拓其市场服务领域，实行多样化经营。
>
> （3）产品市场的变化。在市场经济条件下，企业一般很难维持已形成的垄断经营的地位。一种产品在一定时期内具有较高的市场占有率和较大的销售量，由于其他企业的进入及该种产品社会保有量的增加，将会使产品在需求上出现饱和，迅速进入成熟期和衰退期，生产企业将面临大量产品积压的局面，价格迅速下跌，生产难以为继。在这种情况下，生产该种产品的企业将面临三种选择：① 维持原有产品的技术设备和生产工艺等基本不变，发展相关产品；② 对原有产品进行技术改造，提高其质量标准，提高其规格、档次；③ 彻底改造原有的技术设备，停止原来产品的生产，开辟新的经营领域。
>
> （4）政治、经济形势变化的影响。国家的政治、经济形势变化是企业发展变化的晴雨表，从而也会直接或间接地影响企业的经营范围。国家改革开放的方针政策鼓励许多企业转向生产出口创汇产品。国际形势的缓和与稳定，将使军工企业转向民品生产。

想一想 试举例说明政治、经济形势变化对企业经营范围的影响。

（二）确定企业经营重点

经营重点，是指在一定时期内，企业根据自己的经营范围所确定的资源的重点投向。企业的经营重点是根据企业的经营目标确定的。

三、战略方案的评价

战略方案的评价是在对战略分析的基础上，论证战略方案可能性的过程。

（一）战略方案评价的原则

为了保证战略方案选择的准确性，战略方案的评价应符合下列评价标准：

1. 整体优势最大化

每个战略方案中都含有若干个目标、方针、政策和措施等。根据战略方案评价一致性的要求，不但方案中的目标、方针、政策和措施等要一致，而且它们要与企业的经营目标、目的等相吻合。因此，必须把整体最优作为评价的首要标准。

2. 竞争优势最大化

评价一个战略方案的可能性，必须要把这种企业战略所应有的竞争力作为一项重要标准。一个具有较强竞争优势的战略方案，应符合三项要求：卓越的资源、卓越的技术和卓越的位置。

3. 行业优势最大化

行业优势是指企业在特定行业或相关行业结构中的优势。行业优势实际上是一种竞争优势。行业优势也是一种整体优势，它是由产品优势、技术优势、人才优势和市场优势等组成的。企业为了实施一项新的经营战略，会确定不同的企业重点，因而，不可避免地会在企业所在的行业中有重点地突出、有计划地放弃某方面的优势。

想一想 竞争优势最大化与行业优势最大化有何区别？

（二）战略评价的方法

根据战略评价一致性的要求，在评价战略方案的方法上也重点突出了比较分析法。战略评价常用的方法有以下三种：

1. 常规定性分析的方法

定性分析方法主要是通过个人的创造力、判断力、预见力、直觉力和经验等来分析、评价战略方案的可行性。经常使用的方法有头脑风暴法、德尔菲法等。

2. 产品矩阵模型评价的方法

产品矩阵模型是由美国波士顿咨询公司设计的战略分析评价模型，后来在这基础上形成了几种其他进化模型。

> **知识链接**
>
> 波士顿经营组合矩阵是一种用于分析评价公司所属的战略经营单位的战略方案，从而为公司的总战略方案提供依据的一种技术分析方法。这种方法简单、方便，直观性强，是目前世界上流行的一种战略方案评价的方法。这个方法的基本原理就是公司的所有经营单位都可以列入图中的四个象限中。四个象限分别代表不同的战略类别。由于波士顿矩阵用

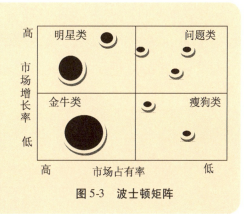

图 5-3　波士顿矩阵

四个象限来评价产品,所以也称为四象限评价法。①金牛类,有较低的市场增长率和较高的市场占有率。较高的市场占有率带来较高的利润和高额现金,而较低的市场增长率只需要少量的投资。因此,金牛类可以产生大量的现金金额,以满足整个公司的需要,成为公司的主要基础。由于生产和经销企业可以通过薄利多销的方法取得丰厚的利润,所以人们称之为厚利产品。②瘦狗类,处于市场占有率和市场增长率都低的位置。较低的市场占有率一般意味着少量的利润。此外,由于增长率低,用追加投资来扩大市场占有率的办法是不足取的。用于维持竞争而投入的资金经常超过它的现金收入。因此,瘦狗类通常称为资金的陷阱,一般采用的战略是清算战略、抽资战略和放弃战略。由于该产品毫无发展价值,故人们称之为衰退产品。③问题类,是那些市场占有率较低而市场增长率较高的产品。高速增长需要大量投资,而市场占有率低却只能产生少量的现金。因此,对问题类一般采用两种战略:一是进行必要投资,以扩大市场占有率,从而使其转化为明星,当增长率降低后,明星就可以转化为金牛类。二是无希望转化为明星的,则应果断放弃。由于它具有不稳定性,所以有人称之为风险产品。④明星类,明星类的市场增长率和市场占有率都高,因而需要的和产生的资金都很大,应给予必要的资助,以维持其明星地位。有人称之为名牌产品。

3. SWOT 分析法

SWOT 分析法,即态势分析,就是将与研究对象密切相关的各种主要内部优势、劣势和外部的机会和威胁等,通过调查列举出来,并依照矩阵形式排列,然后用系统分析的思想,把各种因素相互匹配起来加以分析,从中得出一系列相应的结论,而结论通常带有一定的决策性。

运用这种方法,可以对研究对象所处的情景进行全面、系统、准确的研究,从而根据研究结果制定相应的发展战略、计划以及对策等。SWOT 分析法常常被用于制定集团发展战略和分析竞争对手情况。

SWOT 分析法的主要步骤